Jasmine Kwan 07-08

Kelly Zanta

Afra Alogailly 08-09

Aleksandra Marie 08-09 → Delanghe

Stephanie Axelrad 09-10

08

W9-DIO-882

¡DIME!

UNO

FABIÁN A. SAMANIEGO
University of California, Davis

M. CAROL BROWN
California State University, Sacramento

PATRICIA HAMILTON CARLIN
University of California, Davis

SIDNEY E. GORMAN
Fremont Unified School District
Fremont, California

CAROL L. SPARKS
Mt. Diablo Unified School District
Concord, California

HEATH

D.C. Heath and Company
Lexington, Massachusetts
Toronto, Ontario

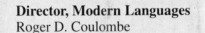

Director, Modern Languages
Roger D. Coulombe

Managing Editor
Marilyn Lindgren

Developmental Editor
Sylvia Madrigal

Design Manager, Modern Languages
Victor Curran

Project Editors
Senior Editor: Lawrence Lipson
Meg LeSchack
Gloria Ryan

National Modern Language Coordinator
Teresa Carrera-Hanley

D.C. Heath Consultant
Karen Ralston

Design and Production
Senior Designer: Angela Sciaraffa
Design Staff: Ann Barnard, Paulette Crowley, Dan
    Derdula, Carolyn Langley, Joan Paley, Martha Podren
Production Coordinator: Patrick Connolly
Photo Supervisor: Carmen Johnson
Photo Coordinator: Connie Komack
Cover Design: Ruby Shoes Studio

Cover Illustration
Clínica de la Raza Mural, East Oakland, California,
© 1990 by Xochitl Nevel Guerrero. Painted by
Xochitl Nevel Guerrero, Zala Nevel, Consuelo Nevel, and
Roberto C. Guerrero. Photos of students by Nancy Sheehan,
© 1993 by D.C. Heath and Company.

FIELD TEST USERS

Dena Bachman
Lafayette High School
St. Joseph, MO

Cathy Boulanger
L. Horton Watkins High School
St. Louis, MO

Janice Costella
Stanley Intermediate School
Lafayette, CA

Karen Davis
Southwest High School
Fort Worth, TX

Beatriz DesLoges
Lexington High School
Lexington, MA

Amelia Donovan
South Gwinnett High School
Snellville, GA

Velda Hughes
Bryan Senior High School
Omaha, NE

Sarah Witmer Lehman
P. K. Yonge Laboratory School
Gainesville, FL

Alita Mantels
Hall High School
Little Rock, AR

Ann Marie Mesquita
Encina High School
Sacramento, CA

Linda Meyer
Roosevelt Junior High School
Appleton, WI

Joseph Moore
Tiffin City Schools
Tiffin, OH

Craig Mudie
Dennis-Yarmouth Regional
  High School
South Yarmouth, MA

Sue Rodríguez
Hopkins Junior High School
Fremont, CA

Janice Stangl
Bryan Senior High School
Omaha, NE

Teresa Hull Tolentino
Seven Hills Upper School
Cincinnati, OH

Grace Tripp
McCall School
Winchester, MA

Carol B. Walsh
Acton-Boxborough Regional
  High School
Acton, MA

Margaret Whitmore
Morton Junior High School
Omaha, NE

LINGUISTIC CONSULTANT

Dr. William H. Klemme
Indiana University
Fort Wayne, IN

REVIEWERS AND CONSULTANTS

Cathy Abreu
Highland Park High School
Highland Park, IL

Thomas Alsop
Ben Davis High School
Indianapolis, IN

Dr. Robert Ariew
University of Arizona
Tucson, AZ

Dr. Gwendolyn Barnes
St. Olaf College
Northville, MN

Rebecca Block
Newton South High School
Newton, MA

Maria Brock
Miami Norland Senior
 High School
Miami, FL

Carlos Brown
Flagstaff Junior High School
Flagstaff, AZ

Bruce Caldwell
Southwest Secondary School
Minneapolis, MN

Marie Carrera Lambert
Eastchester High School
Eastchester, NY

Joseph Celentano
Syracuse City School District
Syracuse, NY

Cindy Chambers
Provo High School
Provo, UT

Dr. Maria C. Collins
State Department of Education
Topeka, KS

Dr. Ferdinand Contino
South Ocean Middle School
Patchogue, NY

James W. Cooper
Parkway Schools
Manchester, MO

Sharon Cotter
Sagamore Junior High School
Holtsville, NY

Delbys Cruz
Lawrence High School
Lawrence, MA

Robin Fisher
Jericho Middle School
Jericho, NY

Carolyn Frost
Churchill High School
San Antonio, TX

Pamela C. Kaatz
Haltom High School
Fort Worth, TX

Elaine Korb
West Islip High School
West Islip, NY

Herb LeShay
William Floyd School District
Mastic Beach, NY

Dr. Richard Lindley
Austin Community College
Austin, TX

Michael Livingston
Sachem High School
Lake Ronkonkoma, NY

Cenobio Macías
Tacoma Public Schools
Tacoma, WA

Ildefonso Manso
Cambridge, MA

Janet McIntyre
Westfield Academy &
 Central School
Westfield, NY

Millie Park Mellgren
Olson Language Immersion
 School
Golden Valley, MN

Laurie E. Nesrala
Haltom High School
Fort Worth, TX

Janet Obregón
Miami Palmetto High School
Miami, FL

Dr. Terry Peterson
Forest Park High School
Crystal Falls, MI

Mary Ann Price
Newton South High School
Newton, MA

Dr. Linda Pavian Roberts
Waverly Community Schools
Lansing, MI

Robin A. Ruffo
Chaparral High School
Scottsdale, AZ

Paul Sandrock
Appleton High School West
Appleton, WI

Dr. Francoise Santalis
New Rochelle High School
New Rochelle, NY

Carolyn A. Schildgen
Highland Park High School
Highland Park, IL

Debbie Short
Hall High School
Little Rock, AR

Priscilla Sicard
Lowell High School
Lowell, MA

Judith Snyder
Computech Middle School
Fresno, CA

Dr. Emily Spinelli
University of Michigan
Dearborn, MI

Jonita Stepp
P. K. Yonge Laboratory
 School
Gainesville, FL

Stephanie Thomas
Bloomington, IN

Kay Thompson
Green Valley High School
Henderson, NV

Victoria Thompson
Farquhar Middle School
Olney, MD

Dr. Virginia D. Vigil
Northern Arizona University
Flagstaff, AZ

Sharon M. Watts
Omaha Public Schools
Omaha, NE

Nancy J. Wrobel
Anoka Senior High School
Anoka, MN

Dr. Dolly Young
University of Tennessee
Knoxville, TN

Charles Zimmerman
Penfield High School
Penfield, NY

ATLAS

EL MUNDO

Groenlandia

Alaska (E.U.)

Canadá

NORTEAMÉRICA

Estados Unidos

OCÉANO ATLÁNTICO

Trópico de Cáncer

Hawai (E.U.)

Bahamas

Cuba

República Dominicana

México

Puerto Rico

Jamaica

San Cristóbal y Nevis

Belice

Dominica

Honduras

Haití

Santa Lucía

Barbados

OCÉANO PACÍFICO

Guatemala

Granada

San Vicente y Granadinas

El Salvador

Costa Rica

Nicaragua

Trinidad y Tobago

Panamá

Venezuela

Guyana

Colombia

Surinam

Guayana Francesa

Islas Galápagos (Ec.)

Ecuador

Ecuador

Kiribati

SUDAMÉRICA

Perú

Brasil

Samoa Occidental

Bolivia

Tonga

Paraguay

Trópico de Capricornio

Chile

Uruguay

Argentina

Islas Malvinas

Los países de habla española

Escala de kilómetros

0	1000	2000	3000

0	1000	2000	3000

Escala de millas

OCÉANO
ÁRTICO

Islandia

Noruega Suecia Finlandia

Comunidad de Estados
Independientes

ASIA

Estonia
Latvia
Lituania
Dinamarca
Reino Unido
Irlanda Holanda Polonia
Alemania Checoslovaquia
Bélgica Austria
Francia Suiza Hungría Mongolia
EUROPA Rumania
Andorra Italia Yugoslavia Bulgaria Corea del Norte
Cerdeña Albania Japón
España Turquía China Corea del Sur
Portugal Grecia
Malta Chipre Siria
Túnez Líbano Irak Afganistán
Israel Irán
rruecos Jordania
Kuwait
Argelia Libia Bahrein Paquistán Nepal Butón
Egipto Arabia Katar Taiwan
Saudita India Birmania
ania Emiratos Bangladesh Laos
Mali Níger Árabes Omán
ambia Unidos Yemen Tailandia OCÉANO
ÁFRICA Sudán Vietnam PACÍFICO
Burkina Chad Cambodia Filipinas
Faso Jibuti Sri Lanka
Benin Nigeria Etiopía Brunei
Costa República Somalia Maldivas Malaysia
de Centroafricana Singapur
Marfil Camerún Indonesia Nauru
eria Ghana Uganda Seychelles
Ecuatorial Congo Ruanda Kenia Papuasia-Nueva
Guinea Burundi OCÉANO Guinea
Gabón Zaire ÍNDICO Islas
Tanzania Salomón
Vanuatu
Comores
Angola Malawi
Zambia
Mozambique
Namibia Zimbabwe Mauricio
Botswana Madagascar
Suazilandia AUSTRALIA
África Lesotho
del Sur

Nueva Zelanda

ANTÁRTIDA

vii

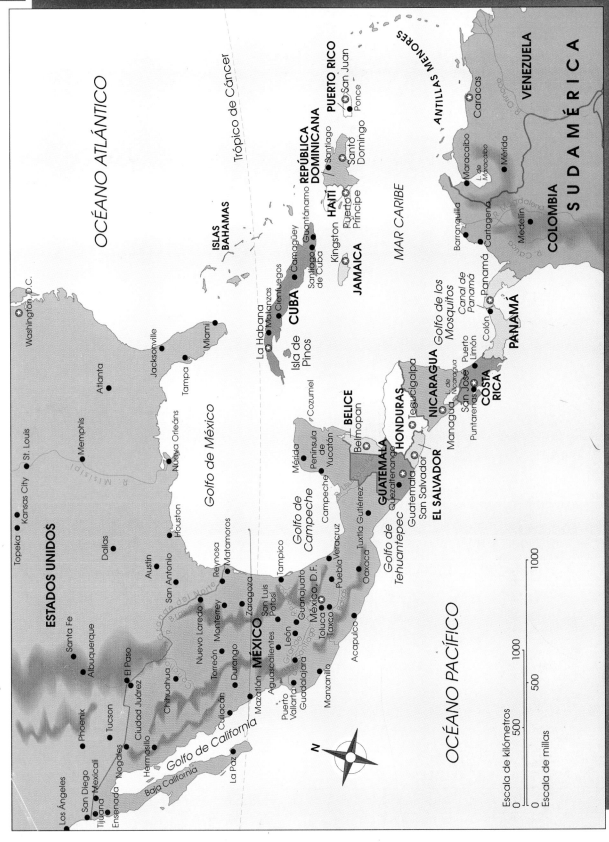

OCÉANO ATLÁNTICO

Trópico de Cáncer

ESTADOS UNIDOS

Washington, D.C.

Topeka
Kansas City • St. Louis
Memphis
Atlanta
Jacksonville
Dallas
Tampa
Miami

Santa Fe
Albuquerque
Phoenix • Tucson
El Paso
Ciudad Juárez
Nogales
Mexicali
San Diego
Tijuana
Ensenada
Los Ángeles

Austin
San Antonio
Houston
Nueva Orleáns

Golfo de México

R. Misisipí

Chihuahua
Hermosillo
Culiacán
Durango
Torreón
Monterrey
Nuevo Laredo
Reynosa
Matamoros
Zaragoza

Baja California

Golfo de California

La Paz

Mazatlán
Aguascalientes
San Luis Potosí
Zacatecas
León
Guadalajara
Guanajuato
MÉXICO
México, D.F.
Toluca
Taxco
Puebla
Acapulco
Manzanillo
Puerto Vallarta

R. Grande o Bravo del Norte
Río Grande del Norte

ISLAS BAHAMAS

La Habana
Matanzas
Cienfuegos
Camagüey
CUBA
Isla de Pinos
Santiago de Cuba
Guantánamo

JAMAICA
Kingston

HAITÍ
Puerto Príncipe

REPÚBLICA DOMINICANA
Santiago
Santo Domingo

PUERTO RICO
San Juan
Ponce

ANTILLAS MENORES

MAR CARIBE

Cozumel
Mérida
Península de Yucatán
Campeche
Golfo de Campeche
Tampico
Veracruz
Tuxtla Gutiérrez
Oaxaca
Golfo de Tehuantepec
Quezaltenango
GUATEMALA
Guatemala
San Salvador
EL SALVADOR

BELICE
Belmopán

HONDURAS
Tegucigalpa

NICARAGUA
Managua
L. de Nicaragua
Golfo de los Mosquitos

COSTA RICA
San José
Puntarenas
Puerto Limón

PANAMÁ
Colón
Canal de Panamá
Panamá

Barranquilla
Cartagena
COLOMBIA
Medellín

VENEZUELA
Maracaibo
L. de Maracaibo
Mérida
Caracas

R. Orinoco

SUDAMÉRICA

R. Magdalena

R. Cauca

OCÉANO PACÍFICO

N

Escala de kilómetros
0   500   1000

Escala de millas
0   500   1000

SUDAMÉRICA

MAR CARIBE

ANTILLAS MENORES

TRINIDAD Y TOBAGO
Puerto España

Barranquilla
Caracas

COSTA
RICA
Maracaibo
GUYANA

San José
Cartagena
Mérida
Canal de
Panamá
Panamá
VENEZUELA
SURINAM

PANAMÁ
Medellín
Georgetown
GUAYANA FRANCESA

Cali
Bogotá
Paramaribo

COLOMBIA
Cayena

Quito
Ecuador

ECUADOR
R. Negro
R. Branco

Guayaquil
Iquitos
R. Coqueta
Manaus
R. Amazonas
Belém

R. Putumayo

R. Marañón
R. Juruá
R. Purús
R. Madeira
R. Tapajóz
R. Xingú

Trujillo
R. Ucayali

PERÚ
B R A S I L
Recife

Lima
Cuzco
R. Tocantins

L. Titicaca
La Paz
Salvador

Arequipa
BOLIVIA
R. Guaporé

Arica
Sucre
Brasilia

R. Grande

Iquique
Belo Horizonte

Trópico de Capricornio
Antofagasta
PARAGUAY
São Paulo
Río de Janeiro

R. Paraguay
Asunción
Santos

CHILE
San Miguel
de Tucumán
R. Paraná

OCÉANO
PACÍFICO
Córdoba
Pôrto Alegre

Rosario
R. Uruguay

Valparaíso
Mendoza
URUGUAY

Buenos Aires
Montevideo

Santiago
ARGENTINA
Punta del Este

Concepción
La Plata
R. de la Plata
OCÉANO ATLÁNTICO

Bahía Blanca
Mar del Plata

Bariloche

Puerto Montt

N

Escala de kilómetros

0   400   800

0   400   800

Escala de millas

Estrecho de
Magallanes
Islas Malvinas

Punta Arenas

Tierra del
Fuego
Cabo de
Hornos

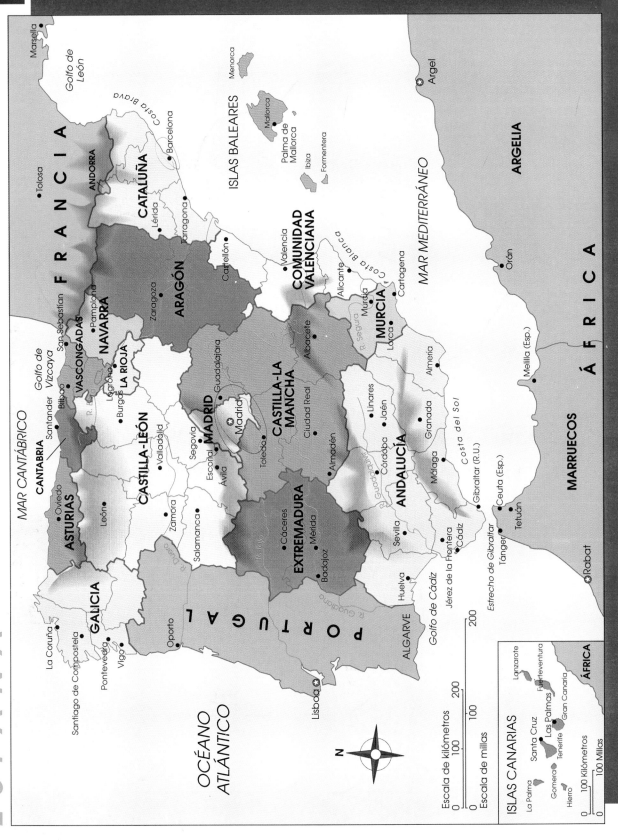

ESPAÑA

x

OCÉANO
ATLÁNTICO

MAR CANTÁBRICO

Golfo de
Vizcaya

F R A N C I A

Golfo de
León

Marsella

Tolosa

San Sebastián
VASCONGADAS
Pamplona
NAVARRA
Logroño
LA RIOJA
Burgos

ANDORRA

CATALUÑA

Costa Brava

Lérida

Barcelona

Tarragona

Castellón

ARAGÓN

Zaragoza

Menorca

Mallorca

Palma de
Mallorca

Ibiza

Formentera

ISLAS BALEARES

MAR MEDITERRÁNEO

ARGELIA

Á F R I C A

Argel

Orán

Melilla (Esp.)

MARRUECOS

Santander
CANTABRIA
Oviedo
ASTURIAS

Bilbao

R. Ebro

CASTILLA-LEÓN

Valladolid

Segovia

León

Zamora

Salamanca

R. Duero

GALICIA

La Coruña

Santiago de Compostela

Pontevedra

Vigo

Oporto

P O R T U G A L

Lisboa

ALGARVE

Golfo de Cádiz

MADRID

Escorial

Ávila

Madrid

Guadalajara

Toledo

CASTILLA-LA
MANCHA

Ciudad Real

Almadén

R. Tajo

EXTREMADURA

Cáceres

Mérida

Badajoz

R. Guadiana

Valencia

COMUNIDAD
VALENCIANA

Alicante

Costa Blanca

Albacete

R. Segura

MURCIA

Murcia

Lorca

Cartagena

Linares

Jaén

Córdoba

R. Guadalquivir

ANDALUCÍA

Granada

Almería

Costa del Sol

Málaga

Sevilla

Huelva

Jérez de la Frontera

Cádiz

Estrecho de Gibraltar

Gibraltar (R.U.)

Ceuta (Esp.)

Tánger

Tetuán

Rabat

N

Escala de kilómetros
0   100   200

Escala de millas
0   100   200

ISLAS CANARIAS

Lanzarote

Fuerteventura

Santa Cruz

Las Palmas

Gran Canaria

La Palma

Gomera

Tenerife

Hierro

ÁFRICA

0   100 Kilómetros

0   100 Millas

¿Cómo te llamas tú?

Here are some of the most frequently used names in Spanish. Find your name in the list or select a name you would like to be called.

Chicos

Alberto (Beto)	Javier
Alejandro (Alex)	Jerónimo
Alfonso	Joaquín
Alfredo	Jorge
Andrés	José (Pepe)
Antonio (Toni, Toño)	Juan (Juancho)
Arturo (Tudi)	Julio
Benjamín	Lorenzo
Bernardo	Lucas
Carlos	Luis
César	Manuel (Manolo)
Clemente (Tito)	Marcos
Cristóbal	Mariano
Daniel (Dani)	Mario
David	Martín
Diego	Mateo
Eduardo (Edi)	Miguel
Emilio	Nicolás (Nico)
Enrique (Quico)	Octavio
Ernesto	Óscar
Esteban	Pablo
Federico (Fede)	Patricio
Felipe	Pedro
Fernando (Nando)	Rafael (Rafa)
Francisco (Cisco, Paco, Pancho)	Ramiro
	Ramón
Gabriel (Gabi)	Raúl
Germán	Ricardo (Riqui)
Gilberto	Roberto (Beto)
Gonzalo	Rodrigo (Rodri)
Gregorio	Rubén
Guillermo (Memo)	Salvador
Gustavo	Samuel
Hernán	Sancho
Homero	Santiago (Santi)
Horacio	Sergio
Hugo	Teodoro
Ignacio (Nacho)	Timoteo
Jacobo	Tomás
Jaime	Víctor

Chicas

Adela	Guadalupe (Lupe)
Adriana	Inés
Alicia	Irene
Amalia	Isabel (Chavela)
Ana	Josefina (Pepita)
Anita	Juana (Juanita)
Ángela	Julia
Antonia (Toni)	Laura
Bárbara	Leonor
Beatriz (Bea)	Leticia (Leti)
Berta	Lilia
Blanca	Lucía
Carla	Luisa
Carlota	Marcela (Chela)
Carmen	Margarita (Rita)
Carolina	María
Catalina	Mariana
Cecilia	Maricarmen
Clara	Marilú
Concepción (Concha, Conchita)	Marta
Cristina (Cris, Tina)	Mercedes (Meche)
Débora	Mónica
Diana	Natalia (Nati)
Dolores (Lola)	Norma
Dorotea (Dora)	Patricia (Pati)
Elena	Pilar
Elisa	Ramona
Eloísa	Raquel
Elvira	Rebeca
Emilia (Emi)	Rosa (Rosita)
Estela	Sara
Ester	Silvia
Eva	Sofía
Florencia	Soledad (Sole)
Francisca (Paca, Paquita)	Sonia
	Susana (Susanita)
Gabriela (Gabi)	Teresa (Tere)
Gloria	Verónica (Vero)
Graciela (Chela)	Victoria (Vicki)
	Yolanda (Yoli)

PASO A PASO CON

U N I D A D 1

¡Hola! ¿Qué tal? 14
Montebello, California

U N I D A D 2

¡Es hora de clase! 58
San Juan, Puerto Rico

U N I D A D 3

¿Qué hacen ustedes? 102
México D.F., México

U N I D A D 4

¡Qué familia! 150
San Antonio, Texas

U N I D A D 5

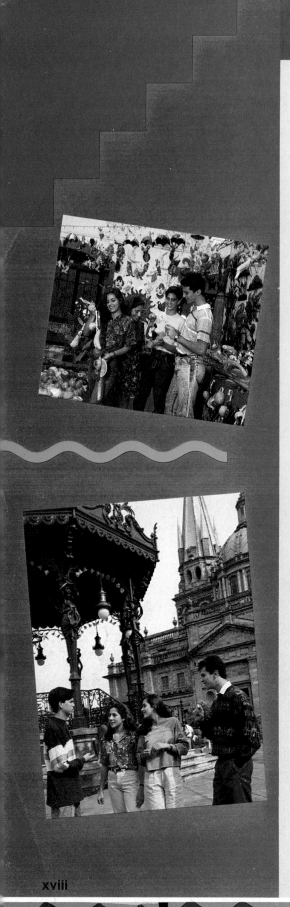

U N I D A D 6

¡Me encantó Guadalajara! 256
Guadalajara, México

U N I D A D 7

¡Vamos al partido!   304
Miami, Florida

U N I D A D 8

¡En camino a Segovia!   360
Segovia, España

Paso a paso con

¡DIME!

ANTICIPEMOS

PARA EMPEZAR

¿QUÉ DECIMOS...?

CHARLEMOS UN POCO

CHARLEMOS UN POCO MÁS

Dramatizaciones

IMPACTO CULTURAL

Y ahora, ¡a leer!

LEAMOS AHORA

ESCRIBAMOS UN POCO

¿POR QUÉ SE DICE ASÍ?

¿Qué piensas tú?

1. You should recognize the book pictured here. What is its title? What do you think the title means?

2. Flip through Unit 1. Now look at Lesson 1. Find each of the titles listed above. Then look at Lessons 2 and 3. Does every lesson have all of the titles? Where do you have to look for the section titled **¿Por qué se dice así?**

3. Although you may not understand all the Spanish in the titles, words such as **anticipemos, cultural,** and **dramatizaciones** probably suggest some meaning to you. What do you think these three words mean? Why can you guess their meanings?

4. Now look carefully at one of the lessons in Unit 1 or Unit 2. Try to decide what each section is for. Write down what you believe is the primary purpose of each

section listed. Then, in groups of three or four, compare your list with those of your classmates and try to come to a group consensus on the purpose of each section. Don't try to translate the titles—just observe what each section does or asks you to do.

5. Look at the photos. What class is this? What book are these students using? What is going on in each of the pictures? How do these students and their teacher feel about learning Spanish?

6. In the next couple of class hours, you will work with a model lesson of *¡Dime!* As you do each section, check your group observations, and see if you can figure out what each title means.

▶ What do you think the purpose of these two pages is?

¡Ajá! ¡Hay un libro!

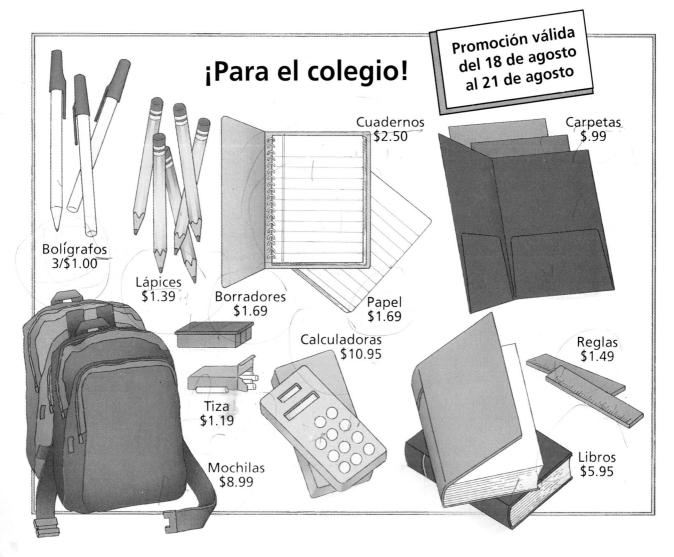

¡Para el colegio!

Promoción válida del 18 de agosto al 21 de agosto

Cuadernos $2.50

Carpetas $.99

Bolígrafos 3/$1.00

Lápices $1.39

Borradores $1.69

Papel $1.69

Calculadoras $10.95

Reglas $1.49

Tiza $1.19

Libros $5.95

Mochilas $8.99

¿Qué piensas tú?

1. What is being sold in this advertisement? When did it appear? Who is expected to read it?

2. Which of the items in the ad do you consider absolutely necessary for school? Does your school require you to have any of these items? Are there any items here you can get along without?

3. Which of the items for sale here do you have with you now?

4. What do you think you will be able to talk about when you have finished this lesson?

1

Es la puerta de una clase, pero ¿qué clase es? ¿Quién sabe?

¿Eres tú un buen detective? Un buen detective busca indicios para resolver el misterio. ¿Hay buenos indicios aquí?

2

¿Qué hay en la clase? Hay pupitres, un escritorio de profesor y una mesa con sillas. Hay una pizarra también con tiza y un borrador. ¡Ajá! ¡En un pupitre hay una mochila!

3

¿Qué hay en la mochila? Hay un cuaderno, una carpeta, un lápiz y un bolígrafo. Es la mochila de un estudiante. Pero, ¿quién es el estudiante?

4

¡Ah, el escritorio del profesor! ¿Qué hay en el escritorio? Hay lápices y bolígrafos y una regla. También hay carpetas y cuadernos. Y... ¡Ajá, hay un libro!

5

¿Y la clase? ¡Es la clase de español! ¿Y el profesor? ¡Es el profesor de español! ¿Y el estudiante? ¡El estudiante eres tú!

Pero... ¿qué libro es? ¡Es un libro de español!

¿QUÉ DECIMOS...?

En la librería

¿Qué más hay en la lista?

To help you do the activities, the side columns in this section contain short grammar explanations and vocabulary. If you want more information, use the page references listed for the **¿Por qué se dice así?** section in the back of the book.

Nouns
Naming objects

Nouns name people, places, things, or concepts. Spanish nouns are either masculine or feminine.

Masculino	Femenino
libro	mochila
cuaderno	carpeta
lápiz	clase
papel	pizarra

See **¿Por qué se dice así?**, *page G2, section LP. 1.*

The indefinite article: *un, una*
Used to refer to things in general

Hay **un** libro en la clase.
Hay **una** silla en la clase.

See **¿Por qué se dice así?**, *page G2, section LP. 2.*

The verb *hay*

Hay means both *there is* and *there are.* When used in a question, it means *Is there?* or *Are there?*

¿**Hay** pizarras?
Sí, **hay** una pizarra.

CHARLEMOS UN POCO

A. ¿Qué hay en la lista? Your teacher wants to check that you have the supplies you will need for class. Hold up the items as your teacher reads the list.

un bolígrafo   un cuaderno
una carpeta   una regla
un libro de español   una hoja de papel
un lápiz

B. ¿Qué hay en la clase? Tell what there is in the classroom below by naming the numbered items you see.

MODELO   número 1
          Hay una pizarra.

C. ¿En la mochila?   Ask your partner questions to find out what school supplies are in his or her backpack.

 MODELO   Tú: **¿Hay un lápiz?**
　　　　　　　Compañero(a):   **Sí, hay un lápiz.** o
　　　　　　　　　　　　　　　No, no hay un lápiz.

CH. ¿Mi carpeta?   A friend calls to see if he left a folder in your room. Answer your friend's questions.

 MODELO   mesa: lápiz / regla
　　　　　　　Compañero(a):   **¿Qué hay en la mesa?**
　　　　　　　Tú: **Hay un lápiz y una regla.**

1. mochila: libro / lápiz
2. mesa: papel / libro
3. cuaderno: bolígrafo / lápiz
4. escritorio: carpeta / cuaderno
5. carpeta: papel / bolígrafo

Sí and No
Answering affirmatively or negatively

When answering affirmatively, one usually begins the response with **Sí, . . .** When answering negatively, begin with **No, no . . .**

The definite article: el, la
Used to talk about specific things

¿Qué hay en **la** silla?
¿Qué hay en **el** libro?

See **¿Por qué se dice así?,** *page G2, section LP.2.*

CHARLEMOS UN POCO MÁS

A. ¡Lo más importante!   Make a list of the three things that you think are most important to have for school. Ask three classmates what items are on their lists. If someone has listed the same three items that you have, go to the board and write the items on your lists.

 EJEMPLO   Tú: **¿Hay un lápiz en la lista?**
　　　　　　　Compañero(a):   **Sí, hay un lápiz.** o **No, no hay un lápiz.**

B. ¿En el pupitre?   Prepare a list of all the items you can see on one of your classmate's desk but keep the identity of your classmate a secret. Then try to discover the identity of the classmate your partner selected by asking questions. Your partner will then ask you questions as he or she tries to identify the classmate you selected.

 EJEMPLO   Tú: **¿Hay un bolígrafo en el pupitre?**
　　　　　　　Compañero(a):   **Sí, hay un bolígrafo.** o
　　　　　　　　　　　　　　　No, no hay un bolígrafo.

C. ¿Cuál es la diferencia? Without looking at each other's pictures, find four differences in the back-to-school sale advertisement below and the one your teacher gives your partner.

EJEMPLO Tú: **¿Hay una regla?**
         Compañero(a):   **Sí, hay una regla. o No, no hay una regla.**

¡Todo para el estudiante!

Mochilas
$10.98

PRECIOS ESPECIALES PARA EL REGRESO A CLASES

Reglas $1.19

Lápices $.49

Libros $6.95

Carpetas
$1.09

ⓟ papelería luna

CH. ¡A escribir! Working in pairs and with books closed, you have exactly two minutes to list as many items as you can see in the classroom.

Dramatizaciones

En la librería. Your best friend broke his leg yesterday. You and another friend have offered to do some shopping for him, since tomorrow is the first day of school. Role-play your shopping trip as you go through the list of school supplies that your best friend needs.

You

- Ask your friend what is on the list.
- Say there are three of the items on the table. Tell which ones.
- Say there are [*the two remaining items*] in [*store in your city*].

Friend

- Name at least five items.
- Say there are no [*the two remaining items*].
- Say thank you.

¡No metas la pata!

¡De Nuevo México a Nueva York!   Ellen Pierce has just moved from New Mexico to a Puerto Rican section of New York City, where she has become good friends with Yolanda Salas. Read their conversation and then answer the question that follows.

Ellen: **I'm hungry.**
Yolanda: **So am I. Why don't you come to my house for dinner? Mamá will fix you some typical Puerto Rican food.**
Ellen: **I'd love to. I'm starving for some good old frijoles, tacos, or enchiladas. I haven't had them since I left New Mexico.**
Yolanda: **Tacos? Enchiladas? We don't eat them! We're from Puerto Rico!**

Why does Yolanda seem upset with Ellen?

1. Yolanda's mother doesn't know how to prepare tacos and enchiladas.
2. Yolanda doesn't like tacos and enchiladas.
3. Ellen assumes that all Spanish-speaking people eat tacos and enchiladas.

❏ Check your answer on page 416.

¡Hola! ¿Qué tal?

Océano Pacífico

Oregón

Sacramento

San
Francisco

Nevada

CALIFORNIA

Montebello

Los Ángeles

San
Diego

Arizona

0   200 Kilómetros
0   200 Millas

1

¡Estupendo !

¿Qué piensas tú?

1. Who do you think the people are in each of these photos?

2. What do you think the people are saying in each of the photos? Why?

3. Notice what the people are doing in each of the photos. What gestures are they making?

4. What similarities and differences do you observe between what you might do and what these people are doing?

5. What do you think you will learn to say and do in this lesson?

Son profesores y estudiantes de Montebello High School en Montebello, California.

1

Es una escuela. Es Montebello High School.

¿Quién es ella? Es Ana, una estudiante.

2

¿Quién es el chico? Es Beto. Beto Chávez.
¿Y quién es la chica? Es Ana. Ana Montoya.

Hola, Ana. ¿Qué tal?

Muy bien, gracias, Beto. ¿Y tú?

Muy bien, gracias.

4

¿Quién es ella? Es la profesora de español, la señorita Montero.

Y ella, ¿quién es? Es la señora León, la profesora de matemáticas.

Buenos días.

Buenos días, profesor.

3

Y él, ¿quién es? Es el señor Whitaker. Es el profesor de historia.

¿QUÉ DECIMOS...?

Al saludar a amigos y profesores

1 *¡Ay! Perdón.*

2 ¿Qué tal?

3 ¿Quién es?

4 ¿Cómo se llama usted?

5 Buenas noches.

CHARLEMOS UN POCO

A. Saludos y despedidas. It is the first day of school at Montebello High and people are greeting each other or saying good-bye. Tell whether each statement is **un saludo** *(a greeting)* or **una despedida** *(a farewell).*

1. Adiós.
2. Hola, chico.
3. Hasta mañana, señor Ramos.
4. Buenos días, profesor.
5. ¡Señorita Montero! ¿Cómo está usted?
6. Hasta luego, Beto.
7. Buenas tardes, Lupe. ¿Cómo estás?
8. ¿Qué tal, Ana?
9. Buenas noches. Hasta mañana.
10. Buenas noches, señor director. ¿Cómo está usted?

B. ¡Hola! Select an appropriate response to each greeting or farewell.

a. Buenas tardes. Soy Rebeca Ortiz, la profesora de inglés. Encantada.
b. Buenos días. Soy Silvia. Mucho gusto.
c. Hasta mañana.
ch. Mucho gusto, Carlos.
d. Muy bien, gracias. ¿Cómo está usted?

1.

2.

3.

4.

5.

Greeting people

In the morning:
Buenos días.

In the afternoon:
Buenas tardes.

In the evening:
Buenas noches.

Anytime:
¡Hola!

Asking how someone is

¿Cómo estás?
¿Cómo está usted?
¿Qué tal?

Responses:
Bien, gracias.
Bien, gracias, ¿y tú?
Muy bien, gracias, ¿y usted?

Saying good-bye

Adiós.
Hasta luego.
Hasta mañana.

C. ¿Qué tal? Greet five of your classmates and find out how they are doing today. Choose one of the greetings and your own response each time.

EJEMPLO
<table>
<tr><td>You:</td><td>**Buenos días.** o
Buenas tardes.</td></tr>
<tr><td>Partner:</td><td>**Hola. ¿Qué tal?** o
Hola. ¿Cómo estás?</td></tr>
<tr><td>You:</td><td>**Bien, gracias, ¿y tú?** o
Terrible, ¿y tú?</td></tr>
<tr><td>Partner:</td><td>**Muy bien, gracias.** o
Fatal.</td></tr>
</table>

CH. ¡Adiós! It's time to go home. Say good-bye to each of the following people. Use several different good-byes.

1. un amigo
2. el director (la directora) de la escuela
3. el profesor (la profesora) de inglés
4. una amiga
5. el profesor (la profesora) de español

D. En la cafetería. You see several new faces in the school cafeteria. Ask a friend who they are.

MODELO
<table>
<tr><td>You:</td><td>**¿Quién es él?**</td></tr>
<tr><td>Partner:</td><td>**Es mi amigo Ricardo.**</td></tr>
</table>

amigo Ricardo

1. amiga Alicia

2. profesor de inglés

3. amigo Juan Carlos

4. profesora de historia

5. profesor de matemáticas

E. ¿Con quién?   You overhear various students stop and talk to Mrs. Alicia Ramos, a Spanish teacher, and Tina Chávez, a classmate. Based on what each student says, tell which person is being addressed.

MODELO   Soy Pablo Ortiz, ¿y usted?
   la señora Ramos

La señora Ramos   Tina Chávez

1. ¿Qué tal, chica?
2. Buenas tardes, señora.
3. Muy bien, ¿y usted?
4. ¿Cómo está usted?
5. Soy Juan Montero, ¿y tú?
6. Hasta mañana, señora.
7. ¿Cómo estás tú?
8. ¿Eres Tina Castillo?
9. ¿Es usted la profesora de español?
10. Bien, gracias. ¿Y tú?

F. ¿Eres Tomás López?   Your teacher will assign everyone in the class a new identity. Keep your new identity a secret until questioned by your classmates.

1. Find Tomás and Eva López by questioning your classmates.

MODELO   You: **¿Eres Tomás López?**
   Partner: **No, soy Pablo White.**

2. Now your teacher will give you another identity. Find Mr. and Mrs. Ortega by questioning your classmates.

MODELO   You: **¿Es Ud. la señora Ortega?**
   Partner: **No, yo soy la señorita ...**

Ser

yo	**soy**	*I am*
tú	**eres**	*you are*
usted	**es**	*you are*
él	**es**	*he is*
ella	**es**	*she is*
—	**es**	*it is*

See **¿Por qué se dice así?**, *pages G4–G8, sections 1.1, 1.2, and 1.3.*

Using *tú* and *usted*

Tú is used when addressing family and friends. **Usted** is used to show respect, as when addressing adults, teachers, or people you don't know well.

See **¿Por qué se dice así?**, *page G4, section 1.1.*

CHARLEMOS UN POCO MÁS

A. Nombres.   Check if your partner remembers everyone's name in the class.

EJEMPLO   **¿Quién es él (ella)?**   o   **¿Es** [*wrong name*]**?**
   Es [*name*]**.**   **No, es** [*correct name*]**.**

B. ¡Pobre profesor(a)!   Often students help the teacher learn their names on the first days of school. Working in groups of four or five, take turns playing a confused teacher who calls several students by the wrong name.

EJEMPLO   Teacher: **¿Eres Lupe?**
   Student: **No, señor (señora, señorita).**
      Yo soy [*your name*]**. Ella es Lupe.**

C. Saludos.   You are happy to be back at school. How do you greet the following people on the first day?

1. your best friend on the way to school
2. your principal in the morning
3. your teacher before Spanish class
4. your history teacher after lunch
5. a good friend in the hall after school

Dramatizaciones

A. ¡Hola!   Initiate a conversation with various classmates, especially ones you don't know.

- Greet each other.
- Introduce yourself.
- Say good-bye and introduce yourself to another classmate.

B. ¡Buenas tardes!   Several new Spanish-speaking students are at the Spanish Club's first meeting of the year. Role-play this situation.

- Greet three of the new students.
- Ask how each one is doing.
- End the conversation with an appropriate farewell.

C. Mucho gusto.   A new student has the locker next to yours. Role-play your first conversation. Be creative in acting out how you meet.

- Greet each other appropriately.
- Introduce yourselves.
- Ask each other how you are doing.
- Say good-bye before rushing off to your classes.

¡No metas la pata!

¿Cómo estás?   Fred, a student from the United States, is studying in
Caracas, Venezuela. Read the following dialogue, which takes place on the
first day of school. Try to find what goes wrong. Then answer the question that
follows.

Tomás:	**Hola, Fred. ¿Cómo estás?**
Fred:	**Bien, gracias. ¿Y tú?**
Tomás:	**Estupendo.**
Fred:	**Oye, Tomás, ¿quién es ese señor?**
Tomás:	**Es el profesor de historia, el señor Peña.**
Sr. Peña:	**Buenos días, jóvenes.**
Tomás:	**Buenos días, señor Peña.**
Fred:	**Hola. ¿Qué tal? ¿Cómo estás?**
Sr. Peña:	**Pues . . . Mmmm . . . Bien, gracias. Adiós.**

Why does Mr. Peña react somewhat coldly to Fred's greeting?

1. Fred should have waited to be formally introduced.
2. Mr. Peña doesn't like having foreign students in his class.
3. Fred's greeting was too familiar.

❏ Check your answer on page 416.

Y ahora, ¡a leer!

Antes de empezar

1. What do you and your friends say in English when you greet each other?
2. What do you and your friends say in English when you greet your teacher?
3. How do the greetings you use with teachers and friends differ?

Tú y usted

Tú es informal y **usted** es formal. Usamos **tú** con amigos y familia. Usamos **usted** con otras personas.

Especialmente, usamos **usted** con personas que tienen un título como **señor (Sr.)**, **señora (Sra.)**, **señorita (Srta.)**, **profesor/profesora, (Prof.)**, **doctor (Dr.)**, **doctora (Dra.)**, etc.

Verifiquemos

En esta lección observamos el uso de **tú** y **usted** en diferentes expresiones. Identifica las expresiones de **tú** y las expresiones de **usted**.

1. ¿Estás bien?
2. ¿Cómo está, señora?
3. ¿Eres Tomás López?
4. ¿Cómo está?
5. ¿Es el señor López?
6. ¿Es la profesora de matemáticas?
7. Hola. ¿Cómo estás?

Antes de empezar

1. Where are you likely to see a greeting or a good-bye written down? Name several places.
2. Give some examples of written greetings you have seen recently.

Saludos y despedidas.   Read these messages, then answer the questions that follow.

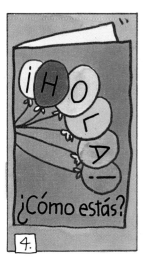

Verifiquemos

1. Which messages express a greeting?
2. Which messages express a good-bye?
3. What words are used to express *hello* and *good-bye* in Spanish?
4. Which of these greetings and good-byes are you likely to see in English in your own community? What might they say?

¿De dónde eres?

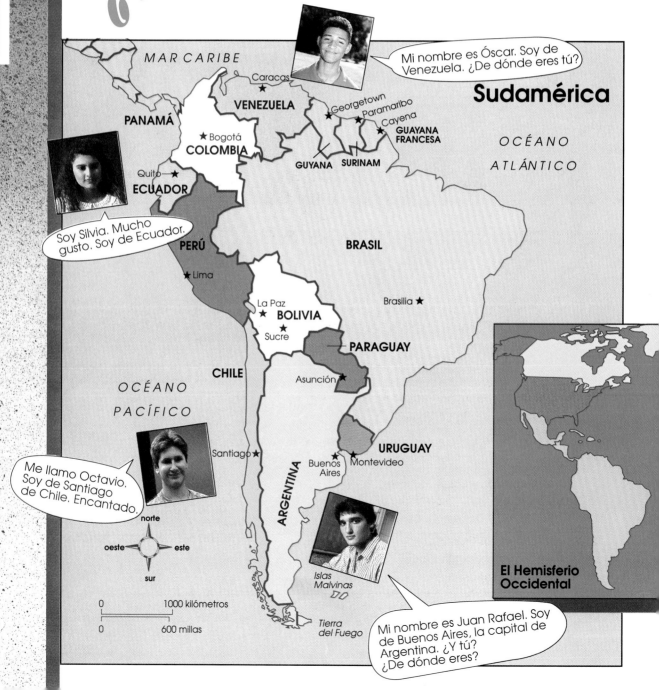

Mi nombre es Óscar. Soy de Venezuela. ¿De dónde eres tú?

Sudamérica

MAR CARIBE

Caracas ★

VENEZUELA

PANAMÁ

★ Bogotá
COLOMBIA

Georgetown ★
Paramaribo ★
Cayena ★
GUAYANA
FRANCESA

GUYANA   SURINAM

OCÉANO
ATLÁNTICO

Quito ★
ECUADOR

Soy Silvia. Mucho gusto. Soy de Ecuador.

PERÚ

BRASIL

★ Lima

La Paz
★ BOLIVIA
★ Sucre

Brasilia ★

PARAGUAY

CHILE

OCÉANO
PACÍFICO

Asunción ★

Me llamo Octavio.
Soy de Santiago
de Chile. Encantado.

Santiago ★

URUGUAY

Buenos ★ Montevideo
Aires

norte

oeste ◇ este

sur

ARGENTINA

Islas
Malvinas

El Hemisferio
Occidental

0   1000 kilómetros

0   600 millas

Tierra
del Fuego

Mi nombre es Juan Rafael. Soy
de Buenos Aires, la capital de
Argentina. ¿Y tú?
¿De dónde eres?

México, Centroamérica y el Caribe

Soy Sara. Mucho gusto. Soy de Texas.

Me llamo Alicia. Soy de la Florida.

Soy Miguel. Soy de San Juan, Puerto Rico.

Mi nombre es Lupe. Soy de México.

Me llamo Chavela. Soy de San José, la capital de Costa Rica.

¿Qué piensas tú?

1. How do you know if the names on the maps are written in English or in Spanish?

2. Which countries are not Spanish-speaking? What languages are spoken there? Can you explain why several languages are spoken in the Caribbean islands and the countries of Central and South America?

3. Where else in the world is Spanish spoken? Can you explain why Spanish is found in so many parts of the world?

4. What might the people in the pictures be telling you about themselves?

Even though the following questions are in Spanish, you will understand them. Can you answer the questions in English? Can you answer them in Spanish?

5. ¿Está Colombia en el sur o en el norte de Sudamérica? ¿Y Argentina? ¿Y Brasil? ¿Y Perú?

6. ¿Cuál es la capital de Venezuela? ¿De Ecuador? ¿De Colombia?

7. ¿Quién es de San Juan? ¿De México? ¿De Santiago? ¿De San José?

8. ¿De dónde es Octavio? ¿Chavela? ¿Juan Rafael? ¿Silvia?

9. What do you think you will be able to say when you have finished this lesson?

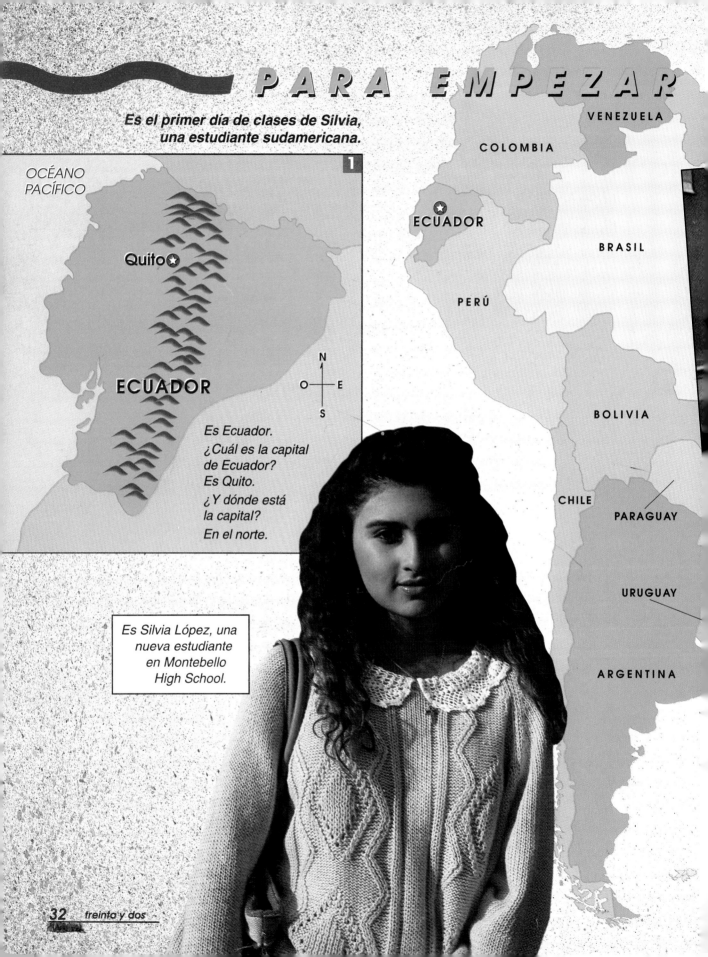

PARA EMPEZAR

Es el primer día de clases de Silvia,
una estudiante sudamericana.

OCÉANO
PACÍFICO

Quito ★

ECUADOR

N
O · E
S

Es Ecuador.
¿Cuál es la capital
de Ecuador?
Es Quito.
¿Y dónde está
la capital?
En el norte.

Es Silvia López, una
nueva estudiante
en Montebello
High School.

VENEZUELA

COLOMBIA

ECUADOR

BRASIL

PERÚ

BOLIVIA

CHILE

PARAGUAY

URUGUAY

ARGENTINA

¿QUÉ DECIMOS...?

Al presentar a una persona

1 *Quiero presentarte . . .*

2 *Encantada.*

3 Bienvenida.

4 El gusto es mío.

CHARLEMOS UN POCO

A. Me llamo . . . You are visiting Montebello High. Introduce yourself to the following people.

 MODELO David

> You: **Me llamo** [*your name*]. **Y tú, ¿cómo te llamas?**
>
> Partner: **Me llamo David.**

> Sr. José Ramos
>
> You: **Me llamo** [*your name*]. **Y usted, ¿cómo se llama?**
>
> Partner: **Mi nombre es José Ramos.**

1. Silvia
2. Lisa
3. Srta. Luisa Montero
4. Beto
5. Sr. Samuel Whitaker
6. Lupe
7. Ana
8. Sra. Margarita León

B. ¿Cómo te llamas? Introduce yourself to four classmates and find out their names.

 MODELO You: **Me llamo . . . Y tú, ¿cómo te llamas?**

Partner: **Encantado(a). Soy . . .**

C. Mi nombre es . . . Adopt the name of a celebrity and introduce yourself to four classmates.

 EJEMPLO You: **Me llamo . . . Y usted, ¿cómo se llama?**

Partner: **Es un placer. Mi nombre es . . .**

CH. Quiero presentarte a . . . Introduce your partner to four classmates and the teacher.

 EJEMPLO You: **[*Partner's name*], quiero presentarte a [*friend's name*].**

Partner: **Mucho gusto.**

Classmate: **El gusto es mío.**

You: **Profesor(a), quiero presentarle a mi amigo(a) [*name*].**

Teacher: **Encantado(a).**

Partner: **Igualmente.**

Introducing yourself

Me llamo . . .
Mi nombre es . . .
Soy . . .

Y tú, ¿cómo te llamas?
Y usted, ¿cómo se llama?

Introducing someone

To people you address as tú:
Quiero presentar**te** a . . .

To people you address as usted:
Quiero presentar**le** a . . .

Responding to introductions

Mucho gusto.
El gusto es mío.

Encantado(a).
Es un placer.
Igualmente.

D. ¿De dónde es? Ask a classmate where the following
students are from.

MODELO   Lisa Campos
         You: **¿De dónde es Lisa Campos?**
         Partner: **Es de Nevada.**

Estados Unidos

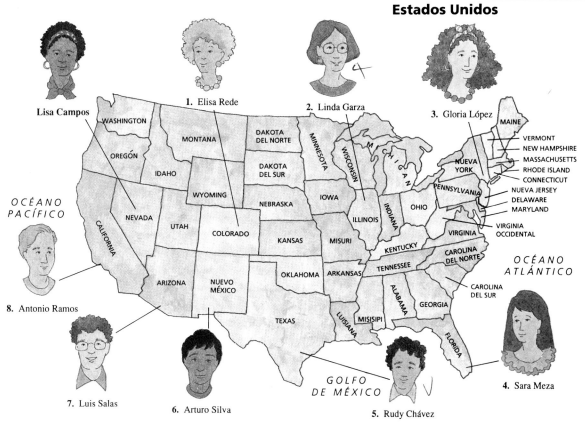

E. Soy de . . . Tell where you are from and ask four classmates
where they are from.

MODELO   You: **Soy de . . . Y tú, ¿de dónde eres?**
         Partner: **Soy de . . .**

F. ¿De dónde eres? What would people from these cities say
when asked where they are from?

MODELO   Perú / Lima
         Partner: **¿De dónde eres?**
         You: **Soy de Perú, de Lima.**

1. Venezuela / Caracas
2. Perú / Lima
3. Bolivia / La Paz
4. Paraguay / Asunción
5. Colombia / Bogotá
6. Chile / Santiago
7. Uruguay / Montevideo
8. Argentina / Buenos Aires
9. Ecuador / Quito
10. Brasil / Brasilia

Asking or saying where someone is from

Asking where someone is from:

de dónde + ser
ser de

¿De dónde eres?
¿De dónde es usted?
¿De dónde es [*name*]?

Saying where you or someone else is from:

Soy de Chile.
Carlos es de Venezuela.

See **¿Por qué se dice así?**,
page G8, section 1.4.

CHARLEMOS UN POCO MÁS

A. Presentaciones.   Complete the conversations in these cartoons with appropriate phrases.

1.

2.

3.

4.

B. Sudamérica.   Your teacher will give you and your classmates maps of South America. Find out which country and city your classmates are from according to the country highlighted on their maps.

EJEMPLO You: **¿De dónde eres?**
         Partner: **Soy de Colombia.**
         You: **¿De Bogotá?**
         Partner: **Sí, de la capital.**

C. Recepción internacional.   The Spanish Club is hosting a reception for the foreign students and the Spanish teachers at your school. You have been asked to introduce your partner to four new acquaintances.

Help your partner pick a new name and a Spanish-speaking country of origin. Then introduce your partner to several classmates, who in turn will introduce their partners to the two of you. Be sure to mention where the person being introduced is from.

CH. ¡Latinoamericanos!   Select a Latin American country of origin for yourself. Then ask your classmates where they are from and tell them your country. On the blank map your teacher provides, write the names of the students you meet on the country they say they are from. Try to get a classmate's name on every country.

Dramatizaciones

A. Padres e hijos.   The Spanish department of your school is having a "Parents Night," and you and a parent are attending. In groups of three, decide who will play the role of the student, the parent, and the teacher.

- The student will introduce the parent and teacher.
- The parent and teacher will greet each other appropriately.

B. Primer día de clases.   It is the first day of school, and you have been asked to escort Carlos (Carla) Morales, a student from Ecuador, to classes all day. In groups of five, decide who will play the role of the exchange student, the host student, the principal, a teacher, and another student.

- The host student will introduce the foreign student to the others individually.
- When introduced, each will converse with the foreign student, finding out where he or she is from.
- Each will say good-bye when the host student and the exchange student leave to meet another person.

¿Cómo eres?

ANTICIPEMOS

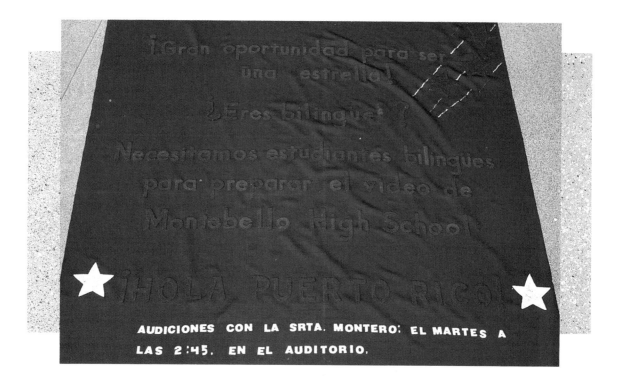

¡Gran oportunidad para ser una estrella!

¿Eres bilingüe?

Necesitamos estudiantes bilingües para preparar el video de Montebello High School.

¡HOLA PUERTO RICO!

AUDICIONES CON LA SRTA. MONTERO: EL MARTES A LAS 2:45, EN EL AUDITORIO.

¿ Qué piensas tú ?

Look at the announcement above. You may not understand every word, but you can probably understand more than you think at first. For example:

1. Who is being invited to participate? What skill should they have?

2. Why are these people needed?

3. What is being prepared? For whom?

Now look at the students in the photo on page 42.

6. Describe the students. What physical characteristics does each of them have?

7. Do you think any of these students are "typical" of students at Montebello High School? Why?

8. Would you be able to describe the "typical" student at your school?

4. What should people who are interested do?

5. What opportunity do the students have here?

9. Do you think there is such a thing as a "typical" student?

10. If you were making this video, what qualities would you be looking for in the people you chose?

11. What do you think you will be able to talk about when you have finished this lesson?

1

¿Quiénes son ellas? Son Carmen, Ángela y Gloria.

¿Cómo son? Carmen es morena. Ángela es morena también. Y es muy bonita, ¿no?

Gloria no es morena; al contrario, es rubia. Es muy bonita y cómica.

Carmen

Ángela

Gloria

2

¿Son Carmen, Gloria y Ángela? ¡Sí! Carmen es baja y Ángela es alta. Gloria no es ni alta ni baja. Es mediana. Ángela también es delgada y atlética.

3

Ellas son Ana y Lupe. Ana es la amiga de Lupe. ¿Quién es tímida, Ana o Lupe? ¿Y quién es popular?

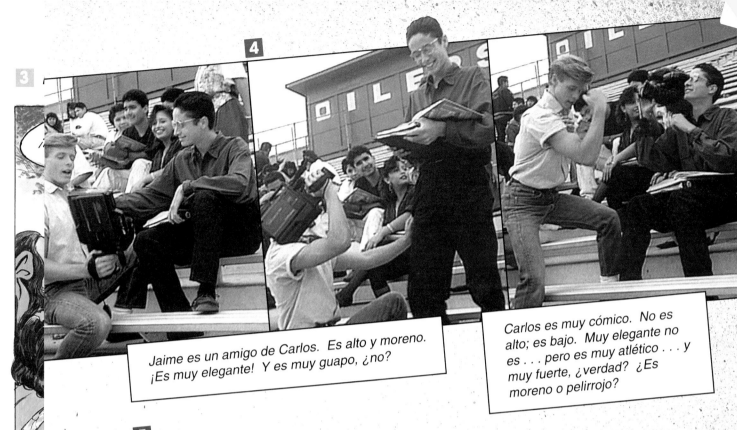

Jaime es un amigo de Carlos. Es alto y moreno. ¡Es muy elegante! Y es muy guapo, ¿no?

Carlos es muy cómico. No es alto; es bajo. Muy elegante no es . . . pero es muy atlético . . . y muy fuerte, ¿verdad? ¿Es moreno o pelirrojo?

¿Quiénes son? Pues, son Jaime, Carmen y Pirata, el perro. Jaime es alto y Carmen es baja, ¿verdad? Jaime es muy estudioso. Carmen también, y es muy inteligente.

¿Y Pirata? Pues, Pirata es muy bajo y muy gordo. No es inteligente; es tonto. No es bonito; es feo. ¿Es antipático? No, es muy simpático y muy, muy popular.

¡Es hora de clase!

a, no les costó m...

Océano Atlántico

San Juan

⭐

PUERTO RICO

Mayagüez

Ponce

Mar Caribe

25 Kilómetros

25 Millas

¡Tengo historia ahora !

Colegio San Martín

Estudiante: Santarina Flores, Olga Maria   **Año:** Segundo

	LUNES	MARTES	MIÉRCOLES	JUEVES	VIERNES	SÁBADO
9:00	Álgebra 2	Educación física	Álgebra 2	Educación física	Álgebra 2	Folklore de Venezuela
10:00	Inglés 8	Inglés 8	Inglés 8	Inglés 8	Inglés 8	Folklore de Venezuela
11:00	Historia de Venezuela	Historia de Venezuela	Geografía política	Historia de Venezuela	Dibujo	Gimnasia
12:00	Química 1	Química 1	Educación familiar	Computación	Computación	Gimnasia
3:00	Castellano: Literatura	Castellano: Literatura		Castellano: Composición	Castellano: Composición	
4:00	Gimnasia	Álgebra 2		Química 1	Ciencias naturales	
5:00	Música	Álgebra 2		Química 1	Ciencias naturales	
6:00	Francés 3	Francés 3		Francés 3	Francés 3	

¿Qué piensas tú?

1. Whose schedule is this? What school does the student go to?

2. Although the subjects are written in Spanish, you probably have little trouble determining what most of them are. What are they? How do you know? Can you make any guesses about the ones you're not sure of?

3. What information is in the schedule? How often do classes meet? How long is the school day? How long is a class period?

4. In what country do you think the school is located? Why?

5. What similarities are there between your school schedule and this one? What differences?

6. Are there any courses in this schedule that you would like to see your school offer? Why?

7. What differences, do you think, you might find in schedules from other Spanish-speaking areas—for example, Spain, Mexico, or Puerto Rico?

8. What do you think you will be able to talk about when you have finished this lesson?

1

Estos chicos son estudiantes en la escuela Robinson, en San Juan, Puerto Rico. Son Sara, Mónica, Raúl y Esteban.

4

Sara: Oye, Raúl, ¿a qué hora es la clase de química? ¿Y dónde?

Raúl: Pues, aquí en la sala diecisiete a las diez y media.

3

Esteban: ¿Qué hora es? ¡Uy! ¡Son las nueve . . . y tengo educación física a las nueve y cinco! Adiós.

$2x^2 + 5x = 17$

2

Esteban: Hoy es jueves. Tengo cuatro clases por la mañana: computación, gimnasia, química, matemáticas. ¿Qué clases tienes tú?

Esteban: Sara, es la una . . . Tienes historia ahora, ¿no?
Sara: No, Esteban. Yo tengo historia los lunes, miércoles y viernes.

Sara: Oye, Raúl, ¿qué clase tienes a las dos menos cuarto?
Raúl: Español con la Sra. Rodríguez.
Sara: ¡Yo también! Tenemos español juntos.

Sara: ¡Ay, por fin son las tres y diez! Oye, Mónica, ¿vamos a estudiar inglés juntas?
Mónica: ¿Cuándo? ¿Por la noche?
Sara: Sí, a las siete, en mi casa.
Mónica: Muy bien, Sara. ¡Hasta luego!

CHARLEMOS UN POCO

A. Mi nueva escuela. Carlos is telling his family about his new school. Would he say each of the following? Answer **sí** or **no** based on what you know about Carlos and his friends.

1. Sara Torres es una nueva amiga.
2. Tengo geografía con Sara.
3. Tengo geografía los lunes.
4. Tengo la clase de inglés con Sara.
5. Tengo computación los martes.
6. Tengo educación física con Raúl.
7. La clase de computación es interesante.
8. La profesora de computación no es exigente.
9. Raúl tiene computadora en casa.
10. Vamos a estudiar juntos esta noche.

B. Mi número de teléfono. Ask four classmates their telephone numbers and give them yours.

EJEMPLO   698-7341

You: **¿Cuál es tu número de teléfono?**
Partner: **Es el seis, nueve, ocho, siete, tres, cuatro, uno.**

C. ¿Diga? In many Spanish-speaking countries, phone numbers are written and said in pairs, starting with the second digit. How would you say these numbers?

MODELO   721 1401 (7-21-14-01)
          Siete, veintiuno, catorce, cero, uno.

1. 917 2623	**5.** 414 2221	**8.** 524 1220
2. 305 3013	**6.** 728 1815	**9.** 615 3003
3. 829 1127	**7.** 225 1909	**10.** 914 1121
4. 616 0110		

CH. ¿Qué hay en tu casa? Ask your partner if there are any of the following items in his or her room at home.

MODELO   foto

You: **¿Hay fotos?**
Partner: **Sí, hay (seis) fotos.** o
          No, no hay fotos.

1. carpeta	**5.** bolígrafo	**9.** mesa
2. papel	**6.** lápiz	**10.** libro
3. diccionario	**7.** computadora	**11.** reloj
4. mochila	**8.** cuaderno	**12.** borrador

Numbers 0–30

0	cero	16	dieciséis
1	uno	17	diecisiete
2	dos	18	dieciocho
3	tres	19	diecinueve
4	cuatro	20	veinte
5	cinco	21	veintiuno
6	seis	22	veintidós
7	siete	23	veintitrés
8	ocho	24	veinticuatro
9	nueve	25	veinticinco
10	diez	26	veintiséis
11	once	27	veintisiete
12	doce	28	veintiocho
13	trece	29	veintinueve
14	catorce	30	treinta
15	quince		

See **¿Por qué se dice así?,**
page G15, section 2.1.

Plural nouns

Singular	Plural
chic**a**	chic**as**
direct**or**	direct**ores**
lápi**z**	lápi**ces**

See **¿Por qué se dice así?,**
page G16, section 2.2.

D. ¡Fútbol! Your friend missed the homecoming game and wants to know who was there. What do you say?

 MODELO señor Pérez / no
   Partner: **¿Y el señor Pérez?**
   You: **El señor Pérez, no.**

1. director de la escuela / sí
2. profesores de español / no
3. chicas de Cuba / sí
4. señor Medina / no
5. señorita Rivera / sí
6. doctora García / sí
7. estudiantes de Colombia / sí
8. amigas de Sara / sí
9. profesor Johnson / no
10. señora Muñoz / no

E. ¿Qué hora es? Your best friend forgot to wear a watch today and keeps asking you for the time. What do you say?

MODELO **Son las once y cinco.**

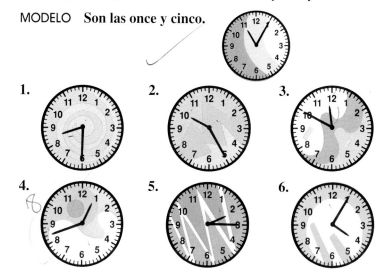

F. ¿A qué hora es? Look at the schedule below as you answer your teacher's questions concerning Lupe's classes.

MODELO ¿A qué hora es la clase de álgebra de Lupe?
   A las ocho y cuarto.

LUNES 28		SEPTIEMBRE
8:15 álgebra		1:00 almuerzo
9:30 historia		3:10 español
10:50 literatura		4:40 música
11:55 geografía		6:00 educación física

Asking for and giving the time

¿Qué hora es?

Son las nueve.

Es la una y cuarto.

Son las once y media.

Son las cinco menos diez.

See **¿Por qué se dice así?**, *page G18, section 2.3.*

Tener: Singular forms

Tengo español a las ocho.
¿Cuándo **tienes** historia?
Mario no **tiene** álgebra hoy.

See ¿Por qué se dice así?,
page G20, section 2.4.

The days of the week and the definite article

Used when saying *on* what day(s) something occurs

The days of the week are **lunes, martes, miércoles, jueves, viernes, sábado,** and **domingo.**

el / los + [*day(s) of week*]

Carlos tiene un examen **el** jueves.
No hay clases **los** sábados.

Time and the preposition *de*

When mentioning a specific time, use

de + { la mañana
      la tarde
      la noche

Mi clase de química es a las 8:10 **de la mañana.**
Tengo arte a las 2:30 **de la tarde.**

See ¿Por qué se dice así?,
page G18, section 2.3.

Time and the preposition *por*

When a specific time is not mentioned, use

por + { la mañana
       la tarde
       la noche

Tengo inglés **por la mañana.**

See ¿Por qué se dice así?,
page G18, section 2.3.

G. **¡Qué confusión!**   Use the schedule below to answer a confused friend's questions about your schedule.

MODELO   gimnasia
         Partner: **¿Cuándo tienes gimnasia?**
         You: **Tengo gimnasia los martes y jueves.**

Horario de clases

Hora	Materia	Días			Profesor	Sala
9:00	Computación	l	m	v	Srta. Rivera	38
	Gimnasia		m	j	Sr. López	Gim.
10:00	Español	l	m m	j v	Sra. Salas	17A
11:00	Inglés	l	m	v	Sr. Wall	21
12:00	Ciencias naturales	l	m m	j v	Sra. Guzmán	10B
1:00	Almuerzo					
2:00	Álgebra	l	m m	j v	Sra. Estrada	32
3:00	Historia	l	m	v	Sr. Arenas	30

H. **¡Ayúdame!**   Pat is taking a geography exam. Help her answer these questions regarding time zones: **Cuando son las 12:15 de la tarde en San Francisco, California, ¿qué hora es en . . . ?**

MODELO   la Ciudad de México (+2)
         Son las dos y cuarto de la tarde.

1. Buenos Aires, Argentina (+5)
2. San Antonio, Texas (+2)
3. Quito, Ecuador (+3)
4. Madrid, España (+9)
5. Anchorage, Alaska (-2)
6. Ciudad Guatemala, Guatemala (+2)
7. París, Francia (+9)
8. Caracas, Venezuela (+4)

I. **¿Por la mañana o por la tarde?**   Find out when your partner's classes meet.

EJEMPLO   You: **¿Tienes biología por la mañana o por la tarde?**
          Partner: **Tengo biología a las diez y diez de la mañana. o No tengo biología.**

J. ¿Quién tiene más? Tell who carries more school supplies in his or her backpack or bookbag.

MODELO   Pepe 5, libros / Alicia, 3 libros
Pepe tiene dos libros más.

1. Rosa, 8 lápices / Amalia, 5 lápices
2. Beto, 2 cuadernos / yo, 3 cuadernos
3. Yolanda, 1 mochila / yo, 0 mochilas
4. yo, 25 hojas de papel / tú, 10 hojas de papel
5. profesor, 5 bolígrafos / tú, 6 bolígrafos
6. profesora, 15 carpetas / yo, 1 carpeta

CHARLEMOS UN POCO MÁS

A. Mi horario ideal. When would you like to have the following classes? Make a schedule of these classes. Begin at 8:00 A.M. and end at 3:00 P.M. Classes do not have to meet every day. Lunch (**almuerzo**) may be no longer than forty-five minutes.

educación física	ciencia
hora de estudio	música
historia	matemáticas
inglés	español

- Ask several classmates at what time and on which days they are taking each class and tell them about your schedule.
- Find one person who has one or more classes at the same time and on the same days that you do.

B. ¿Cuándo tienes . . .? You are comparing classes over the phone with a friend. Using the schedules your teacher provides, ask each other about specific classes, times, teachers, room numbers, etc. in order to find out if you and your partner have any classes together.

C. ¡A escribir! Write a brief description of your favorite class this semester by answering each of the following questions.

¿Cuál es tu clase favorita?
¿Cuándo es?
¿Quién es el (la) profesor(a)?
¿Cómo es el (la) profesor(a)?

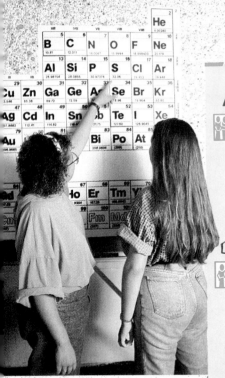

Dramatizaciones

A. ¡Qué horario! In a role play with two classmates, compare your class schedules and teachers. Ask for information about your friends' schedules and teachers, and tell them about your schedule and teachers. Some questions you might want to ask are:

¿Qué tienes los lunes a las . . . ?
¿Cómo es el profesor de . . . ?
¿A qué hora es tu clase de . . . ?

B. La nueva escuela. You run into a friend who has moved and is no longer attending your school.

- Greet each other.
- Ask your friend what the new school is like.
- Find out what classes your friend is taking and what his or her teachers are like.
- Tell what your favorite class is and why. Mention when it meets and what the teacher is like.
- Say good-bye.

¡No me digas!

El horario de Andrea.   Tom has just received a letter from Andrea, a Venezuelan friend who spent a year at Montebello High. Their friend Carla asks how Andrea is getting along. Read the conversation. Then answer the question that follows to explain Carla's reaction.

Carla: **Hola, Tom.**
Tom: **¿Qué tal, Carla? Mira, tengo una carta de Venezuela, de Andrea.**
Carla: **¿Cómo está Andrea?**
Tom: **Bien. Pero tiene un horario horrible. ¡Tiene quince clases!**
Carla: **¿Quince clases? ¡No es posible!**

Why does Carla have trouble believing what Tom tells her about Andrea's schedule?

1. She thinks that only the smartest students are allowed to take so many classes.
2. She doesn't know that Andrea's schedule is typical of school schedules in some Spanish-speaking countries.
3. She thinks that Andrea was exaggerating in her letter.

❏ Check your answer on page 417.

LECCIÓN 1

setenta y uno **71**

Somos fantásticos, ¿no?

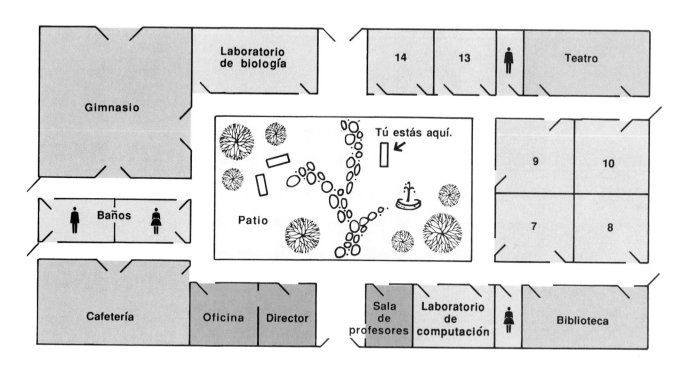

¿ Qué piensas tú ?

This diagram might be given to a new student or a parent visiting school. Although the labels are in Spanish and you have not learned all the words yet, you will probably be able to answer the following questions.

1. What does **Tú estás aquí** probably mean? Why do you think so?

2. Locate these places on the diagram: the cafeteria, the rest rooms, the gym, the office, the library, the computer laboratory, the principal's office, the theater, the teachers' workroom. How did you determine which room was which?

3. What do your school and the school in the diagram have in common? How are they different?

4. Do you think the school on the left is somewhere in the United States or somewhere else in the world? Why?

5. The students at the school on the left are as widely varied as students at your school. You probably know someone who loves math, and you probably know someone who hates it. Each of them would describe math and their math teachers in different terms. What might each of them say? How can you explain such opposing points of view?

6. What similarities and differences would you expect to find between your school and a school in Spain? In Mexico? In Puerto Rico?

7. What do you think you will be able to talk about when you have finished this lesson?

¡Hola! Soy Carmen.

Y yo soy Raúl.

Somos estudiantes aquí en la escuela Robinson. Es un colegio fantástico. Vamos a visitar unas clases.

Estos estudiantes están en una clase de español. Es una clase estupenda. El profesor es muy divertido y la clase también es divertida.

Aquí tienen una clase de computación. Las computadoras son nuevas y las clases son muy populares.

5 Estos estudiantes están en el laboratorio de química. ¡Qué serios!, ¿verdad? ¿Por qué? Porque los experimentos son difíciles . . . difíciles pero interesantes.

4 Es el recreo. Aquí estamos mis amigos y yo en el patio. Tengo unos amigos fantásticos. Son simpáticos, inteligentes y divertidos.

6 Ah, aquí están los profesores. Unos son serios; otros son divertidos; otros, exigentes. ¡Pero todos son muy buenos!

7 Bueno. Ésta es la escuela. Es excelente, ¿verdad? Los profesores son muy buenos, las clases son interesantes . . . Y los estudiantes, pues . . . somos fantásticos, ¿no?

¿QUÉ DECIMOS...?

Al hablar de los profesores

1 ¿Dónde está?

2 Somos muy simpáticos.

3 Es muy simpática.

4 ¡Es tan guapo!

A. ¿Cómo son? Describe a los profesores y estudiantes de la escuela Robinson.

MODELO **El señor Arenas es alto.**

guapo
muy buena
alto
desorganizada
estupendo
simpática
moreno
perfeccionista

Sr. Arenas

Sra. Estrada

MODELO **Los profesores son excelentes.**

| simpáticos | excelentes | divertidas |
| interesantes | fantásticas | |

profesores

estudiantes

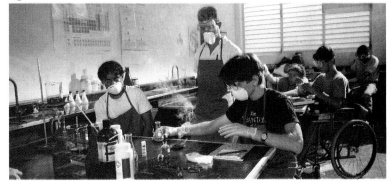

clases

Plural adjectives
Used to describe several people or things

Mis amigas y yo somos simpátic**as**.
Los buen**os** estudiantes son divertid**os** e inteligent**es**.

Note: The word **y** (*and*) becomes **e** whenever it comes before a word beginning with **i** or **hi**.

See **¿Por qué se dice así?,**
page G22, section 2.5.

The verb *ser*: Plural forms

nosotros(as)	**somos**
ustedes	**son**
ellos, ellas	**son**

Mis amigos **son** inteligentes y simpáticos.
Sí, y **somos** muy divertidos también.
Pero ustedes no **son** muy modestos.

See **¿Por qué se dice así?,**
pages G24–G26, sections 2.6–2.7.

B. ¡Somos estupendos! Prepara una lista de las características de los buenos estudiantes.

MODELO **Los buenos estudiantes son estudiosos, . . .**

cómico	organizado	estupendo
estudioso	perfeccionista	interesante
exigente	romántico	simpático
generoso	atlético	popular
tímido	divertido	modesto
inteligente	fuerte	¿ . . . ?

C. ¿Y los buenos profesores? En grupos pequeños, preparen una lista de las características de los buenos profesores.

CH. Somos amigos. Most close friends have a lot in common. How are you and your best friend alike?

MODELO divertido
Somos divertidos(as). o
No somos divertidos(as).

divertido	simpático
organizado	aburrido
cómico	generoso
romántico	atlético
tímido	¿ . . . ?

D. ¡Qué criticones! How do you respond to your friend's criticism of your school?

MODELO clases: desorganizado / organizado
Partner: **Las clases son desorganizadas.**
You: **¡No! Las clases son organizadas.**

1. estudiantes: tonto / inteligente
2. director(a): antipático / simpático
3. profesor(a) de . . . : desorganizado / excelente
4. clases: aburrido / interesante
5. tú y yo: feo / guapo
6. profesores: aburrido / divertido
7. colegio: fatal / fantástico
8. exámenes: difícil / fácil

The verb *estar*
Used to talk about location of people or things

¿Dónde **estás**?
Estoy en la biblioteca.
Lupe y yo **estamos** aquí.
Julio y María **están** en el patio.

See **¿Por qué se dice así?,**
page G26, section 2.8.

E. ¿Dónde está . . . ?   Ask your partner where you can find the following people.

MODELO   Sra. Torres
You: **¿Dónde está la señora Torres?**
Partner: **Está en la sala de matemáticas.**

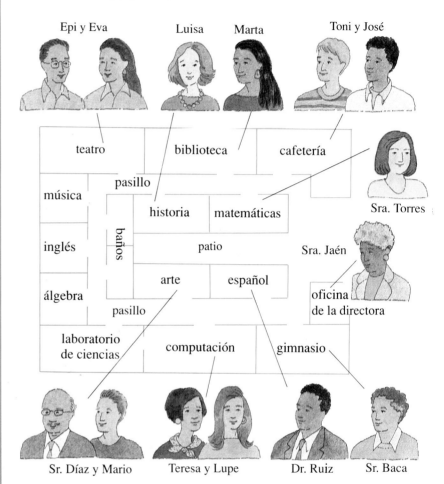

1. Teresa y Lupe
2. Sr. Díaz y Mario
3. Sra. Jaén
4. Dr. Ruiz
5. Toni y José
6. Marta
7. Sr. Baca
8. Luisa
9. Epi y Eva

F. ¿Y a las diez?   Your partner wants to know where you are at certain times of the day. What do you say?

MODELO   8:00 A.M.
Partner: **¿Dónde estás a las ocho de la mañana?**
You: **Estoy en casa.**

1. 8:45 A.M.
2. 10:30 A.M.
3. 12:10 P.M.
4. 1:50 P.M.
5. 9:15 A.M.
6. 11:40 A.M.
7. 1:00 P.M.
8. 2:30 P.M.

G. Fotos.   Carmen is writing captions on the summer camp photos in her album. Where does she say these people are?

MODELO   Sra. Artiga
La Sra. Artiga está en la sala de música.

Sra. Artiga

1. Sr. Zapata

2. Jaime y yo

3. Raúl y Felipe

4. Arturo

5. chicos

CHARLEMOS UN POCO MÁS

A. ¡Ahora mismo!   Tell where the following people are right now.

EJEMPLO   **Mi amigo Tom está en el patio.**

mi amiga(o) . . .
mi amigo(a) . . . y yo
el (la) director(a) . . .
mis amigos(as) . . . y . . .
el profesor . . .
la profesora . . .
yo

clase de . . .
   español
   música
   teatro
   arte
   matemáticas
   inglés
   computación

gimnasio
biblioteca
cafetería
oficina del director
laboratorio de ciencias
patio

B. ¿Quiénes somos?   Assume you are a member of your favorite pop music group. Develop a list of characteristics of your group. Then read your list to your classmates to see if they can guess the name of your group.

C. Visita a la universidad.   Your teacher will give you a university map with a list of several people's names. Your partner will get a copy of the same map showing where the people are. Ask your partner where each person is so that you may locate him or her on your map.   You may speak only Spanish during this activity and may not look at each other's maps.

CH. ¡A escribir!   Write a short description about **Los profesores de** [*your school*] to be included in the Spanish Club newsletter.

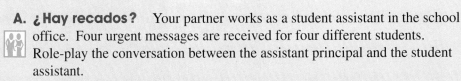

Dramatizaciones

A. ¿Hay recados?   Your partner works as a student assistant in the school office. Four urgent messages are received for four different students. Role-play the conversation between the assistant principal and the student assistant.

Student Assistant	**Assistant Principal**
■ Ask if there are any messages (**recados**).	■ Say there are four messages and say who they are for.
■ Ask where one student is.	■ Tell what class the student is in (include the subject, teacher's name, and room number).
■ Find out what the student looks like.	■ Describe the student.

Repeat the process for each of the remaining students.

B. ¿Y la nueva escuela?   A good friend who moved to another city has returned to visit you six months later. Role-play the situation with a partner.

- Greet each other appropriately.
- Exchange information about school, classes, teachers, and students.
- Ask questions to get detailed information, such as why your friend likes a particular class or teacher.

¡No me digas!

¡Qué inteligente! Bill, an exchange student, is being introduced to Sonia's younger brother, José Antonio. Read their conversation. Then answer the question that follows.

Sonia:	**Oye, José Antonio, quiero presentarte a mi amigo Bill.**
José Antonio:	**Mucho gusto.**
Bill:	**El gusto es mío, José Antonio.**
José Antonio:	**Perdona, Sonia. Tengo que estar en el colegio en media hora. Con permiso.**
Bill:	**¡En el colegio! Pero, ¿cuántos años tiene José Antonio? ¿Quince? ¿Dieciséis? ¿Y ya está en la universidad?**
Sonia:	**¡Bill, por favor! José Antonio va al Colegio San José conmigo. ¡Qué ridículo eres!**

Why does Sonia say Bill is being ridiculous?

1. Bill misinterpreted the name of José Antonio's school.
2. Bill thinks José Antonio is too old to be going to college.
3. Bill did not realize that Sonia's younger brother was a whiz kid.

❏ Check your answer on page 417.

Y ahora, ¡a leer!

Antes de empezar

1. If you are in a public school, have you ever attended a private school? If you are in a private school, have you ever attended a public school? If so, when, where, and what was it like?
2. How many private schools are there in your community? What are they, and what do they teach?
3. What advantages and/or disadvantages do you think going to a private school might have? Going to a public school?

Verifiquemos

After reading the advertisement on the next page, verify your understanding by completing or answering the following items.

1. This advertisement is for a bilingual
   a. college.
   b. university.
   c. school.
   d. All of the above.

2. The teachers at the **Colegio Americano Bilingüe**
   a. are all from the United States.
   b. are all from Spain.
   c. include both native and bilingual speakers.
   d. None of the above.

3. The classes are from
   a. 9:00 A.M. to 4:30 P.M.
   b. 9:00 A.M. to 5:30 P.M.
   c. 7:45 A.M. to 5:30 P.M.
   d. 7:45 A.M. to 6:30 P.M.

4. What do you think **guardería** means? Why?

5. What is the address of the **Colegio Americano Bilingüe**?

6. How can you get more information?

HILL HOUSE MONTESSORI SCHOOL

Colegio Americano Bilingüe

14 años de experiencia

- Enseñanza reconocida por el Ministerio de Educacíon de España y USA.
- Método abierto e individualizado MONTESSORI.
- Profesorado Licenciado, nativos y bilingües.
- Departamento de Educación Especial y Psicología.
- Horario de Colegio: de 9 a 4.30.
- Horario extendido de guardería: 7.45 a 6.30.
- Informática.

- **Para información y reservas en:**
  Avenida de Alfonso XIII, 30-34.
  Tels. 413 22 53 y 416 09 52

¿Qué vas a hacer?

1. What are the people in these photos doing?

2. Which of the activities that you see in these photos do you expect to do after school today?

3. Which of these activities are things you have to do sometimes?

4. What things do American teenagers typically like to do? What things do American teenagers typically have to do?

5. What do you think teenagers in Mexico, Spain, Puerto Rico, or Argentina like to do? What do you suppose they have to do? How do you account for the similarities between their lives and your own? How do you account for the differences?

6. Would you expect to have more in common with teenagers in some of these places than in others? Why?

7. What do you think you will be able to talk about when you have finished this lesson?

Es miércoles y Sara, Raúl y Esteban hablan después de clases.

1

Esteban: Hola, Raúl. Hola, Sara.
Raúl: Hola, Esteban.
Sara: Hola.
Esteban: ¿Qué van a hacer esta tarde?
Raúl: Vamos a estudiar.
Sara: Sí, tenemos tres exámenes mañana.
Esteban: ¡Qué lástima!

2

Srta. Rivera: Buenas tardes.
Esteban: Hola.
Sara: Srta. Rivera, ¿qué va a hacer usted mañana?
Srta. Rivera: Tengo que calificar exámenes. Qué lástima, ¿verdad?
Raúl: Sí, ¡qué lástima!

3

Sara: Bueno, ¿y qué van a hacer ustedes esta tarde?
Esteban: Yo voy a correr un rato.
Sara: ¿Y tú, Carmen?
Carmen: Voy a hablar por teléfono . . . con Tomás.

4

Mónica: Hola, Tomás. ¿Qué van a hacer esta tarde?

Tomás: Carlos y yo vamos a jugar básquetbol. Tenemos práctica a las tres. ¿Y tú, Mónica?

Mónica: ¿Yo? Ahora tengo una clase de baile.

5

Carlos: Oye, Tomás, ¿qué vas a hacer el sábado por la tarde?

Tomás: Voy a salir con mi amiga Carmen.

Carlos: ¿Y qué van a hacer?

Tomás: Vamos a comer pizza y pasear.

6

Srta. Rivera: ¿Qué vas a hacer el sábado por la mañana?

Sr. Arenas: Voy a limpiar la casa. Por la tarde, voy a hacer una comida para unos amigos. Y usted, Sra. Estrada, ¿va a limpiar la casa el sábado por la noche?

Sra. Estrada: No. No voy a trabajar. Voy a alquilar una película.

7

Sara: ¿Qué va a hacer Tomás el domingo por la tarde? ¿Pasear en bicicleta?

Carmen: No, tiene que hacer la tarea.

¿Y tú? ¿Qué vas a hacer este fin de semana? ¿Y qué tienes que hacer para el lunes?

¿QUÉ DECIMOS...?

Al hablar de lo que vamos a hacer

1 *¿Qué planes tienes tú?*

2 *¡Uf! Tengo tanto que hacer.*

3 Tenemos práctica de básquetbol.

4 ¿Vas a esperar el autobús?

CHARLEMOS UN POCO

A. ¿Quién habla?   Los estudiantes y los profesores de la escuela Robinson hablan de sus planes. ¿Quién habla?

Srta. Rivera   Sr. Arenas   Carlos   Raúl   Sara

1. Tengo que trabajar esta tarde.
2. Tengo que limpiar la casa.
3. Voy a comer algo.
4. Voy a estudiar inglés. Tengo examen mañana.
5. Voy a correr.
6. Tengo que calificar exámenes.
7. Todavía no tengo planes.
8. No voy a la práctica de básquetbol.

B. Después de clase.   ¿Qué van a hacer estos chicos hoy?

MODELO   alquilar un video
Andrés va a alquilar un video.

Andrés   1. Lisa   2. Bárbara   3. Ramón

4. Luisa   5. Juana   6. Salvador   7. Gustavo

a. jugar básquetbol
b. estudiar
c. correr
ch. pasear en bicicleta
d. limpiar la casa
e. hablar por teléfono
f. comer pizza

C. Hoy, por la tarde.   ¿Qué planes tienen tú y tus amigos hoy?

EJEMPLO   **Mis amigos Hugo y Martín van a estudiar juntos.**

mi amiga . . .
mis amigos . . .
tú
mi amiga . . . y yo
mis amigas
todos ustedes
yo

estudiar para un examen
pasear en bicicleta
jugar fútbol
leer un libro
escribir cartas
hacer la tarea
trabajar
ver la tele
estudiar juntos(as)

Ir a + infinitive
Used to talk about future events

yo	**voy**	nosotros(as)	**vamos**
tú	**vas**		
usted	**va**	ustedes	**van**
él, ella	**va**	ellos, ellas	**van**

Voy a escribir una carta.
¿Qué **van a hacer** ustedes?

See **¿Por qué se dice así?**,
page G29, section 2.10.

CH. ¿Cuándo?   Assume you will do the following things tomorrow. Put them in order and tell at what time you will do each one.

EJEMPLO   hacer mi tarea
Voy a hacer mi tarea a las 4:00 de la tarde.

1. alquilar una película
2. ir a la escuela
3. hacer una comida
4. beber un refresco
5. hacer mi tarea
6. hablar por teléfono
7. leer un poco
8. ver la tele

D. ¿Qué va a hacer?   ¿Qué va a hacer este estudiante la semana del 21 de octubre?

MODELO   **El lunes a las cuatro va a estudiar con Carlos.**

OCTUBRE

lunes   21
4:00 estudiar con Carlos
6:00 hacer la comida

martes   22
5:30 ir a la clase de piano

miércoles   23
3:00 jugar tenis

jueves   24
6:00 ver un video con Ana

viernes   25
8:00 salir con María y Jaime

sábado   26
a.m. limpiar la casa
p.m. pasear en bicicleta

domingo   27
5:00 correr con Carlos

Para hacer

¿Qué hacen ustedes?

ESTADOS UNIDOS

Monterrey

MÉXICO

Golfo de
México

Océano
Pacífico

Guadalajara

México, D.F.

Oaxaca

BELICE

0   1000 Kilómetros

0   600 Millas

GUATEMALA

¿Qué te gusta hacer?

☺ ¡Me gusta!   ☹ ¡No me gusta!

☺	☹	1.	ir a restaurantes
☺	☹	2.	ir a fiestas
☺	☹	3.	ir al cine
☺	☹	4.	ir a cafés
☺	☹	5.	ir a parques
☺	☹	6.	ir a centros comerciales
☺	☹	7.	jugar fútbol
☺	☹	8.	leer
☺	☹	9.	ver la tele
☺	☹	10.	pasear en bicicleta

2

3

Primero vamos por el Paseo de la Reforma, la avenida más importante de la ciudad. Aquí en la capital hay hermosos monumentos, como el Ángel, el monumento de la Independencia.

1

Amigos, bienvenidos a la Ciudad de México. Hoy vamos a hacer un tour por toda la ciudad. Luego vamos a visitar el Bosque de Chapultepec. Y finalmente, vamos de compras a Plaza Universidad, uno de los mejores centros comerciales de la capital.

10
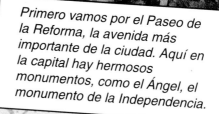

9

Guía: Bueno, ¿y ahora qué van a hacer ustedes dos?

Kati: A mí me gustaría ir de compras. Me encanta ir de compras. ¿Vamos?

Teresa: ¿De compras? ¿Ahora? Bueno, pero primero me gustaría tomar un refresco. ¿Por qué no vamos a ese café?

Guía: Nuestro tour termina aquí, en la Zona Rosa, una zona comercial con las tiendas más elegantes de toda la ciudad. También hay excelentes restaurantes y cafés al aire libre.

Ahora estamos en el Zócalo, la plaza principal. Aquí vamos a visitar la Catedral.

4

Hay magníficos parques y teatros.

5

El Palacio de Bellas Artes es un teatro muy importante.

6

El Bosque de Chapultepec es el parque más grande de la capital. Los fines de semana hay mucha gente aquí. Hay mucho que ver y hacer.

8

Guía: Aquí estamos en el centro comercial Plaza Universidad.

Turista: ¿Hay buenas ofertas aquí?

Guía: Hay estupendas ofertas . . . y mucho más. Hay tiendas de toda clase. Hay cines con películas en español, en inglés, en alemán, en francés. ¡A mí me encanta este centro comercial!

7

MUSEO NACIONAL DE ANTROPOLOGIA

Hay varios museos en el Bosque y vamos a visitar el Museo de Antropología.

¿QUÉ DECIMOS...?

Al hacer planes para el fin de semana

1 *¡Vamos de compras!*

2 *Necesito hablar con papá.*

3 *¡Vamos!*

CHARLEMOS UN POCO

A. ¿Quiénes van? ¿Quiénes van o no van a estos lugares?

Alicia y Kati

Daniel

Mamá y papá

MODELO ¿Quiénes van al parque?
Mamá, papá y Daniel.

1. ¿Quiénes van al centro comercial?
2. ¿Quiénes van al parque?
3. ¿Quiénes no van al parque?
4. ¿Quiénes van al cine?
5. ¿Quiénes no van al cine?
6. ¿Quiénes van de compras a Plaza Universidad?
7. ¿Quiénes van a la tienda de discos?
8. ¿Quiénes van a ver una película?

B. ¿Vas al museo? Find out if your partner usually goes to the following places on weekends.

 MODELO You: **¿Vas al museo?**
Partner: **Sí, voy al museo.** o
No, no voy al museo.

1.

2.

3.

4.

5.

6.

7.

8.

Ir a + [place]
Used to tell where someone is going

Voy a la tienda.
Los chicos **van al** parque.

See **¿Por qué se dice así?,**
page G33, section 3.1.

---

a + el → al

The word **a** followed by **el** becomes **al.**

Vamos **al** centro comercial.
¿Van **al** cine o a la biblioteca?

See **¿Por qué se dice así?,**
page G33, section 3.1.

C. ¿Adónde van?   Hoy es sábado. ¿Adónde van todos?

MODELO   **Papá va a la biblioteca.**

nosotros
mis amigos
yo
dos amigas
tú
mi mamá y yo
papá
ustedes
mi amiga . . .

centro comercial
laboratorio
restaurante
oficina
tiendas
patio
clase de música
biblioteca
gimnasio
parque

CH. ¿Adónde?   Ask your partner where these people are going.

MODELO   Cecilia / clase de español
You: **¿Adónde va Cecilia?**
Partner: **Va a la clase de español.**

1. el profesor García / clase de música
2. tú / gimnasio
3. Susana y Chavela / clase de computación
4. ustedes / oficina del director
5. Paco / clase de álgebra
6. yo / laboratorio
7. Beto / biblioteca
8. los profesores / patio

D. ¿Qué hay en tu mochila?   Your friend's backpack is too full. Ask what is in it.

MODELO   You: **¿Hay bolígrafos?**
Partner: **Sí, hay seis bolígrafos.**

1.

2.

3.

4.

5.

6.

The verb form *hay*

Spanish uses **hay** to express:
    there is / there are
    Is there? / Are there?

¿**Hay** un centro comercial por aquí?
¿**Hay** discos en oferta?
Sí, pero no **hay** discos de Luis
    Miguel.

See **¿Por qué se dice así?,**
page G34, section 3. 2.

¿Qué hay aquí? An out-of-town friend is visiting you for the weekend and wants some information about your community. Answer your friend's questions.

MODELO cine
Partner: **¿Hay cines aquí?**
You: **Sí, hay un cine.** o
Sí, hay cines. o
No, no hay cine.

1. museos
2. restaurantes
3. gimnasios
4. colegios
5. cines
6. teatros

7. cafés
8. parques
9. tiendas de video
10. centros comerciales
11. bibliotecas
12. ¿ . . . ?

F. **Encuesta.** Pregúntale a un(a) amigo(a) si le gustan estas cosas. Después, contesta las preguntas de tu amigo(a).

MODELO parque
Tú: **¿Te gusta el parque?**
Compañero(a): **Sí, ¡me encanta!** o
No, no me gusta.

1. fútbol
2. hacer la tarea
3. educación física
4. cafetería del colegio
5. trabajar

6. ir de compras
7. bailar
8. química
9. hablar por teléfono
10. estudiar

No me gusta	Me gusta	Me encanta

G. **¡Me encantan!** Pregúntale a cada persona de tu grupo si le gustan estas cosas.

MODELO Tú: **¿Te gustan los videos?**
Compañero(a): **No, no me gustan.** o
Sí, me encantan.

1. exámenes
2. videos
3. computadoras
4. películas románticas

5. ciencias
6. sábados
7. clases de baile
8. tiendas de discos

Gustar
Expressing likes

I like	me gust**a**
you like	te gust**a** / le gust**a**
he, she likes	le gust**a**

See **¿Por qué se dice así?**, *page G36, section 3.3.*

Gustar *and* encantar
Expressing likes and dislikes

When talking about one thing:

(no) me gust**a**   me encant**a**
(no) te gust**a**   te encant**a**
(no) le gust**a**   le encant**a**

When talking about more than one thing:

(no) me gust**an**   me encant**an**
(no) te gust**an**   te encant**an**
(no) le gust**an**   le encant**an**

See **¿Por qué se dice así?**, *page G36, section 3.3.*

H. ¿Y a tu profesor(a)?   En tu opinión, ¿qué le gusta a tu profesor(a)?

MODELO   fútbol
No le gusta el fútbol. o
Le gusta mucho el fútbol. o
Le encanta el fútbol.

1. videos
2. cafetería del colegio
3. exámenes
4. computadoras
5. sábados
6. tiendas de discos
7. bailar
8. biblioteca
9. béisbol
10. conciertos

I. No me gusta.   You have a friend who never wants to do anything. What happens when you invite your friend to do the following?

MODELO   escuchar discos
You: **¡Vamos a escuchar discos!**
Partner: **No, no me gusta escuchar discos.** o
No, no me gustan los discos.

1. bailar
2. ver televisión
3. alquilar unos videos
4. salir
5. jugar tenis
6. comer pizza
7. ir al parque
8. correr
9. ver una película
10. escuchar discos

J. ¿Te gustaría?   Ask your partner if he or she would like to do the following things with you.

MODELO   ir al cine
You: **¿Qué te gustaría hacer esta tarde?**
¿Ir al cine?
Partner: **Sí, me encantaría.** o
No, no me gustaría.

1. ver la tele
2. estudiar
3. ir al parque
4. comer
5. ir de compras
6. jugar tenis
7. pasear en bicicleta
8. jugar fútbol
9. correr
10. ir a un café
11. hablar español
12. ver un video

Vamos a + [infinitive or place]
Used to suggest doing something with someone

Vamos a is used to invite someone to do something. It is equivalent to *let's* in English.

Vamos a correr esta tarde.
Vamos al cine.

See **¿Por qué se dice así?**, *page G33, section 3.1.*

Gustaría and encantaría
Used when making polite requests

The **-ía** ending on the verbs **gustar** and **encantar** is used to say what you would like or to soften requests.

¿Te gustaría ir? *Would you like to go?*
¡Me encantaría! *I would love to!*

See **¿Por qué se dice así?**, *page G36, section 3.3.*

CHARLEMOS UN POCO MÁS

A. ¿Adónde vamos? You need to meet with a friend but are having difficulty finding a convenient time. Using the schedules your teacher provides, write down your friend's schedule for the day as your partner reads it to you. Then read your schedule for the day so that your partner may write it down. Compare your schedules and decide when you can meet.

MODELO You hear: **A las nueve voy a la biblioteca.**
You write: **9:00 biblioteca**

B. Gustos. Ask several classmates if they like to do the activities pictured below. Keep a list of those who like to do these activities and those who don't.

C. ¡Bienvenidos! A group of teenagers from Mexico is visiting your school next Saturday, and your Spanish class will be hosting them. In small groups, discuss what there is to do, visit, and see in the community and decide on a 9:00 A.M. to 9:00 P.M. itinerary. **¡En español!**

CH. ¡A escribir! Below are four teenagers who are looking for pen pals. In pairs, discuss who would be the most suitable pen pal for the two of you. Then write a short description of yourselves to send to the person whom you selected.

You may begin by writing **Somos [*nombre*] y [*nombre*] . . .**

¡Hola, amigos! Me llamo Carmen Andrade. Soy de Puerto Rico. Me encanta escuchar música rock y ver videos musicales norteamericanos. También me gusta estudiar y leer novelas.

Jorge Antonio Miranda. Soy de Panamá, de la capital. Me gusta practicar deportes, ir al cine, correr, pasear en bicicleta. No me gusta ver televisión.

Mi nombre es Caridad Espinosa. Soy española. Me encantan las fiestas, dibujar, intercambiar correspondencia, tener muchos amigos, ir al cine y coleccionar todo lo relacionado a José José. Pueden escribirme en inglés o en español.

Soy David Barrio. Soy de Venezuela. Me gusta mucho escuchar música romántica, ver videos musicales de los años 50, escribir poemas, ir al cine y ver películas de los años 50 y 60.

Dramatizaciones

A. Sábado. It is Saturday morning, and you call a friend to make plans for the day.

- Invite your friend to go shopping.
- Suggest that you go to your favorite shopping center.
- Your friend doesn't like to go shopping and suggests another activity.
- Accept your friend's suggestion.
- Ask at what time.
- Decide on a time.

B. ¡El fin de semana! You are spending the weekend at a friend's house because your parents are out of town.

- Ask your friend what you are going to do on Saturday morning.
- After he or she suggests a couple of things, mention two or three things that you like to do or places where you like to go.
- Decide where you are going and agree on a time.

C. ¡Mi ideal! You just saw your best friend with a person whom you have been wanting to meet for quite some time. Find out from your partner who the person is. Ask your partner what the person likes to do, where he or she likes to go, and other questions to get as much information as you can.

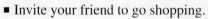

¡No me digas!

De compras. Tom Winters está de visita en Oaxaca, México. Llama por teléfono a Rosa, su amiga mexicana.

	Rin, rin.
Rosa:	**¿Bueno?**
Tom:	**Hola, Rosa. Habla Tomás.**
Rosa:	**Hola, Tomás. ¿Cómo estás?**
Tom:	**Pues, no muy bien, Rosa. ¿Qué pasa aquí? Es imposible ir de compras en esta ciudad.**
Rosa:	**¡Hombre! ¿Por qué dices eso?**
Tom:	**Mira, en este momento estoy en el centro y casi todas las tiendas están cerradas.**
Rosa:	**¿Cerradas?**
Tom:	**Sí, cerradas.** *Closed! Closed!*
Rosa:	**Pero, Tomás, ¡son las tres y media! No es hora de ir de compras.**

Why does Rosa say that 3:30 is no time to go shopping?

1. Shops in Oaxaca are open only in the morning. No one works in the afternoon.
2. Most shops close from 2:00 to 4:00, then open again in the evening.
3. On religious holidays, all shops close at 3:00 P.M. so that shop clerks can go to church services in the early evening.

❏ Check your answer on page 417.

Y ahora, ¡a leer!

Antes de empezar

Prepare a chart comparing the activities of teenagers in the United States and Mexico. First list American teenagers' most popular activities (**Actividades más populares),** their favorite summer activities (**Actividades de verano),** and their favorite group activities (**Actividades en grupo).** Then draw up a similar list for Mexican teenagers. If you don't know, make a reasoned guess.

Pasatiempos en la capital

A los jóvenes de la capital de México les gusta hacer una gran variedad de cosas los fines de semana. Una de las actividades más populares es ir a pasar varias horas en un centro comercial. Hay muchos centros por toda la ciudad pero los más populares son la Plaza Satélite, la Plaza Perisur, la Plaza Coyoacán, la Plaza Relox y la Plaza Inn.

En verano hay actividades para todos los jóvenes. Para los aventureros hay campamentos, para los estudiosos hay escuelas de verano, para los músicos hay clases particulares de piano o de guitarra, para los artistas hay clubes de teatro, de baile o de pintura. También hay clubes para agricultores, para aficionados a la música rock y para los coleccionistas. Y sí, claro, para los deportistas hay fútbol, fútbol americano, béisbol, baloncesto, tenis, natación y mucho más.

Por lo general los jóvenes salen en grupo hasta tener unos 16 o 17 años. A los 16 o 17 comienzan a salir en pareja y generalmente dos o tres parejas salen juntas. Van a los cafés o cafeterías a comer, van al cine, van a caminar a las alamedas centrales o van a fiestas en casa de amigos. También les gusta salir a comer comida chatarra y beberse un refresco en lugares como McDonald's, Kentucky Fried Chicken y Denny's.

Verifiquemos

1. ¿Qué hacen los jóvenes mexicanos los fines de semana?
2. Compara tus actividades con las actividades de los jóvenes mexicanos. ¿Cuáles son similares? ¿Cuáles son distintas?
3. ¿Qué diferencias hay entre México y Estados Unidos cuando un chico sale con una chica?

¡Me encanta el parque!

Modulo de Información

Museos del Bosque

1 ▢ MUSEO DE HISTORIA NATURAL SOCICULTUR
2 ▢ MUSEO TECNOLOGICO C.F.E.
3 ▢ CENTRO CULTURAL ARTE CONTEMPORANEO A.C.
4 ▢ MUSEO NACIONAL DE ANTROPOLOGIA I.N.A.H.
5 ▢ GALERIA DE HISTORIA MUSEO DEL CARACOL I.N.A.H.
6 ▢ MUSEO NACIONAL DE HISTORIA I.N.A.H.
7 ▢ MUSEO RUFINO TAMAYO I.N.B.A.
8 ▢ MUSEO DE ARTE MODERNO I.N.B.A.
9 ▢ GALERIA CASA DEL LAGO U.N.A.M.

¿ **Q**ué piensas tú ?

1. What are the people in the large photo doing? What information do they expect to find? What do you think they might be able to do here?

2. Are there parks in your town? What kinds of activities are available there? Who uses your parks most?

3. Where are the people in the other photos? What are they doing? What day of the week do you think it is? Why?

4. Which of the activities in the photos might you do on a weekend? With whom do you spend your free time?

5. How much of your weekend time do you spend doing things with your family? What things does your family do together? What things influence how much time you spend with your family?

6. How do you think the way you spend your weekends compares with the way teenagers in Mexico City spend theirs?

7. What do you think you will be able to talk about when you have finished this lesson?

PARA EMPEZAR

LAS CUATRO ESTACIONES EN EL BOSQUE DE CHAPULTEPEC

El clima de México es muy agradable. Por eso, durante todo el año la gente visita el Bosque de Chapultepec.

junio
julio
agosto

2

marzo
abril
mayo

1

En verano hace calor. Por eso, a mucha gente le gusta ir al Lago de Chapultepec.

Y aquí están los Chávez otra vez. Antes de subir a la lancha, la señora compra un refresco y dos helados. El helado de chocolate es para el papá. Es su sabor favorito.

En primavera hace sol pero no hace calor. Hace buen tiempo. La familia Chávez pasa el sábado en el Bosque de Chapultepec.

Daniel corre. Alicia escucha la radio y mira a la gente. ¿Y Riqui? Ah, Riqui toma un refresco. Mientras tanto, su mamá lee un libro y su papá simplemente descansa.

3

En verano llueve casi todos los días en la Ciudad de México. Pero no llueve todo el día—sólo dos o tres horas por la tarde.

En otoño generalmente hace buen tiempo.

Eloísa Miramontes y su hijo visitan el jardín zoológico. A Jorge le encanta mirar los animales y a su madre le gusta caminar por el parque.

5

En invierno durante el día es agradable, pero por la mañana hace fresco y por la noche hace frío.

Los domingos mucha gente visita uno de los seis museos del parque. Entre los más famosos están el Museo de Antropología y el Castillo de Chapultepec.

Hoy Daniel pasa la tarde en el parque de diversiones con su hermano Riqui. Daniel sube a la montaña rusa. Riqui no. Él sube a los carros chocones o al carusel.

¿QUÉ DECIMOS...?

Al hablar de los pasatiempos

1 **¡Bienvenidos a Chapultepec!**

CHARLEMOS UN POCO

A. ¿Quién habla? Can you tell who might say this—**Eloísa, Riqui,** or **Pedro Solís**?

Eloísa

Riqui

Pedro Solís

1. Escucho la radio.
2. Tomo muchos helados.
3. Esta tarde vamos a pasear por el Bosque de Chapultepec.
4. Voy al parque de diversiones.
5. ¿Qué hacen tus papás aquí?
6. En invierno no, porque hace frío.
7. Miro a la gente.
8. Es ideal para pasear con el niño.
9. ¿Visita los museos del parque?
10. Mi mamá escribe cartas en el parque.

B. Después de las clases. Find out which of the following activities your partner does after school.

MODELO   practicar el piano
        You: **¿Practicas el piano?**
        Partner: **No, no practico el piano.**

hablar por teléfono
comprar helados
escuchar la radio
correr
escribir cartas
limpiar la casa
preparar la comida
estudiar español
ver televisión
subir a las lanchas
leer el periódico
pasear en bicicleta
descansar
esperar el autobús

C. ¿Y tu profesor(a)? Find out what your teacher usually does after school. Ask as many questions as possible.

Present tense: Singular forms

	-ar escuchar	-er leer	-ir escribir
yo	escucho	leo	escribo
tú	escuchas	lees	escribes
	escucha	lee	escribe
	escucha	lee	escribe

Escucho discos todos los días.
¿Lees el periódico por la noche?
Eloísa escribe cartas.

See **¿Por qué se dice así?,**
page G38, section 3.4.

¿Qué hacen por aquí?

¿ Qué piensas tú ?

1. Look at the photos on these two pages. How many different activities can you identify?

2. Which of these activities are things you and your friends sometimes do?

3. Are any of these activities things you and your friends probably wouldn't do? Why?

4. At what age do American teenagers begin to date? Where do they go on their dates?

5. What do you know about dating in Hispanic cultures? In Spanish-speaking countries, how old do you think kids have to be before they're allowed to date?

6. What do you think you will be able to talk about when you have finished this lesson?

¿QUÉ DECIMOS...?

Al hablar del fin de semana

1 *Nadie canta como ellos.*

3 **Bailas muy bien.**

CH. Siempre. Nunca. A veces. Your class is taking a survey to find out how teenagers spend the weekend. Your assignment is to survey at least five classmates. Record their answers as **Siempre, Nunca,** or **A veces** on the grid your teacher provides. Then, in groups of four or five, tally the responses. You may begin by asking: **¿Escuchas la radio los fines de semana?**

D. ¡Identifícalos! Write a list of as many different actions as you can identify in this drawing. Then, in groups of three or four, compare your lists and come up with a group list.

EJEMPLO **Un chico corre en el parque.**
Dos señoras van de compras.

Dramatizaciones

A. El viernes por la noche. You can't decide what to do Friday evening. Your parents make some suggestions. With a partner, role-play this situation.

Teenager

- Say you are not going to do anything tonight.

- Say nobody ever does that.

- Say you sometimes like to do the first activity mentioned but not all the time. Then say you are going to do something else.

- Say where you are going to do the activity and with whom. Ask what your parent is going to do.

Parent

- Suggest something for your teenager to do.

- Suggest another couple of activities.

- Ask where your teenager is going to do the activity.

- Say what you are doing this evening.

B. ¡De compras! You are out shopping with two friends. You enter a music store. Role-play the following conversation.

- Talk about your favorite rock stars.
- Tell what they look like and why you like them.
- Decide what tapes or CDs to buy.
- Decide what to do after you leave the music store.

C. Y ahora, ¿qué? You and two friends are at your favorite hangout having a soft drink. Role-play a conversation that includes comments about the following topics.

- Your favorite teachers
- Your favorite classes
- A new student at school
- Where you are going and what you plan to do after you finish your drinks

Reading strategy: Scanning

A. Anticipemos. Before reading this selection, glance at the format and answer the following questions.

1. What type of information do you expect to find in this reading?
2. Where would you look for this type of information?

B. Buscando información. In **Unidad 2,** you learned to scan—that is, to read quickly in order to locate specific information. We usually scan when we know exactly what information is needed and where to look to find it.

C. Películas. First read the questions, then scan the selection to find the specific information.

Películas de la semana

LUNES 5

La misteriosa dama de negro
TVE-2. 22.35h.   *Cine-club.*
★★★ *Comedia (1962). B/N. 119 min.*
Dir.: Richard Quine. Int.: Jack Lemmon, Kim Novak (foto), Fred Astaire, Lionel Jeffries.
Mezcla de comedia y misterio en un argumento que sirvió para que Kim Novak fuera reconocida en el cine. Buena réplica la de Lemmon intentando averiguar si ella es la asesina de su esposo.

Oda a la juventud
TVE-1. 01.00h.   *Cine-club madrugada.*
★★ *Drama (1985). Color. 92 min.*
Dir.: Zhang Nuanxin. Int.: Li Fengxu (foto), Feng Yuanzhenog, Guo Jianguo.
La revolución cultural en China cambia el modo de vida de los jóvenes. Una chica es obligada a trasladarse a una granja en el campo y cuando acepta el cambio, tiene que volver a la Universidad.

MARTES 6

Pero... ¿quién mató a Harry?
TVE-1. 22.30 h.   *Sesión de noche.*
★★★ *Intriga (1955). Color. 97 min.*
Dir.: Alfred Hitchcock. Int.: Shirley McLaine (foto), John Forsythe, Mildred Natwick.
Gran derroche del particular humor de Hitchcock en esta película, con muerto incluido, alrededor del cual gira el argumento. Los vecinos de la comunidad se interrogan acerca del porqué de este asesinato.

El misterioso Mr. Wong y Asesinato por televisión
TVE-1. 01.00h.   *Filmoteca del martes.*
★★ *Intriga (1935). B/N. Subt. 59 y 57min.*
Dirs.: W. Nigh/C. Staniford. Int.: Bela Lugosi, Boris Karloff (foto), Arlene Judge.
La leyenda de Confucio que entregó unas monedas mágicas a sus amigos. Durante los primeros experimentos con la TV, un hombre muere misteriosamente.

Verifiquemos

1. Tell where you think each movie was filmed. What makes you think that?
2. Are these movies being shown at night or during the day?
3. If on Monday you were allowed to watch TV in the evening only until 10:00, could you see one of these movies? Why or why not?
4. Are any of these movies comedies? If so, which ones?
5. What is the oldest movie being shown on these two days? The most recent one?
6. Are all of these movies being shown on the same channel? How do you know?
7. Are any of these movies being shown in color? If so, which ones?
8. Do you recognize any of the actors? If so, who are they?

ESCRIBAMOS UN POCO

Writing strategy:
Paragraph writing

A. Pensando. In the last letter you received from Mexico, your pen pal asked how you spend your weekends. Prepare to answer your pen pal's letter by addressing the following questions.

1. ¿Para quién escribo?
2. ¿Por qué escribo?
3. ¿De qué escribo?

B. Empezando. In place of a cluster, make a list of things you do every weekend, depending on the weather. Indicate the approximate time of day when you do these things.

C. Escribiendo. Decide which information in your list you will use and write a first draft of a one- or two-paragraph letter explaining how you spend your weekends. Remember to always begin a paragraph by making a general comment about what you will be writing. For example, in writing about your weekends, you might say something like:

> **Mis fines de semana son muy aburridos.** o
> **Me encantan los fines de semana.** o
> **Hay mucho que hacer en** [*your town*] **durante los fines de semana.**

CH. Compartiendo. Share a first draft of your letter with a couple of classmates. Ask them what they think of it. Is there anything they don't understand? Is there anything they feel should be changed? Is there anything you haven't said that they feel you should mention?

D. Revisando. Write a final draft of your letter, incorporating any of your classmates' suggestions that you accepted. You may add, subtract, or reorder anything you had written in the first draft.

¡Qué familia!

Nuevo
México

Oklahoma

Arkansas

El Paso

Dallas

TEXAS

Luisiana

Austin

Houston

Laredo

San Antonio

MÉXICO

Golfo de
México

0   100   200   300 Kilómetros

0   100   200   300 Millas

¿Cuántos años cumples?

Srta. Doña Rosita Leyva y Fam.
Presente

Eugenio Riquelme Valdés
Ma. Esther Turrent de Riquelme

Luis Alberto Schmidt Vela +
Dolores Ruiz del Moral de Schmidt

Participan el matrimonio de sus hijos

Ma. Elisa y Luis Carlos

y tienen el gusto de invitarles a la Ceremonia Religiosa
que se celebrará el sábado 6 del presente a las 12:30 horas
en la Capilla de San Buenaventura (San Buenaventura 296,
Club de Golf México), impartiendo la Bendición Nupcial
el R.P. José Luis Guerrero.

Ciudad de México, Enero de 1990

Celebremos mi CUMPLEAÑOS

Ven a la fiesta que
voy a celebrar en
ocasión de mi
CUMPLEAÑOS
Tendrá lugar el día
17 de enero
de 6:00 a 9:30
Dirección
729 Alvarado

¡NO FALTES!

¿Qué piensas tú?

1. What do you think the people on the left are celebrating? Why do you think so?

2. Who do you think the people are? Are they related to each other? What makes you think so? How do you think they are related?

3. What events do the above invitations refer to? How do you know?

4. What information is included on both invitations? What information appears on only one of the invitations?

5. How do you celebrate birthdays? How did you celebrate when you were younger? Who do you invite to your birthday celebrations?

6. Who do people normally invite to weddings?

7. Would you expect the celebration of birthdays and weddings in Hispanic communities to be similar to or different from such celebrations here? How? Why?

8. What do you think you will be able to talk about when you have finished this lesson?

1

¡Hola, amigos! Soy Ana. Y quiero presentarles a mi familia—Papá, mis hermanos y mis abuelos.

2

Mi padre se llama Rafael. Tiene cuarenta y cuatro años. Mi hermano Paquito tiene nueve años y mi hermana Lupe tiene trece años. ¿Y yo? Pues, tengo dieciséis.

3

Éste es mi abuelo Patricio. Tiene sesenta y ocho años. Mi abuela se llama Margarita. Son los padres de mi papá. Son mis abuelos paternos.

4

Mi tío Roberto es el hermano de mi papá. Su esposa, mi tía Elena, es muy bonita, ¿verdad? Pepe y Sarita son mis primos. Pepe tiene seis años y Sarita tiene ocho. Ay, ¡qué niños!

5

¿Ella? No, no es mi madre. Es Betty, la novia de mi padre. El hijo de Betty se llama Kevin. Tiene diecisiete años.

¿Por qué estamos todos aquí hoy?
¡Porque es el diecisiete de marzo!
Es el cumpleaños de abuelito. Y el diecinueve
de marzo es el cumpleaños de Lupe. ¡Hoy
celebramos los dos cumpleaños juntos!
¿Cuántos años van a cumplir?
Él, sesenta y ocho, y ella, catorce.

7

Mi familia es grande. Tenemos que celebrar muchos
cumpleaños. Mi cumpleaños, por ejemplo, es el treinta
de junio, y el cumpleaños de papá es el doce de enero.
¿Cuándo es el cumpleaños de mi tía Elena?

Cumpleaños

Rafael – 12 de enero
Elena – 27 de febrero
Patricio – 17 de marzo
Lupe – 19 de marzo
Tío Roberto – 21 de abril
Pepe – 13 de mayo
Ana – 30 de junio
Sarita – 18 de julio
Betty – 25 de agosto
Tía Juliana – 2 de septiembre
Paquito – 9 de octubre
Kevin – 15 de noviembre
Margarita – 1° de diciembre

Y tú, ¿cuándo es tu cumpleaños?

¿QUÉ DECIMOS...?

Al hablar de nuestra familia

1 ¡Feliz cumpleaños!

2 ¿Cuántos años tienes?

3 ¡Dale, dale, dale!

4 ¡Todos están invitados!

CHARLEMOS UN POCO

A. ¿Quién lo dice? ¿Quién dice esto en el video de Ana?

Patricio

Paquito

Rafael

1. Voy yo, voy yo.
2. ¡Su atención, por favor!
3. Hola, hermana. ¿Cómo estás?
4. ¡Espera, hijo! Primero tus primos.
5. Nos casamos el veinticuatro de junio.
6. Sesenta y ocho, niña, y todavía joven y fuerte.
7. Mira la piñata.
8. ¡Voy a romperla yo!

B. La familia de Paquito. Identifica a los miembros de la familia de Paquito.

MODELO   **Elena es su tía.**

Patricio + Margarita

Rafael + Roberto + Elena

Paquito   Lupe   Ana   Pepe   Sarita

1. Roberto	5. Rafael
2. Margarita	6. Lupe y Ana
3. Elena y Roberto	7. Pepe
4. Sarita	8. Margarita y Patricio

Possessive adjectives: *su, sus*

	Singular	Plural
her/his	**su**	**sus**

Manuel es **su** hermano.
Elisa y Ramón son **sus** padres.

See ¿Por qué se dice así?,
page G46, section 4.1.

Male and female relatives

The masculine plural is used to refer to two or more relatives when the group includes both males and females.

abuelos	=	abuelo y abuela
padres	=	papá y mamá
hermanos	=	hermano(s) y hermana(s)
tíos	=	tío(s) y tía(s)
primos	=	primo(s) y prima(s)
sobrinos	=	sobrino(s) y sobrina(s)
nietos	=	nieto(s) y nieta(s)

C. ¿Cómo se llaman? Nombra a tus parientes.

MODELO hermano
Mi hermano se llama Scott Palmer. o
No tengo hermanos.

1. abuelo materno
2. tíos
3. padre
4. primos
5. hermanos
6. abuela paterna
7. hermanas
8. madre

CH. ¿Y tu familia? Pregúntale a tu compañero(a) sobre su familia.

MODELO Tú: **¿Cómo se llaman tus padres?**
Compañero(a): **Mi papá se llama _____ y mi mamá se llama _____.** o
Mis padres se llaman _____ y _____.

D. ¿Y su árbol genealógico? Pregúntale a tu profesor(a) sobre sus parientes. Intenta construir su árbol genealógico.

EJEMPLO **¿Tiene usted tíos?**
¿Cómo se llaman sus tíos?
¿Dónde viven?

abuelos maternos
abuelos paternos
hermanos
hijos
padres

tíos
primos
sobrinos
nietos
esposo(a)

E. ¿Qué pasó? During vacation, your classroom was painted and many items are now missing. As your partner plays the role of the teacher, ask where the missing items are.

MODELO libros / biblioteca
Tú: **¿Dónde están nuestros libros?**
Compañero(a): **Sus libros están en la biblioteca.**

1. cuadernos / oficina
2. carpetas / mesa grande
3. computadora / biblioteca
4. diccionarios / sala 37
5. mesas pequeñas / cafetería
6. papel / escritorio
7. videos / teatro
8. libros / sala 22

Possessive adjectives:
mi, mis, tu, tus, su, sus

	Singular	Plural
my	**mi**	**mis**
your	**tu** *inf*	**tus** *inf*
	su *form*	**sus** *form*

¿Cómo se llama **tu** tío?
Mi tío se llama Arturo.

¿Dónde están **tus** primos?
Mis primos están en México.

Sus padres viven en Guadalajara y **su** abuela en la capital, ¿no?

See **¿Por qué se dice así?**,
page G46, section 4.1.

Possessive adjectives:
nuestro(a), nuestros(as)

	Singular	Plural
our	**nuestro**	**nuestros**
	nuestra	**nuestras**

Nuestro colegio está en la Calle Ocho.
Nuestras mochilas están en la sala 21.

See **¿Por qué se dice así?**,
page G46, section 4.1.

Counting: 30–100

30	treinta
31	treinta y uno
40	cuarenta
42	cuarenta y dos
50	cincuenta
53	cincuenta y tres
60	sesenta
64	sesenta y cuatro
70	setenta
75	setenta y cinco
80	ochenta
86	ochenta y seis
90	noventa
97	noventa y siete
100	cien

See ¿Por qué se dice así?,
page G48, section 4.2.

Tener años

Talking and asking about age

¿Cuántos años tienes?
Tengo catorce años.

¿Cuántos años tiene tu tío?
Tiene veintinueve.

¿Qué edad tiene usted?
Sesenta y ocho.

Es el [día] de [mes]

Giving dates:

Mi cumpleaños **es el 5 de julio.**
Hoy **es el primero de enero.**
Nuestro aniversario **es el 26 de octubre.**

Writing dates:

6-9-91: **el seis de septiembre**

See ¿Por qué se dice así?,
page G50, section 4.3.

F. ¡Vamos a México! The Spanish Club is selling candy to raise money for a trip to Mexico. How much money have the students already collected?

MODELO   Gloria / $52
       Gloria ya tiene cincuenta y dos dólares.

1. Clara / $34
2. Ramón / $97
3. Rafael / $61
4. Inés / $56
5. Nicolás / $49
6. Raquel / $75
7. Víctor / $100
8. Cecilia / $83

G. ¿Y el bebé? Ésta es la familia Chacón. ¿Cuántos años tiene cada persona?

MODELO   **Ernesto tiene nueve años.**
       Gilberto tiene . . .

Julio y Herlinda – edad 71, 65   Javier y Cecilia – edad 40, 35

Arturo – edad 18   Ernesto – edad 9   Isabel – edad 16   Gilberto – edad 13

H. ¿Cuándo es tu cumpleaños? Pregúntales a varios compañeros cuántos años tienen y cuándo es su cumpleaños. ¿Quién cumple años el mismo mes que tú?

MODELO   Tú: **¿Cuántos años tienes?**
              Compañero(a):   **Tengo ____ años.**
              Tú: **¿Cuándo es tu cumpleaños?**
              Compañero(a):   **Es el ____ de ____.**

I. Edad y fecha de nacimiento. Carlos is helping his boss look up the following employees' ages and birth dates in the office files. What does he find?

MODELO   Norma Vargas 5-7-69
Norma Vargas tiene _____ años.
Su cumpleaños es el cinco de julio.

Javier Barrios   18-6-71
Elena Valdez   29-10-42
Mario Flores   15-2-59
José Alvarado   30-8-75
Lisa Rodríguez   10-11-53
Eduardo Chávez   8-4-74
María Lemos   13-1-63
Sara Blanco   4-3-40

J. Los sábados. Pregúntale a un(a) compañero(a) si algunos miembros de su familia hacen estas actividades los sábados.

MODELO   Tú: **¿Trabaja tu padre?**
          Compañero(a):   **Sí, mi padre trabaja.** o
                           No, mi padre no trabaja.

descansar   estudiar
leer el periódico   visitar a amigos
pasear en bicicleta   ir de compras
limpiar la casa   escribir cartas
ver televisión   trabajar
escuchar música   tocar un instrumento
practicar deportes   musical

CHARLEMOS UN POCO MÁS

A. Nuestras familias. As you describe your family, your partner will draw your family tree. Then reverse roles and you draw while your partner describes his or her family.

 EJEMPLO **Mi abuelo materno se llama Andrés.**

B. La familia ideal. You and your partner are siblings. Make up a family tree of famous people the two of you would like to have as your grandparents, parents, brothers and sisters. Don't forget to include yourselves! Describe your family tree to the class.

 EJEMPLO **Nuestros padres son Tom Cruise y . . .**
Nuestros abuelos son . . .

C. Crucigrama. Your teacher will give you and your partner a cooperative crossword puzzle. One of you will have only the vertical clues, and the other one will have only the horizontal clues. First, complete your part of the crossword puzzle, then ask your partner for his or her clues and fill in the remaining part of your puzzle. By exchanging clues, you should be able to solve the entire puzzle. Don't look at each other's puzzles!

 EJEMPLO Tú: **¿Cuál es el número cinco horizontal?**
Compañero(a): **Mis primos son los _____ de mis tíos.**
Answer: **hijos**

CH. Todos somos parientes. Work in groups of five. Your teacher will give each of you a biography card. Assume the identity on your card and try to find out how everyone in your group is related. Ask each other questions and answer each question honestly according to the information on your card. As you gain information about the other members of your group, draw a family tree to show how all of you are related.

 EJEMPLO **¿Cómo te llamas?**
¿Cuántos años tienes?
¿Dónde vives?

D. Las cuatro estaciones. Your teacher will label each corner of the room with a different season.

- Go stand in the corner that represents the season during which your birthday falls.
- Find out the birth dates of each person in your corner and arrange yourselves in chronological order.
- Find out what everyone in your corner likes to do to celebrate his or her birthday.

Dramatizaciones

A. ¡Fiestas! You are talking about parties in the United States with an exchange student from Colombia. What does the student ask, and what do you say?

Exchange Student	**You**
▪ Ask what parties are like in the United States.	▪ Describe a typical party in detail.
▪ Ask if parties are held on the weekend or during the week.	▪ Tell when parties are usually held.
▪ Find out where parties are held.	▪ Say where you usually go to parties.
▪ Ask if there is going to be a party in [*this month*].	▪ Respond. Also mention that you are going to have a party on your birthday. Give the date.

B. ¿Sábado, 23? You and two friends are trying to find a three-hour period when you can get together to plan a surprise birthday party for your best friend. Role-play the situation. Each of you should suggest a couple of dates, times, and places before you can come to an agreement.

C. ¡Feliz cumpleaños! You and a friend are at your grandmother's sixtieth birthday celebration. Two cousins from out of town are also there. In groups of four, role-play the situation. Your partners will decide who will play the roles of your friend and your cousins. Be sure to greet your cousins and introduce them to your friend. Find out whether your cousins are enjoying the party and why, and how your friend's family celebrates birthdays.

¡No me digas!

¡Toda la familia!   Mary Ann is visiting a Hispanic friend, Teresa, in San Antonio, Texas. Read their conversation. Then answer the question that follows to explain Mary Ann's reaction.

Mary Ann:	**Tu familia es muy simpática, Teresa. Y me gusta tu hermano. ¡Es muy guapo! Pero, ¿quién es la señora rubia?**
Teresa:	**Es mi tía Francisca. Ella vive aquí con nosotros.**
Mary Ann:	**¿Ah, sí? Pero, ¿no vive tu abuela con ustedes?**
Teresa:	**Sí. Abuelita está con nosotros también. Ella ya tiene setenta y cuatro años.**
Mary Ann:	**¡Caramba! Hay muchas personas en esta casa — ¡tus padres, tu abuela, tu tía, tus tres hermanos y tú! ¡Qué raro!**

▶ Why does Mary Ann think that Teresa's family is unusual?

1. Mary Ann isn't used to households that include so many relatives.
2. Mary Ann doesn't think that Teresa's aunt looks like the rest of the family.
3. Mary Ann doesn't understand why the grandmother is not living in her own house or in a retirement home.   ❏ Check your answer on page 418.

Y ahora, ¡a leer!

Antes de empezar

1. List all the cognates you can find in the paragraph titled **Nombres.** Give their English equivalent.
2. How many of your friends have nicknames? Do you know where their nicknames came from?
3. List all the first names you can find in the paragraph titled **Apellidos.** Then list all the last names you can find in the same paragraph.

¿Cómo te llamas?

Nombres

Unos nombres— César, Augusto, Carlota, Maximiliano—corresponden a famosos personajes históricos. Otros nombres comunes— Jesús, Pedro, Benjamín, Rita, Ester, Miriam— son nombres de santos o nombres de origen bíblico.

En el calendario hispano, hay un santo diferente para cada día del año. Para los hispanos, el día de su santo es una fecha muy importante. Es común recibir tarjetas y también regalitos en el día del santo.

Sobrenombres

Los sobrenombres son nombres informales que usamos con amigos y parientes. Casi siempre son derivados del nombre de pila de la persona: Toño (Antonio), Lupe (Guadalupe), Juanita (Juana), Juancho (Juan), Maribel (María Isabel). Pero no todos los sobrenombres son derivados del nombre de pila: Paco o Pancho (Francisco), Pepa (Josefa), Pepe (José). En general, los sobrenombres son muy populares entre los hispanos.

Apellidos

Rosa Leyva Rocha, Ignacio Torres Velázquez, Beatriz Gutiérrez López. Generalmente, en los países de habla española, las personas tienen dos apellidos: Leyva Rocha, Torres Velázquez, Gutiérrez López . . . El primero es el apellido del padre; el segundo es el apellido de la madre.

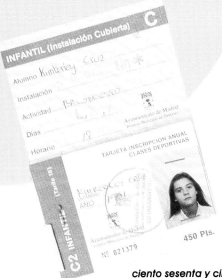

Enero

1 San Justino
2 San Macario
3 San Daniel
4 San Prisciliano
5 Sta. Amelia
6 Los Stos. Reyes
7 San Luciano
8 San Apolinar
9 San Julián
10 San Gregorio
11 San Higinio
12 San Alfredo
13 San Hilario
14 Sta. Macrina
15 San Mauro
16 Sta. Priscila
17 San Antonio
18 Sta. Margarita
19 San Mario
20 Sta. Cristina
21 Sta. Inés
22 San Vicente
23 San Ildefonso
24 San Francisco
25 Sta. Elvira
26 Sta. Paula
27 Sta. Ángela
28 Sto. Tomás de Aquino
29 San Sulpicio
30 Sta. Martina
31 Sta. Marcela

Febrero

1 Sta. Brígida
2 Sta. Caterina
3 San Blas
4 San Gilberto
5 San Isidoro
6 Sta. Dorotea
7 San Ricardo
8 San Esteban
9 Sta. Apolonia
10 San Guillermo
11 Ntra. Sra. de Lourdes
12 San Benito
13 Sta. Beatriz
14 San Valentín
15 Sta. Jovita
16 San Simón
17 San Teodulo
18 San Simeón
19 Sta. Lucía
20 San Silvano
21 Sta. Irene
22 Sta. Margarita
23 Sta. Romana
24 San Alberto
25 San Sebastián
26 San Néstor
27 Sta. Honorina
28 San Román
29 San Rufino

Marzo

1 San Albino
2 San Carlos
3 San Emeterio
4 San Casimiro
5 San Cristóbal
6 Sta. Coleta
7 Sta. Teresa
8 San Juan
9 Sta. Francisca
10 San Pablo
11 San Ramiro
12 Sta. Josefina
13 Sta. Patricia
14 Sta. Matilde
15 San Clemente
16 San Abraham
17 San Patricio
18 San Eduardo
19 San José
20 Sta. Eufemia
21 San Roberto
22 San Zacarías
23 San Fidel
24 San Rómulo
25 San Humberto
26 San Manuel
27 Sta. Lidia
28 San Castor
29 San Victorino
30 San Fernando III
31 San Benjamín

Abril

1 Sta. Jaquelina
2 Sta. Ofelia
3 San Sixto
4 San Isidoro
5 Sta. Emilia
6 San Timoteo
7 San Juan Bautista
8 San Alberto
9 Sto. Tomás
10 San Ezequiel
11 Ntra. Sra. de la Piedad
12 San Andrés
13 San Martín
14 San Lamberto
15 Sta. Anastasia
16 Sta. Julia
17 San Rodolfo
18 San Perfecto
19 San Crescencio
20 San Cesareo
21 San Anselmo
22 San Bartolomé
23 Sta. Elena
24 San Alejandro
25 Sta. Antonieta
26 San Marcelino
27 Sta. Zita
28 San Vidal
29 San Severo
30 San Jaime

Mayo

1 San José Obrero
2 San Germán
3 Sta. Violeta
4 San Silvano
5 San Ireneo
6 Sta. Floriana
7 San Reynaldo
8 San Benedicto
9 San Nicolás
10 Sta. Leonor
11 San Máximo
12 San Aquileo
13 Sta. Imelda
14 Sta. Justina
15 San Cecilio
16 San Honorato
17 San Pascual
18 Sta. Claudia
19 San Pedro Celestino
20 San Bernardino
21 Sta. Virginia
22 San Emilio
23 San Miguel
24 Sta. Susana
25 Sta. Sofía
26 San Felipe
27 Sta. Carolina
28 San Luciano
29 San Esteban
30 San Félix
31 Sta. Petronila

Junio

1 San Segundo
2 San Erasmo
3 Sta. Olivia
4 San Rutilo
5 Sta. Eloisa
6 San Norberto
7 San Pablo Obispo
8 San Maximino
9 San Feliciano
10 San Getulio
11 Sta. Rosalina
12 San Nazario
13 San Antonio de Padua
14 San Rufino
15 San Vito
16 Sta. Alicia
17 San Isauro
18 San Teodulo
19 Sta. Juliana
20 San Silverio
21 San Luis Gonzaga
22 San Paulino
23 San Pelayo
24 San Fermín
25 San Salomón
26 San David
27 Ntra. Sra. del Socorro
28 San Plutarco
29 San Pedro y San Pablo
30 Sta. Luciana

Julio

1 San Aaron
2 San Martiniano
3 Sta. Bertha
4 Sta. Isabel
5 Sta. Filomena
6 San Isaías
7 Sta. Claudia
8 San Adrián
9 Sta. Blanca
10 Sta. Amalia
11 San Abundio
12 San Hilario
13 San Joel
14 San Camilo
15 San Donaldo
16 Ntra. Sra. del Carmen
17 Sta. Generosa
18 San Federico
19 San Arsenio
20 Sta. Margarita
21 San Daniel
22 Sta. María Magdalena
23 Sta. Brígida
24 Sta. Cristina
25 Santiago Apóstol
26 Sta. Ana
27 Sta. Natalia
28 San Víctor
29 Sta. Lucila
30 San Abel
31 San Ignacio de Loyola

Agosto

1 San Alfonso
2 Ntra. Sra. de los Ángeles
3 San Nicodemus
4 San Aristarco
5 San Osvaldo
6 San Esteban
7 San Cayetano
8 Sto. Domingo de Guzmán
9 San Román
10 San Lorenzo
11 Sta. Clara
12 San Fortino
13 San Hipolito
14 San Calixto
15 La Asunción de María Santísima
16 Sta. Serena
17 San Jacinto
18 San Lauro
19 San Luis Obispo
20 San Samuel
21 San Camerino
22 San Sinforiano
23 San Claudio
24 Sta. Micaela
25 San Luis Rey
26 San Alejandro
27 Sta. Mónica
28 San Agustín
29 Sta. Cándida
30 Sta. Rosa de Lima
31 San Ramón

Septiembre

1 San Augusto
2 San Antolín
3 Sta. Basilisa
4 Sta. Rosalia
5 San Bertín
6 San Donacio
7 Sta. Regina
8 Sta. Adela
9 San Gorgonio
10 San Teodardo
11 San Jacinto
12 San Tobías
13 San Amado
14 Sta. Salustía
15 Ntra. Sra. de los Dolores
16 San Cornelio
17 Sta. Ariadna
18 San Eustorgio
19 Sta. Constanza
20 Sta. Fausta
21 San Mateo Apóstol
22 San Mauricio
23 San Liberio
24 San Gerardo
25 Sta. Aurelia
26 San Cosme y Damián
27 Sta. Judith
28 San Wenceslao
29 San Miguel, Gabriel, Rafael
30 San Jerónimo

Octubre

1 Sta. Teresita del niño Jesús
2 San Gerino
3 Sta. Ma. Josefa
4 San Francisco de Asis
5 San Plácido
6 San Bruno
7 San Marcos
8 San Demetrio
9 Sta. Sara
10 San León
11 Sta. Clemencia
12 Ntra. Sra. del Pilar
13 San Fausto
14 San Rolando
15 Sta. Teresa
16 San Florentino
17 San Salomón
18 San Lucas
19 San Noel
20 San Artemio
21 Sta. Celina
22 Sta. María Salomé
23 Sta. Agustina
24 Sta. María Cloret
25 Sta. Daría
26 San Luciano
27 Sta. Antonieta
28 San Judas Tadeo
29 San Teodoro
30 San Cenobio
31 San Quintín

Noviembre

1 Sta. Cirenia
2 San Justo
3 San Martín de Porres
4 San Carlos Borromeo
5 San Teotimo
6 San Francisco Gil
7 San Ernesto
8 San Victorino
9 Sta. Eustolia
10 San León
11 Sta. Ernestina
12 San Josafat
13 San Diego
14 San Laurencio
15 San Eugenio
16 San Edmundo
17 Sta. Victoria
18 San Teodulfo
19 Sta. Inés
20 San Octavio
21 San Demetrio
22 Sta. Cecilia
23 San Clemente
24 Sta. Flora
25 San Moisés
26 San Conrado
27 San Virgilio
28 San Rufo
29 Beato Federico
30 San Andrés

Diciembre

1 San Eloy
2 Sta. Eva
3 San Lucio
4 Sta. Bárbara
5 San Cirano
6 San Emiliano
7 San Ambrosio
8 La Inmaculada Concepción
9 Sta. Delfina
10 Sta. Eulalia
11 San Damaso
12 Ntra. Sra. de Guadalupe
13 San Bartolo
14 San Juan de la Cruz
15 Sta. Cristina
16 Sta. Adelaida
17 Sta. Yolanda
18 San Salvador
19 San Adán
20 San Julio
21 San Severiano Obispo
22 San Demetrio
23 Sta. María Luisa
24 Sta. Irma
25 La Natividad del Sr.
26 San Dionisio
27 San Teodoro
28 Stos. Inocentes
29 San Saturnino
30 San Bonifacio
31 Sta. Paulina

Verifiquemos

1. Busca tu nombre o el nombre de tus amigos en el calendario. ¿Cuál es la fecha de tu santo? ¿Del santo de algunos de tus amigos?
2. ¿Cuáles son algunos sobrenombres de personas hispanas que tú conoces?
3. Combina estos nombres con sus sobrenombres.

Chicos		Chicas	
Alejandro	Manolo	Teresa	Marilú
Rafael	Beto	Cristina	Lola
Guillermo	Nacho	María Luisa	Meche
Ignacio	Rafa	Isabel	Tere
Manuel	Quico	Dolores	Chavela
Enrique	Alex	Mercedes	Pepa
Roberto	Memo	Josefa	Tina

4. ¿Cuál es el apellido del padre de César Vargas García? ¿De su madre? ¿Cuál es el apellido del padre de Alicia Chávez Moreno? ¿De su madre?

César Vargas García   Alicia Chávez Moreno

Juan Ramón Vargas Chávez

5. Completa los nombres de Susana y Alfonso.

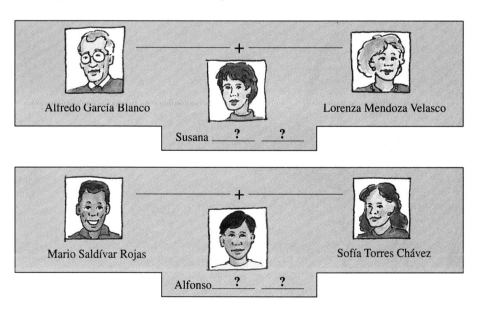

Alfredo García Blanco   Lorenza Mendoza Velasco

Susana ___?___ ___?___

Mario Saldívar Rojas   Sofía Torres Chávez

Alfonso ___?___ ___?___

6. ¿Cuál es el apellido de los abuelos maternos de Susana y Alfonso? ¿De sus abuelos paternos?

1

Éstas son las fotos de la boda de mi padre. ¿Quieres conocer a mis nuevos parientes?

Patricio, Margarita, Paquito
Rafael, Betty, Elvira, Kevin
Ana, Lupe

2

La nueva esposa de mi padre se llama Betty. Betty es mi madrastra. Ella es profesora de español. Es muy inteligente y . . . muy bonita, ¿no? Doña Elvira, la madre de Betty, es viuda. Su esposo está muerto.

3

¿Conoces a Kevin? Kevin es mi hermanastro. Es muy guapo, ¿no? Él quiere ser actor de cine. Mi papá es el nuevo padrastro de Kevin . . . y Lupe y yo somos sus hermanastras.

4

¿Quién es este muchacho? ¿Es un pariente nuevo? ¡Ah, no! Es Diego, el fotógrafo de la boda. Es muy buen fotógrafo. Siempre saca excelentes fotos.

5

¡Qué bonita!, ¿verdad? Es nuestra prima Lola. Lola es una cantante muy buena. Es divorciada, pero tiene un novio muy guapo. Yo también quiero ser cantante. ¿Qué quieres ser tú?

Tía Juliana, la secretaria, Pepe, Diego, Lola, Mario

6

Éste es Mario, el novio de Lola. Mario es futbolista. ¿Conoces a mi primo Pepe? ¡Pepe también quiere ser futbolista!

7

Esta señora es mi tía Juliana. Es una escritora muy famosa. Tiene sesenta y nueve años y vive en México. No es casada; es soltera. La otra señora es su secretaria.

CHARLEMOS UN POCO

A. ¿Quiénes son?   Ésta es la nueva familia de Kevin. Con un(a) compañero(a), trata de identificar a los parientes de Kevin.

 MODELO   **Su primo es Pepe.**

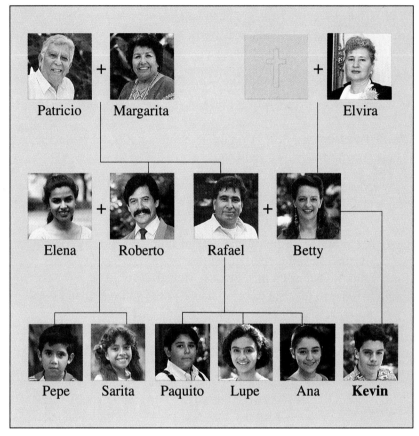

Patricio + Margarita	+ Elvira
Elena + Roberto	Rafael + Betty
Pepe Sarita Paquito Lupe Ana **Kevin**	

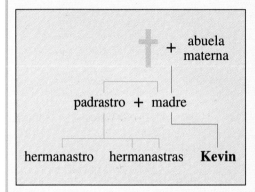

✝ + abuela materna
padrastro + madre
hermanastro   hermanastras   **Kevin**

1. abuela materna
2. hermanastras
3. primos
4. hermanastro
5. tíos
6. padrastro
7. madre
8. abuelos

a. Betty
b. Elena y Roberto
c. Patricio y Margarita
ch. Rafael
d. Elvira
e. Lupe y Ana
f. Pepe y Sarita
g. Paquito

B. Sus parientes.   Prepara cinco preguntas sobre cinco parientes de Kevin. Luego en grupos pequeños lean las preguntas y contéstenlas.

 EJEMPLO   **¿Cómo se llama el tío de Lupe?** o
¿Quién es la madre de Sarita?

Profesiones

abogado(a)

hombre/mujer de negocios

agricultor

ingeniero(a)

artista

maestro(a)

bombero

mecánico(a)

camarero(a)

médico(a)

cocinero(a)

músico(a)

dependiente

político(a)

enfermero(a)

reportero(a)

escritor(a)

secretario(a)

Conocer (a)
Used when talking about knowing people

cono**zco**	conocemos
conoces	conocéis
conoce	conocen
conoce	conocen

¿**Conoces a** mi hermana?
No, pero **conozco a** tu hermano.

¿**Conocen** ustedes **al** profesor?
Sí, y **conocemos a** su esposa.

Note: You must use **a** when **conocer** is followed by a person.

See ¿Por qué se dice así?,
pages G51–G52, sections 4.4 and 4.5.

C. ¿Qué hacen? Pregúntale a tu compañero(a) qué hacen estas personas.

 MODELO   Tú: **¿Qué hacen los médicos?**
Compañero(a): **Los médicos trabajan en hospitales.**

1. músicos   escribir cartas
2. cocineros   hacer la tarea
3. escritores   hacer dibujos
4. secretarios   trabajar en hospitales
5. estudiantes   cultivar la tierra
6. doctores   tocar música
7. camareros   preparar comida
8. agricultores   trabajar en restaurantes
9. artistas   escribir libros

CH. Tú debes ser . . . Con un(a) compañero(a), selecciona una profesión para estos estudiantes.

 MODELO   Lisa estudia química y biología. Le gusta visitar hospitales.
En mi opinión, Lisa debe ser médica.

1. A Joaquín le gusta trabajar con los niños. Él es muy paciente y siempre explica todo muy bien.
2. Laura es buena en matemáticas y en arte.
3. A Roberto le gusta trabajar al aire libre y cultivar plantas. También le gustan los animales.
4. A Sara le gusta mucho la comida. Prepara unos platos especiales.
5. Manuel es muy simpático y le gusta la gente. Él es el presidente estudiantil de su colegio.
6. A Patricia le gusta ir a las fiestas y bailar. También canta.
7. A Rafael le gusta hacer gimnasia. Él es grande y muy fuerte.
8. María escribe a máquina muy rápido. Ella es muy buena en sus clases de inglés.
9. A Elodia le gustan mucho los coches. Cuando sus amigos tienen problemas con sus coches, siempre hablan con Elodia.

D. ¿A quiénes conoces? Tienes que presentar a un estudiante nuevo. Pregúntale si ya conoce a estas personas.

 MODELO   profesor de inglés
Tú: **¿Conoces al profesor de inglés?**
Compañero(a): **Sí, conozco al profesor de inglés.**
Se llama _____. o
No, no conozco al profesor de inglés.

1. director(a) de la escuela
2. profesores(as) de español
3. maestro(a) de arte
4. secretario(a) de la escuela
5. enfermero(a) de la escuela
6. maestro(a) de música
7. profesores(as) de historia
8. cocinero(a)

E. ¿Quiénes son?   ¿Conocen ustedes a estas personas?

MODELO   Beto
         Sí, conocemos a Beto. o

Lilia
No, no conocemos a Lilia.

1.
Kevin

2.
Mónica

3.
Sr. Ramos

4.
Lupe

5.
Óscar

6.
Riqui

7.
Kati

8.
Sra. Castellano

F. ¡Feliz cumpleaños!   ¿Qué quieren estas personas para su cumpleaños?

MODELO   **Mi papá quiere un libro.**

1. mi amigo
2. mis amigas
3. yo
4. tú
5. mi hermano(a)
6. nosotros(as)
7. mi papá
8. mis abuelos
9. mi mamá
10. ¿ . . . ?

LECCIÓN 2

Querer

quiero	queremos
quieres	
quiere	quieren
quiere	quieren

See **¿Por qué se dice así?,**
page G54, section 4.6.

Querer ser

Used when talking about what you want to be

Y tú, ¿qué **quieres ser**?
¡**Quiero ser** presidente!

See **¿Por qué se dice así?,**
page G54, section 4.6.

Venir

vengo	venimos
vienes	venís
viene	**vie**nen
viene	**vie**nen

Note that **venir** is irregular in the **yo** form. Also note that its stem vowel changes from **e → ie.**

See **¿Por qué se dice así?,**
page G54, section 4.6.

de + el → del

The word **de** followed by **el** becomes **del.**

¿Vienen **del** gimnasio?
Yo vengo **del** laboratorio y Tere viene de la biblioteca.

G. Planes profesionales. Pregúntales a varios amigos qué quieren ser.

 MODELO Tú: **¿Qué quieres ser tú?**
Compañero(a): **Yo quiero ser mecánico(a).**

H. ¡Hay reunión! Hay una reunión del club de español después del colegio. ¿De dónde vienen todos?

MODELO Carlitos __viene__ del gimnasio.

1. Mis hermanos ~~vienen~~ de la biblioteca.
2. Tú ~~vienes~~ de la clase de música.
3. Yo ~~vengo~~ de la oficina.
4. Elena ~~viene~~ del teatro.
5. Nosotros ~~venimos~~ del laboratorio de química.
6. Inés y Roberto ~~vienen~~ de la cafetería.
7. Martín ~~viene~~ de la sala de computación.
8. Ustedes ~~vienen~~ de la clase de inglés.

I. ¿A qué hora? Hay una fiesta en el parque. Pregúntale a tu compañero(a) a qué hora vienen los otros invitados.

 MODELO Juan

Tú: **¿A qué hora viene Juan?**
Compañero(a): **Viene a las tres y media.**

1. el profesor García

2. Susana y Fernando

3. Luis

4. tus primos

5. la directora y su familia

6. la banda

7. tú

8. tus hermanos

J. El reportero. Working with a partner, figure out what questions a reporter asked in order to get the following information from these four professionals.

Question words

¿Quién?
¿Quiénes?

¿Qué?
¿Cuál?
¿Cuáles?

¿Dónde?
¿Adónde?
¿De dónde?

¿Cuánto?
¿Cuántos?

¿Cuándo?
¿Cómo?
¿Por qué?

Note that all question words require a written accent.

See ¿Por qué se dice así?,
page G56, section 4.7.

> Me llamo Carmen González. Soy maestra de escuela primaria. Trabajo en la escuela Cabrillo. Enseño los grados 3 y 4. Me gusta mucho trabajar con los niños.

> Soy Elena Cabrera Hidalgo. Soy dependienta en una tienda grande. Trabajo en el departamento de música. Trabajo ocho horas al día, desde las 2:00 de la tarde hasta las 10:00 de la noche. Escucho música toda la tarde. Me encantan las canciones de José José.

1. ¿ _____ se llama usted?
   ¿ _____ es su profesión?
   ¿ _____ trabaja?
   ¿ _____ le enseña?
   ¿ _____ le gusta?

2. ¿ _____ se llama usted?
   ¿ _____ trabaja?
   ¿ En _____ departamento trabaja?
   ¿ _____ horas al día trabaja?
   ¿ _____ hace por la tarde?
   ¿ _____ es su artista favorito?

> Soy Fernando Lobato. Soy secretario en una compañía muy grande. Escribo cartas y hablo por teléfono con muchas personas. Siempre hay mucho trabajo.

> Soy Felipe Herrera. Soy ingeniero civil. A veces estoy todo el día en una oficina, pero generalmente trabajo al aire libre. Prefiero trabajar al aire libre.

3. ¿ _____ se llama usted?
   ¿ _____ es su profesión?
   ¿ _____ trabaja?
   ¿ _____ hace?
   ¿Con _____ habla?

4. ¿ _____ se llama usted?
   ¿ _____ hace usted?
   ¿ _____ trabaja?
   ¿ _____ prefiere trabajar,
       en una oficina o al aire libre?

Y ahora, ¡a leer!

Antes de empezar

Prepare a chart similar to the one below and fill in the information requested about phone companies and telephone books in the United States and Mexico. If you don't know the answers, make reasoned guesses.

La guía telefónica	En EE.UU.	En México
1. Besides the phone number, what other information about subscribers appears in the telephone book?	1. _____ 2. _____ 3. _____	1. _____ 2. _____ 3. _____
2. After you call, how long do you think you have to wait for the phone company to install a phone in your home?	(day, week, month, year, longer)	(day, week, month, year, longer)
3. List the following names alphabetically as you would expect them to appear in a phone book. María Luisa Carrillo Corella Lupe Llanos Carrión Manuel Cruz Cernuda Ricardo López Cabrera Enrique Chávez Castro Marta León Cuadrado	1. _____ 2. _____ 3. _____ 4. _____ 5. _____ 6. _____	1. _____ 2. _____ 3. _____ 4. _____ 5. _____ 6. _____

Verifiquemos

Answer the questions that follow by scanning this information taken from a Mexico City phone book.

```
CASTRILLÓN LEONOR VALDEZ DE
   HOMERO 1837-D-701 ZP 10 .......................395-0684
CASTRILLÓN LUZ AGUILAR DE
   E PALLARES PORTILLO 65-2 ZP 21 ...........544-1587
CASTRILLÓN MA TERESA LEÓN DE
   TEHUANTEPEC 144-12 ZP 06 ..................564-5062

CASTRILLÓN MA TERESA V VDA DE
   HERSCHELL 10 ZP 5 .................................545-9507
CASTRILLÓN Y LUNA VÍCTOR M
   COLORINES 49-401 CP 04380 ..................574-1194
CASTRILLÓN YOLANDA FERNÁNDEZ VDA DE
   EL GRECO 39-202-B CP 03910 .................598-1931
```

1. Hay sólo un hombre en esta lista. ¿Cómo se llama? ¿Cuál es su dirección? ¿Su número de teléfono?
2. Una de las María Teresas es viuda. ¿Cuál es su número de teléfono?
3. ¿Cuál es el apellido del esposo de la otra María Teresa?
4. ¿Hay otras viudas? ¿Quiénes son?
5. ¿Es casada o soltera Luz Aguilar? Explica tu respuesta.

Datos personales

Un soltero acaba de conocer a una mujer muy interesante en una fiesta. Ahora él quiere invitarla a salir pero, antes de llamar, decide informarse un poco sobre ella. ¿Es divorciada o viuda? ¿Dónde vive? ¿Cuál es el apellido de sus padres? ¿El de su ex-esposo, si fue casada? ¿Cuál es su número de teléfono? ¿Su zona postal?

Toda esta información está a mano, para cualquier persona que tenga un teléfono instalado en su casa bajo su propio nombre. ¿Dónde? ¡En la guía telefónica, por supuesto!

La guía telefónica en países hispanos incluye muchos más datos personales que la guía telefónica en Estados Unidos, especialmente sobre las mujeres. Y también hay otras diferencias. Por ejemplo, los nombres de individuos están bajo el primer apellido, no el segundo.

Probablemente, usted ahora está pensando que es muy fácil conseguir información personal en un país hispano . . . pero hay un pequeño problema. En Estados Unidos todo el mundo tiene teléfono pero en los países hispanos, ¡no! En muchos países hispanos es difícil y caro conseguir una línea telefónica. A veces hay que esperar dos o tres años, y aún más, antes de que le puedan instalar un teléfono en casa. Por eso, mucha gente ni tiene teléfono en casa ni está incluida en la guía telefónica.

¡Los novios están bailando!

¿ **Qué** piensas tú ?

1. Look carefully at the photo on the left and at the drawing above. How many different activities can you find people doing? Name as many as you can.

2. Can you find the boy standing on his head in the drawing? Describe where he is to someone in the class who can't find him.

3. Look again at the people in the photo and the drawing. How do you think these people feel? What words come to mind when you try to describe how they feel?

4. Where do you think the photo on the left was taken? Could it be in any city in the United States? Why or why not?

5. Which cities in the United States have strong Hispanic influences? Which Spanish-speaking countries do you think have influenced these cities? Why?

6. What do you think you will be able to talk about when you have finished this lesson?

Hola. Éstos son mis dibujos de la boda de papá.

1 Betty está lista para entrar en la iglesia. Está muy nerviosa. Ana y Lupe no están nerviosas. Están contentas porque les gustan las bodas.

2 Mi abuela y la madre de Betty están llorando. Pero no están tristes; están emocionadas. ¡Qué ridículas son las bodas!

3 ¡Qué ridícula es la recepción! La banda está tocando música romántica y la cantante está cantando canciones de amor. ¡Pero nadie está bailando, . . . sólo Papá y Betty!

4 Pepe está furioso. Quiere comer pastel pero abuela no le permite comer nada.

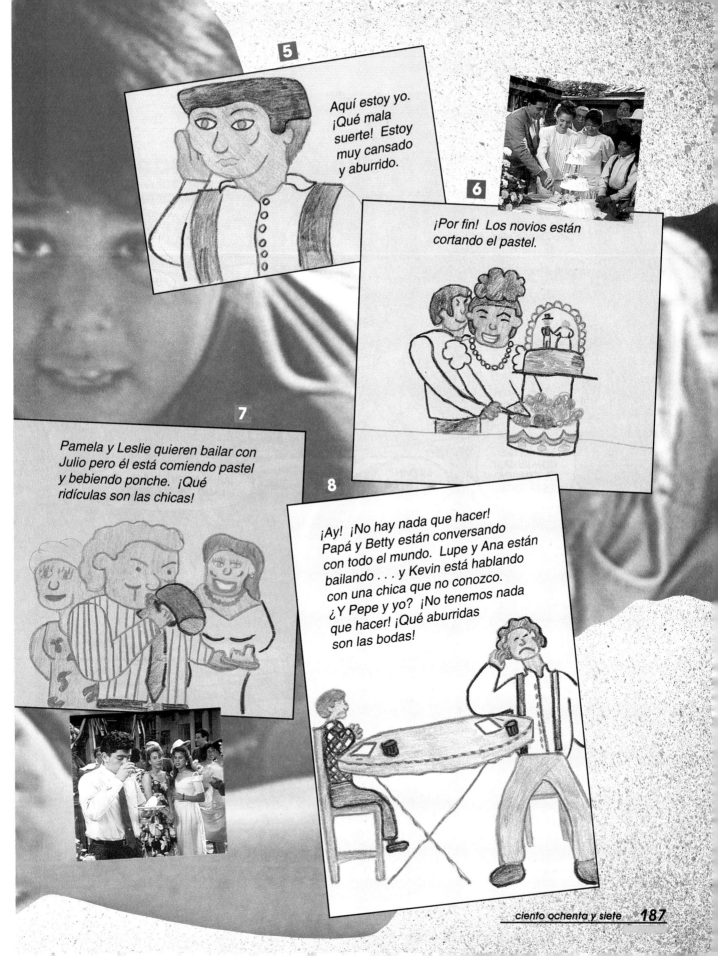

5

Aquí estoy yo. ¡Qué mala suerte! Estoy muy cansado y aburrido.

6

¡Por fin! Los novios están cortando el pastel.

7

Pamela y Leslie quieren bailar con Julio pero él está comiendo pastel y bebiendo ponche. ¡Qué ridículas son las chicas!

8

¡Ay! ¡No hay nada que hacer! Papá y Betty están conversando con todo el mundo. Lupe y Ana están bailando . . . y Kevin está hablando con una chica que no conozco. ¿Y Pepe y yo? ¡No tenemos nada que hacer! ¡Qué aburridas son las bodas!

CHARLEMOS UN POCO

A. ¿Quién está hablando? ¿Quién dice esto, Pamela, Leslie, Kevin o Julio?

Pamela   **Leslie**   **Kevin**   **Julio**

1. ¿Por qué no estás comiendo?   5. ¡Estoy tan nerviosa!
2. ¡Kevin, nuestro primo nuevo!   6. Hola, primas. ¿Cómo están?
3. ¡Qué tonta eres!   7. Gracias, pero estoy cansada.
4. ¿Hacia nosotras? ¿De veras?   8. Leslie, ¿quieres?

B. ¡Una boda! Mañana es la boda de tu primo. ¿Cómo está la familia del novio?

 EJEMPLO   **La novia está muy nerviosa pero muy contenta.**

1. yo
2. su mamá
3. sus abuelos
4. su padrastro
5. sus hermanastros
6. la novia
7. el novio

{ cansado
contento
aburrido
nervioso
listo
emocionado
furioso
triste
ocupado

C. ¿Qué emoción? Imagínate que tú y estas personas están en estos lugares o situaciones. ¿Cómo se sienten?

 EJEMPLO   tú: en la clase de español
**Estoy un poco nervioso(a), pero
no estoy aburrido(a).**

1. tú y un(a) amigo(a): en una fiesta
2. tú: en un examen final
3. tú: en la oficina del director
4. tu familia: en una boda
5. tú y tu novio(a): en una discoteca
6. tu padre: en el trabajo
7. tus amigos: en el recreo
8. tú: en el gimnasio

Estar + *adjective*
Saying how you feel

Estoy furioso con los niños.
Mamá **está** muy **emocionada**.
Estamos contentos pero **cansados**.

*See ¿**Por qué se dice así?**,
page G59, section 4.8.*

Reading strategy:
Identifying the main idea

A. Anticipemos. Before you read the following selection, record your impressions of Hispanics in the United States by indicating if you agree (**Estoy de acuerdo**) or disagree (**No estoy de acuerdo**) with the statements that follow. After you read the selection, come back and change any of your answers, if necessary.

1. Muchos estados, ríos, montañas, ciudades, calles y vecindades en Estados Unidos tienen nombres hispanos.
2. El inglés tiene muchas palabras de origen español.
3. Todos los hispanos en Estados Unidos viven en California, Texas y la Florida.
4. Todos los hispanos en Estados Unidos vienen de México.
5. Estados Unidos ya no acepta a inmigrantes latinos.

B. La idea principal. When reading, it is important to identify the main ideas expressed by the author. Usually each paragraph expresses one or two main ideas. Often the main idea is stated in the first sentences of a paragraph.

Before you begin to read, look at the main ideas listed below. Then scan the first sentence of each of the four paragraphs to find the main ideas. Match the main ideas listed below with the appropriate paragraphs. Work *very quickly*. Do not read every word at this point.

1. Hay hispanos en muchas regiones de Estados Unidos.
2. La población hispana es de gran importancia ahora y va a ser de gran importancia en el futuro de Estados Unidos.
3. En Estados Unidos hay mucha influencia hispana.
4. Hay hispanos de muchos países en Estados Unidos.

C. EE.UU. hispano. Now read the article and then answer the questions.

Verifiquemos

1. Name as many rivers, mountains, states, and cities in the United States as you can with Spanish names.

2. **Los hispanos en Estados Unidos: Presente y futuro** is about
   a. the history of Hispanics in the United States.
   b. the influence of Hispanics in United States culture.
   c. the influence of the United States in Hispanic culture.
   ch. None of the above.

3. The influence of the Spanish language on American English
   a. is apparent in the names of foods and architectural styles.
   b. can only be heard in the southwestern United States.
   c. is limited to the names of foods.
   ch. All of the above.

Los hispanos en Estados Unidos:
Presente y futuro

Hoy día es imposible visitar Estados Unidos y no ver, por todas partes, la influencia hispana. Ríos, montañas, siete estados y un gran número de ciudades, calles y vecindades llevan nombres hispanos. Ni la lengua del país ha escapado la influencia hispana. En el oeste, hablamos de **rodeo, lasso, corral** y **bronco;** en la construcción, de **adobe** y **patio;** en la cocina, de **tomate, chocolate, chile** y recientemente de **tapas, nachos** y **fajitas.**

La mayoría de los hispanos en Estados Unidos viven en el suroeste del país. Pero esto está cambiando. En los últimos años, nuevos grupos de hispanos se han establecido en otras partes del país, en particular en la Florida y en Nueva York.

La mayor parte de hispanos en Estados Unidos vienen de México. Pero también hay números impresionantes de puertorriqueños, cubanos, salva-

> ## Hoy día es imposible visitar Estados Unidos y no ver, por todas partes, la influencia hispana.

doreños, nicaragüenses y otros. El crecimiento de la población hispana influye en la realidad política del país. Esto es verdad, en particular, en estados como California, Texas, la Florida e Illinois.

Sin duda, la población latina ya es una fuerza vital en Estados Unidos. Pero, ¿cuál va a ser su importancia en el futuro de este país? Las proyecciones de la Oficina del Censo indican que esta comunidad va a tener una extraordinaria importancia política y social.

Distribución geográfica de EE.UU. hispano

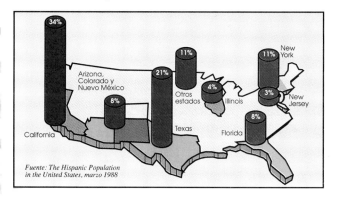

Origen de la población hispana de EE.UU.
Crecimiento de la población hispana

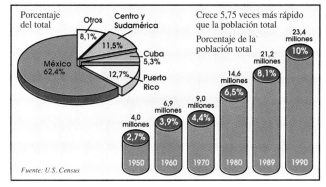

---

4. The majority of Hispanics in the United States live in the
  - **a.** east.
  - **b.** south.
  - **c.** southwest.
  - **ch.** northeast.

5. Over 50% of the Hispanics living in the United States come from
  - **a.** South America.
  - **b.** Central America.
  - **c.** Cuba.
  - **ch.** Mexico.

6. The Hispanic population has already been politically influential in
  - **a.** California and Texas.
  - **b.** Illinois.
  - **c.** Florida.
  - **ch.** All of the above.

¡Bienvenidos a Madrid!

PORTUGAL

Barcelona

Segovia

Madrid

ESPAÑA

Córdoba

Sevilla

0   150 Kilómetros
0   100 Millas

1

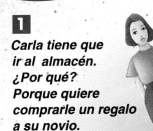

Carla tiene que
ir al almacén.
¿Por qué?
Porque quiere
comprarle un regalo
a su novio.

¿Dónde queda
el almacén?

No queda lejos de aquí.
Queda muy cerca.
Debes doblar a la
derecha y caminar una
cuadra. El almacén
está a la derecha.
Enfrente del almacén
hay una tienda y
un café.

2

Enrique necesita regresar al hotel
inmediatamente pero está muy lejos.
¿Qué hace? Tiene que tomar el
autobús número 6. El autobús va por
la calle de Alcalá. Dobla a la derecha
en la calle del Conde y sigue
derecho.

¿Dónde
debo
bajarme?

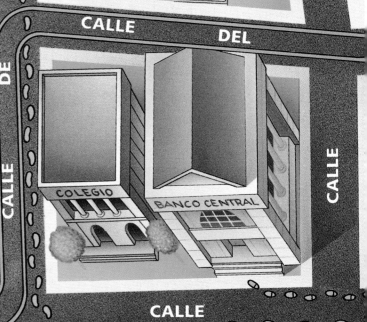

Bájate enfrente del restaurante. Cruza la
calle y camina hasta la esquina de la calle
Goya. Luego dobla a la izquierda y camina
media cuadra. Allí está el Hotel Goya.

3

Mariseta necesita cambiar un cheque de viajero.

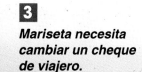

Hay que caminar una cuadra y doblar a la izquierda. Luego camina dos cuadras más y dobla a la derecha. El banco está en la esquina de Reina y Clavel.

4

Luis necesita enviar unas tarjetas postales. Busca la oficina de correos para comprar sellos.

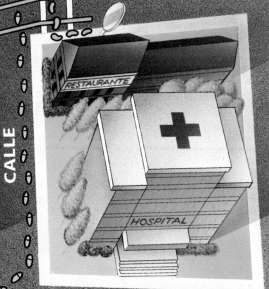

Tienes que seguir por la calle Clavel hasta la calle de Alcalá. Dobla a la derecha y camina dos cuadras. Cruza la calle y correos está detrás de la fuente.

¿QUÉ DECIMOS...?

Al pedir direcciones

1 *¿Tengo que llevar a Víctor?*

¿Cómo llego a correos?

¿QUÉ DECIMOS...?

Al ir de compras

1 ¿Qué le piensas comprar?

2 ¿Cuánto cuesta?

3 ¿Cuál es tu talla?

4 ¿Cómo que no tenemos dinero?

¿QUÉ DECIMOS...?

Al tomar algo en un restaurante

1 ¡Tengo mucha hambre!

EN EL RESTAURANTE...

¡AH, POR FIN! ESTOY CANSADO Y TENGO MUCHA HAMBRE.

¿POR QUÉ LLEGAN TAN TARDE? ¿QUÉ HICIERON?

NADA EN PARTICULAR.

FUIMOS AL CORTE INGLÉS.

ALLÍ HAY UNA MESA LIBRE.

2 ¡Siempre pides lo mismo!

BUENAS TARDES, ¿QUIEREN VER LA CARTA?

YO QUIERO UNA HAMBURGUESA Y PAPAS FRITAS.

AY, VÍCTOR. HAMBURGUESAS Y MÁS HAMBURGUESAS.

A VER. ¿QUÉ PEDIMOS?

¡SIEMPRE PIDES LO MISMO!

SÍ, POR FAVOR.

RECUERDA QUE AHORA SÓLO VAMOS A MERENDAR.

YO TENGO MUCHA SED. VOY A PEDIR UNA LIMONADA GRANDE.

MÁS TARDE CENAMOS.

¿Qué les puedo traer?

4 ¿Qué dinero? ¿Qué zapatos?

5 La cuenta, por favor.

3 ¿Qué les puedo traer?

4 ¿Qué dinero? ¿Qué zapatos?

¿ESTÁN BUENAS LAS PAPAS?

¡MANOLO!

¿PUEDO PROBAR UNA?

VÍCTOR, ¡POR FAVOR!

PRIMERO, EL DINERO DE MIS ZAPATOS... Y AHORA MIS PAPAS FRITAS.

¿QUÉ DICES?

¿QUÉ DINERO?

DEJA DE JUGAR CON LA CUCHARA.

¡CHIST! ¡VÍCTOR! TE CALLAS O TE...

¿Y POR QUÉ COMES TAN RÁPIDO?

¡NO TENEMOS PRISA!

¿QUÉ ZAPATOS?

¡ESTOS NIÑOS...!

5 La cuenta, por favor.

¿DESEAN ALGO MÁS?

¿CUÁNTO LE DOY DE PROPINA?

SÍ, MI AMOR, PERO ¿NO DEBEMOS DEJAR ALGO?

NO, GRACIAS.

TIENES RAZÓN.

DÉJALE UNA BUENA PROPINA.

SÓLO LA CUENTA, POR FAVOR.

EL SERVICIO VA INCLUIDO, MANUEL.

FUE MUY AMABLE.

CHARLEMOS UN POCO

A. ¡En el restaurante! ¿Qué pasa cuando Víctor y Manolo van con sus padres a un restaurante? Para contarlo, pon estas oraciones en orden cronológico.

9 La familia sale del restaurante.
6 El camarero les sirve la comida.
1 La familia llega al restaurante.
3 El camarero les presenta la carta.
4 Todos deciden qué quieren pedir.

7 La familia come.
2 Papá encuentra una mesa libre.
8 Papá pide la cuenta.
5 La familia pide la comida.

B. ¿Qué desean? Eres camarero(a) en un café. ¿En qué orden haces estas preguntas?

¿Y para beber?
¿Les traigo sándwiches mixtos?
¿Una limonada grande o pequeña?

¿Quieren algo más?
¿Están listos para pedir?
¿Desean ver la carta?

C. ¡Vamos a comer! José y Rosa están almorzando en una cafetería. Completa la conversación entre el camarero, José y Rosa con las siguientes frases.

7 **No, sólo la cuenta.**
4 **Muy ricos.**
2 **Sí, queremos dos sándwiches mixtos.**

5 **¿Tienen bizcocho?**
4 **Gracias.**
3 **Agua mineral.**
6 **Dos, por favor.**

Pedir
Used to ask for something

pido	pedimos
pides	
pide	piden
pide	piden

See **¿Por qué se dice así?**, *page G75, section 5.7.*

Servir

sirvo	servimos
sirves	
sirve	sirven
sirve	sirven

See **¿Por qué se dice así?**, *page G75, section 5.7.*

Traer

traigo	traemos
traes	
trae	traen
trae	traen

CH. ¿Qué van a pedir?   Tú y unos amigos van a un café después de clase. ¿Qué pide cada uno?

MODELO   Tina / refresco
Tina pide un refresco.

1. Alicia / melón
2. Julio y Jorge / patatas fritas
3. yo / hamburguesa
4. Maricarmen / sándwich de jamón
5. todos nosotros / la cuenta
6. ustedes / café con leche
7. tú / agua mineral
8. tú y yo / la cuenta

D. Comida vegetariana.   Estás en un restaurante vegetariano por primera vez. Pregúntale al camarero si sirven estas comidas.

 MODELO   hamburguesas
Tú: **¿Sirven hamburguesas?**
Camarero: **No, señor(ita). No servimos hamburguesas.**

1. sándwiches de queso
2. sándwiches mixtos
3. sándwiches de jamón
4. refresco de naranja
5. limonada
6. papas fritas
7. melón
8. manzanas
9. bizcocho
10. naranja

E. ¿Otro pastel?   Mario va a dar una fiesta y todos deciden traer algo. ¿Qué traen?

MODELO   Rosamaría: el pastel
Rosamaría trae el pastel.

1. Maricarmen: unos discos
2. yo: mucha limonada
3. Lorenzo: dos pizzas
4. tú: un pastel de chocolate
5. Víctor y Josefa: los refrescos
6. nosotros: las papas fritas
7. ustedes: las hamburguesas
8. Eduardo: su guitarra

F. La familia.   Tú y tu familia van a su restaurante favorito. Describe lo que ocurre ahí.

EJEMPLO   **Mamá pide agua mineral.**

mi hermano		hamburguesa
yo		bizcocho
mamá	pedir	papas fritas
tú	recomendar	helados
niños	servir	manzana
nosotros	preferir	agua mineral
papá	querer	melón
camarero	traer	naranja
mis hermanas	¿ . . . ?	jamón
camarera		leche
¿ . . . ?		¿ . . . ?

G. ¿Qué pasa? Describe la situación de las personas en los dibujos.

MODELO **No tiene razón.**

1. **2.** **3.** **4.**

5. **6.** **7.** **8.**

9. **10.**

H. ¿Por qué? Lee lo que dice cada persona. Luego describe su situación según su comentario.

EJEMPLO Mamá: No todos los hispanos en Estados Unidos son de México.
Mamá tiene razón.

1. Antonio: ¡Camarero! Tráeme algo para beber, por favor.
2. Panchito: Mamáaaa, ¿qué hay para comer?
3. Rubén y Lalo: $20 - 13 + 7 \times 2 = 27$
4. Gloria: ¡Huy! Mi clase de biología es a las 10:00 y ya son las 10:05.
5. Ramón y yo: Debemos ir al lago hoy. La temperatura va a subir a más de 105 grados Fahrenheit.
6. Papá: No hay hispanos en Nueva York.
7. yo: ¡Caramba! Está nevando y la temperatura está bajo cero.
8. Juanita: $5 \times 3 - 7 + 2 = 10$

LECCIÓN 3

Tener idioms

Tener calor **Tener frío**

Tener hambre **Tener sed**

Tener razón **No tener razón**

Tener prisa

¿Tienes hambre?
No, pero **tengo sed.**

See **¿Por qué se dice así?,**
page G78, section 5.8.

Indirect object pronouns

me	nos
te	os
le	les
le	les

See **¿Por qué se dice así?,**
page G79, section 5.9.

Indirect object pronouns
Placement

Indirect object pronouns precede
a conjugated verb.

Yo **le** escribo todos los días.
Ella siempre **nos** da el dinero.

See **¿Por qué se dice así?,**
page G79, section 5.9.

Indirect object pronouns
Placement

Indirect object pronouns may follow
and be attached to an infinitive or an
-ndo form.

Quieren dar**nos** el dinero hoy.
Estoy escribiéndo**le** a mamá.

See **¿Por qué se dice así?,**
page G79, section 5.9.

I. ¡Pobrecita! Juanita está muy enferma. ¿Qué hacen todos para ella?

MODELO   su papá
   Su papá le trae unos libros.

1. su hermano	**3.** el perro	**5.** su abuela y
2. su hermana	**4.** sus tíos	su mamá

J. ¡Qué negativo! Paquito está muy negativo hoy. ¿Qué le dice a su padre? ¿Cómo le contesta su padre?

 MODELO   comprar regalos
   Paquito: **Nunca me compras regalos.**
   Padre: **¿Cómo? Siempre te compro regalos.**

1. traer helado	**5.** comprar ropa nueva
2. dar dinero	**6.** alquilar videos
3. servir hamburguesas	**7.** dar fiestas
4. preparar limonada	**8.** llevar al cine

K. ¡Le encanta! ¿Qué le dice un camarero al otro sobre los gustos de los empleados y algunos clientes?

MODELO   Al señor Gamboa le encanta la fruta.
   Debes servirle fruta.

1. A Mariela le gusta la pizza.
2. A los señores López les gustan las hamburguesas.
3. A Rafael y a mí nos gusta el melón.
4. A Miguel y a mí nos encanta el bizcocho.
5. Al profesor de español le encantan los tacos.
6. A mí me gustan las papas fritas.
7. A Nicolás le gusta la limonada.
8. A Sara y a Lucía les gusta el helado.

L. En un café. Tú y una amiga, Silvia, están en su café favorito. ¿Qué les dices a tu amiga y al camarero?

MODELO   pedir una pizza (a Silvia)
Silvia, ¿puedes pedirme una pizza?

traer un refresco (al camarero)
Camarero, ¿puede traernos un refresco?

1. buscar una mesa (al camarero)
2. servir helado (al camarero)
3. pedir un refresco (a Silvia)
4. explicar la carta (a Silvia)
5. dar la cuchara (a Silvia)
6. traer otra cuchara (al camarero)
7. pasar la pizza (a Silvia)
8. servir otro refresco (al camarero)

M. ¡Ya estamos listos! Tú estás en tu restaurante favorito con un grupo de amigos. Ya están listos para pedir. ¿Qué le dices al camarero?

MODELO   dos refrescos para Clara y Julio
Les puede traer dos refrescos a Clara y a Julio.

1. limonada para Eva
2. café con leche para Víctor
3. refresco de naranja para ti
4. agua para todos
5. papas fritas para todos
6. hamburguesas para Víctor y Julio
7. sándwich mixto para Clara
8. sándwich de jamón para ti

N. ¿Tú y tu familia? Tu amigo(a) quiere saber qué hicieron tú y tu familia durante la semana de vacaciones. ¿Qué le dices?

MODELO   lunes por la tarde: cine
Amigo(a): **¿Qué hicieron el lunes por la tarde?**
Tú: **Fuimos al cine.**

1. sábado por la mañana: universidad
2. sábado por la noche: teatro
3. domingo por la tarde: museo
4. lunes por la noche: concierto
5. martes por la mañana: centro comercial
6. miércoles por la tarde: parque
7. jueves por la noche: cine
8. viernes por la tarde: club deportivo

Hicieron / Fuimos

These two past tense verb forms are very useful when talking about what you did and where you went.

¿Qué **hicieron** tú y Toni?
Fuimos al cine.
Después **fuimos** a un café.

CHARLEMOS UN POCO MÁS

A. Lo siento, pero . . .   You and your friend are at a café. As you order, the waiter tells you that your choice is not available and asks you to select something else. Use the drawings below as a guide.

MODELO   Tú: **Quiero las papas fritas, por favor.**
Camarero: **Lo siento, señor. Hoy no tenemos papas fritas. ¿Le traigo otra cosa?**
Tú: **Sí. ¿Puede traerme un sándwich de jamón?**
Camarero: **Muy bien, señor.**

B. ¿Qué dicen?   With a partner, write a dialogue for this cartoon strip. Then read your dialogue to the class.

C. Fuimos a . . .   Ask your classmates what they did on the weekend. Respond using any of the cues in the drawing your teacher gives you.

EJEMPLO   Tú: **¿Qué hicieron tú y [Marty] este fin de semana?**
Amigo(a): **[Marty] y yo fuimos al zoológico.**

CH. ¿Qué van a pedir? You are at a café where your partner is the waiter or waitress. Study the menu that your teacher gives you and note what you would like to order in the following situations. Check the cost of each item when you order. Your partner will consult the menu to answer your questions and to say what is available. Be prepared to choose again if something is unavailable or too expensive. Write down your final order, the cost of each item, and the total cost of the meal.

1. Order a snack and something to drink for you and your friend. Your friend hates chicken but you love it. You only have 890 pesetas and you are treating.
2. You invited your mother out to lunch. Since today is her birthday, you insist on treating. You want to order a combination plate for both of you, but you only have 850 pesetas.

D. Encuesta. Your teacher will give you a grid. Ask your classmates questions to find out if they fit any description in the grid. If they do, have them sign the appropriate square to verify it. Let your teacher know when you have completed a vertical, horizontal, or diagonal line on your grid.

EJEMPLO   Tú: **¿Tienes hambre ahora?**
Compañero(a): **No, no tengo hambre.** o
Sí, tengo mucha hambre.

Dramatizaciones

A. Entrevista. Interview six classmates about where they go and what they buy when they are hungry or thirsty. Also ask how much they spend. Write down their responses and report to the class the most popular places, foods, and drinks as well as the average amount your friends spend in one day on snack food.

B. Camareros por un día. Be the waiter or waitress as two classmates come to your restaurant.

- Greet the guests.
- Ask if they want to see the menu.
- Ask for their order.
- Suggest that you bring them dessert.
- Ask if they want anything more.
- Give them the bill and thank them.

C. El Café Madrileño. With three classmates, decide who will play the roles described below. Create a skit for the four characters.

- The waiter who gives outstanding service to earn a big tip
- The diner who cannot make up his or her mind
- The diner who doesn't have much money
- The diner who is very hungry

Reading strategy: **Reading aloud**

A. Anticipemos. Before reading this selection, glance at the format of this reading and answer the following questions.

1. What type of reading is this? How do you know?
2. Is this type of reading usually done alone at home, in the classroom, or elsewhere? Explain your answer.
3. How do you expect the reading to be handled in your class? Why?
4. What is the title of the work?
5. Who is the author of the work?
6. How many performers are required to put on this work?
7. As your teacher mimes the following stage directions, tell what you think they mean.

Gira a la derecha.	Finge acción con pan y agua.
Gira a la izquierda.	Finge comer pan.
Gira media vuelta.	Finge poner sopa en la mesa.
Cara al público.	Finge meter un dedo en la
Con énfasis.	sopa para probarla.
Espalda al público.	Se encoge de hombros.
Pisando violentamente.	Enfadada.
Quejándose.	Con voz exasperada.

B. Lectura dramatizada. Readers' Theater is an approach to reading that results in performance. In Readers' Theater you are not required to act but will learn some simple acting procedures and stage directions. When the class prepares this play for presentation, you will not be required to memorize your parts, but repeated reading during rehearsals may result in memorization.

C. Un cuento español. Now listen as your teacher reads the play. Then answer your teacher's questions. Later you will be asked to participate in Readers' Theater.

La sopa castellana

Reparto: NARRADOR 1   NARRADOR 2   COMENTADOR   LA MUJER

Al empezar, la mujer está sentada, cara al público. El comentador está sentado, espalda al público. Los narradores están de pie, Narrador 1 a la derecha de la Mujer, Narrador 2 a la izquierda del Comentador.

NARRADOR 1: La sopa castellana,

NARRADOR 2: un cuento español

LA MUJER: escrito por

COMENTADOR: *(Gira media vuelta a la derecha. Cara al público.)* Lope de Cervantes y Unamuno.

NARRADOR 1: Una mujer entra en un restaurante muy elegante.

NARRADOR 2: El camarero la lleva a una mesa. *(Comentador gira a la derecha. Cara al público.)*

NARRADOR 1: Ella lee la carta y pide la cena.

LA MUJER: La sopa castellana, por favor, con pan. Y para beber, agua mineral. *(Comentador gira a la izquierda. Espalda al público.)*

NARRADOR 1: Pone la servilleta en las rodillas. *(La mujer finge acción con la servilleta.)*

NARRADOR 2: El camarero trae el pan y el agua mineral. *(Comentador gira a la derecha. Cara al público. Finge acción con pan y agua. Gira a la izquierda. Espalda al público.)*

NARRADOR 1: La mujer prueba el pan. *(La mujer finge comer pan.)*

NARRADOR 2: El camarero trae la sopa castellana. *(Comentador gira a la derecha. Cara al público. Finge poner sopa en la mesa.)*

NARRADOR 1: La mujer no hace nada. Después de un momento, dice:

LA MUJER: No puedo tomar la sopa.

COMENTADOR: ¿Por qué no?

NARRADOR 2: El camarero prueba la sopa y dice:

COMENTADOR: *(Finge meter un dedo en la sopa para probarla.)* No está demasiado caliente.

LA MUJER: *(Quejándose.)* No puedo tomar la sopa.

NARRADOR 2: El camarero llama al cocinero.

COMENTADOR: La señora no puede tomar la sopa. *(Se encoge de hombros y gira a la izquierda. Da la espalda al público.)*

LA MUJER: *(Enfadada.)* ¡No puedo tomar la sopa!

COMENTADOR: *(Gira a la derecha pisando violentamente. Cara al público.)* ¿Por qué no?

NARRADOR 2: El cocinero prueba la sopa.

COMENTADOR: *(Finge meter un dedo en la sopa para probarla.)* No está demasiado salada.

NARRADOR 2: El cocinero llama al dueño del restaurante.

COMENTADOR: La señora no puede tomar la sopa.

LA MUJER: ¡No—puedo—tomar—la— sopa! *(Con énfasis.)*

NARRADOR 1: *(Finge ser el dueño.)* ¿Por qué no?

NARRADOR 2: El dueño prueba la sopa.

NARRADOR 1: *(Finge meter un dedo en la sopa para probarla.)* Mmm. ¡Qué rica!

LA MUJER: ¡No—puedo—tomar—la— sopa! *(Con énfasis.)*

NARRADORES Y COMENTADOR: ¿Por qué no puede usted tomar la sopa?

LA MUJER: *(Con voz exasperada.)* Porque no tengo cuchara. *(La mujer se para.)*

TODOS: Porque no tiene cuchara.

(Todos hacen una reverencia y salen.)

Writing strategy:
Making an outline

A. Empezando. Read and discuss the following composition about
Madrid. The composition was written by Marisol in her Spanish class
after visiting Madrid. How does she describe Madrid? Does she give
enough information about the city?

Madrid

Madrid es la capital de España. Es
una ciudad muy grande y muy hermosa.
Está en el centro de España.

Hay muchos lugares que visitar en
Madrid, por ejemplo, la Plaza Mayor,
la Puerta del Sol, la Plaza de España, el
Parque del Retiro, el Palacio Real y el
museo del Prado. También hay un parque
de diversiones y un zoológico.

A los madrileños les gusta mucho caminar
por la ciudad. Por eso hay muchos parques
y lindas avenidas. Por la noche,
generalmente entre las 8 y las 10, la gente
sale a dar un paseo. Padres e hijos,
abuelos y jóvenes: todos salen a caminar
por la ciudad.

A los madrileños les encanta su ciudad
y a los turistas también.

B. Planeando. Now plan a composition about your hometown or a large city you have visited. Think about what there is to see and do and what your favorite places are. Organize your thoughts using a cluster.

C. Organizando. Organize the information in your cluster into an outline using the categories below. You may want to eliminate some categories or add others.

    I.   Name of the city and one or two unique features
    II. Geographical location
    III. Things to see and do
    IV. What residents think about their city or town

CH. Escribiendo. Use the information in your outline to write a short composition.

D. Compartiendo. Share a draft of your composition with two classmates. Ask them what they think of it. Is there anything they don't understand? Is there anything you have not mentioned that they would like to know? Do they think you should change something?

E. Revisando. Based on your classmates' comments, rewrite your composition, changing anything you want. You may add, subtract, or reorder what you had originally written. Before you turn it in for grading, share your composition with two other classmates. Ask them to focus on your grammar, spelling, and punctuation. Correct any errors they notice before you give it to your teacher.

¡Me encantó Guadalajara!

ESTADOS UNIDOS

MÉXICO

Monterrey●

Golfo de México

Guadalajara

Océano
Pacífico

México, D.F.
⭐

Oaxaca●

BELICE

0
1000 Kilómetros
0
600 Millas

GUATEMALA

¡Qué linda es la ciudad!

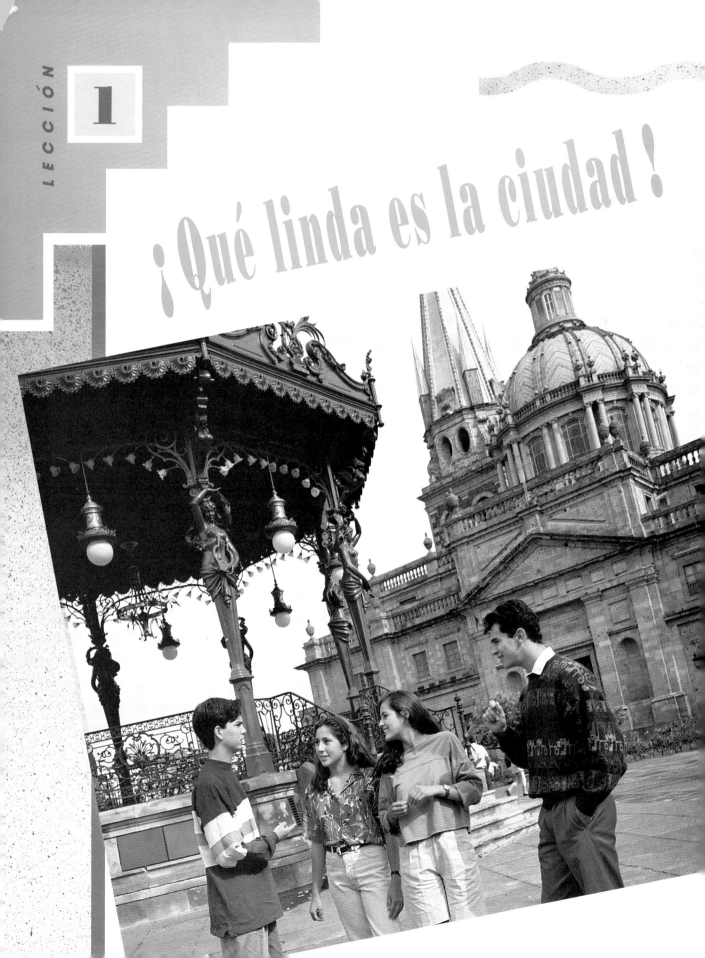

¿Qué piensas tú?

1. Mira las tarjetas de embarque. ¿Quién es la chica que acaba de llegar? ¿De dónde viene? ¿Adónde va?

2. ¿Qué crees que va a hacer allá? ¿Por qué crees eso?

3. Si ella les manda estas tarjetas postales a sus padres, ¿qué crees que les va a decir?

4. Mira las fotos. Imagina que tú eres un(a) turista. ¿A cuáles de estos lugares te gustaría ir? ¿Por qué?

5. Después de un tour por esta ciudad, ¿qué diría un turista en una carta a sus amigos o familiares?

6. En tu opinión, ¿por qué quiere una chica de Chicago viajar a México?

7. ¿De qué vas a poder hablar al final de la lección?

1

La señora Domínguez empieza a preparar la comida cuando descubre que no hay papas. Llama a su hijo y le dice:

Madre: ¡Óscar! Óscar, hijo. ¿Puedes ir a comprarme unas papas?

Óscar: Sí, mamá.

Madre: Dos kilos, ¿eh?

2

Cinco horas más tarde . . .

Madre: ¡Cinco horas! ¿Qué te pasó? Y las papas, ¿dónde están?

Óscar: ¡Ay, qué tonto soy! ¡Las papas! Perdona, mamá . . .

Madre: ¿Y el dinero? Te di un billete de cincuenta mil.

Óscar: ¿El dinero? Ah, sí, el dinero. No vas a creerme, mamá, pero . . .

3

. . . cuando salí de la casa, me encontré con Javier.

4

Fuimos al centro, donde vimos a Lilia y a su amiga, Mónica. Ellas nos invitaron a pasear por la ciudad.

5

Visitamos el Teatro Degollado.

También vimos el mural en el Palacio de Gobierno. ¡Le encantó a Mónica!

6

Luego fuimos al mercado. Las chicas pasaron mucho tiempo mirando las artesanías. Finalmente, no compraron nada.

7

Luego, fuimos a la Plaza de los Mariachis. Pedimos unos refrescos y . . . como buen caballero, yo pagué las bebidas.

8

Cuando llegaron los mariachis, les pedí unas canciones para las chicas.

Fue tan emocionante, mamá. Tocaron y cantaron tan bien que Mónica empezó a llorar. Claro . . . Javier y yo pagamos la música.

9

Por fin, acompañamos a las chicas a su casa en taxi. Y por supuesto, el taxi lo pagué yo.

10

¿El dinero? ¿Es posible, mamá? Empecé con más de cien mil pesos, y ahora sólo tengo . . . a ver, ¡cinco, diez, quince mil pesos!

¿QUÉ DECIMOS...?

Al hablar de lo que hiciste

1 ¡Saludos de México!

MÓNICA, UNA CHICA MEXICANO-AMERICANA PASA EL VERANO EN MÉXICO.

EL VUELO DE CHICAGO A LA CIUDAD DE MÉXICO FUE LARGO, PERO ME ENCANTÓ EL VUELO A GUADALAJARA. CUANDO SALIMOS DE LA CAPITAL VIMOS LOS DOS VOLCANES, POPOCATÉPETL E IZTACCÍHUATL. EL PILOTO NOS CONTÓ UNA ROMÁNTICA LEYENDA AZTECA SOBRE SU ORIGEN. EN OTRA OCASIÓN LES CUENTO LA LEYENDA.

QUERIDOS PAPÁS, ¡SALUDOS DE MÉXICO! ¿CÓMO ESTÁN TODOS? LOS EXTRAÑO MUCHO.

2 Me recibieron con rosas.

EL PRIMER DÍA LILIA Y SU MAMÁ ME RECIBIERON CON UNA DOCENA DE ROSAS. ¡IMAGÍNENSE, ROSAS! ESA NOCHE CENAMOS EN CASA. LA COMIDA MEXICANA ES RIQUÍSIMA.

ESTOY MUY CONTENTA AQUÍ CON LA FAMILIA DE LILIA. TODOS SON MUY SIMPÁTICOS.

3 Paseamos en una calandria.

¡Y ME ENCANTA GUADALAJARA! LA CIUDAD ES MUY LINDA Y HAY TANTO QUE HACER. AYER LILIA Y YO DECIDIMOS HACER UN PEQUEÑO TOUR POR LA CIUDAD. POR LA MAÑANA ELLA ME LLEVÓ AL CENTRO.

PRIMERO, PASEAMOS EN UNA CALANDRIA. (ASÍ LLAMAN A LOS COCHES DE CABALLO.) ¡QUÉ DIVERTIDO!

...Y AL PALACIO DE GOBIERNO, DONDE HAY UN MURAL MUY IMPRESIONANTE DE OROZCO.

DESPUÉS NOS ENCONTRAMOS CON ÓSCAR Y JAVIER, LOS PRIMOS DE LILIA. ELLOS DECIDIERON ACOMPAÑARNOS AL TEATRO DEGOLLADO...

4 ¡Caminamos hasta no poder más!

POR LA TARDE FUIMOS AL MERCADO LIBERTAD. ¡ES ENORME! HAY DE TODO.

CAMINAMOS Y CAMINAMOS HASTA NO PODER MÁS. VIMOS MUCHAS ARTESANÍAS MUY BONITAS, PERO ME RESISTÍ Y NO COMPRÉ NADA.

AL SALIR DEL MERCADO VI A UN VENDEDOR CON UNAS BLUSAS TÍPICAS. YA NO RESISTÍ MÁS. ME COMPRÉ UNA BLUSA HERMOSÍSIMA.

5 ¡Cantaron para nosotras!

DESPUÉS DE TANTO CAMINAR, FUIMOS A LA PLAZA DE LOS MARIACHIS. TOMAMOS UN REFRESCO Y ESCUCHAMOS LA MÚSICA.

DE REPENTE, UN MARIACHI EMPEZÓ A TOCAR Y CANTAR EN NUESTRA MESA. ¡QUÉ SORPRESA!

LOS PRIMOS DE LILIA PAGARON LA MÚSICA. ¡QUÉ SIMPÁTICOS! ¡Y ÓSCAR ES MUY GUAPO! ESPERO VERLO OTRA VEZ.

GUADALAJARA

PRONTO LES ESCRIBO MÁS. UN ABRAZO PARA TODOS DE MÓNICA.

CHARLEMOS UN POCO

A. ¿Dónde?   Según Mónica, ¿dónde pasaron estas cosas: en **el Mercado Libertad,** en **el centro** o en **la Plaza de los Mariachis?**

1. Visitamos el Teatro Degollado.
2. Escuchamos a los mariachis.
3. Vimos muchas artesanías bonitas.
4. Los primos de Lilia pagaron la música.
5. Caminamos hasta no poder más.
6. Un mariachi cantó y tocó en nuestra mesa.
7. Paseamos en una calandria.
8. Tomamos un refresco.
9. Compré una blusa.

B. Ayer.   Eres una persona muy curiosa. Pregúntale a tu compañero(a) qué hizo ayer.

MODELO	tomar helado	
	Tú:	**¿Tomaste helado?**
	Compañero(a):	**Sí, tomé helado.** o
		No, no tomé helado.

1. hablar por teléfono
2. comer un sándwich
3. estudiar español
4. pasear en bicicleta
5. escuchar música
6. escribir una composición
7. descansar
8. tomar un refresco
9. salir con un(a) amigo(a)
10. comprar algo nuevo

C. ¡Qué ocupada!   La directora de la escuela es una persona muy ocupada. ¿Qué hizo ayer?

MODELO   **A las ocho, recibió a los nuevos estudiantes.**

23 de marzo		martes	
(8:00) recibir a los nuevos	1:00 Preparar un informe para		
8:30 estudiantes	(1:30) los profesores		
9:00 (9:45) hablar con Nico	2:00 visitar la clase de		
9:30 Muñoz	(2:30) español		
(10:00) escribir una carta a los	(3:00) alquilar un video para		
10:00 padres de los estudiantes	3:00 la clase de biología		
11:00 comer con la Prof.	4:00 salir para casa		
(11:30) Gómez	(4:30)		
12:00 llamar al Sr. Blanco	5:00 (6:00) jugar tenis		
(12:30)	5:30		

Preterite tense

Singular verb endings

-ar	**-er, -ir**
-é	-í
-aste	-iste
-ó	-ió

¿Qué **compraste**?
No **encontré** nada.
¿Dónde **comió** Antonia?
No **salí** del trabajo hasta las 7:30.

See **¿Por qué se dice así?,**
page G83, section 6.1.

CH. Una familia muy ocupada. Pregúntale a tu compañero(a) acerca de las actividades de su familia el fin de semana pasado.

MODELO   ver una película
         Tú: **¿Vieron una película?**
         Compañero(a):   **Sí, vimos una película.** o
                          No, no vimos una película.

1. comer en un restaurante
2. salir de la ciudad
3. correr juntos
4. pasear en el parque
5. caminar por el centro
6. hablar con los abuelos
7. comprar algo (nada)
8. preparar tacos
9. limpiar la casa
10. alquilar un video

Preterite tense
Plural verb endings

-ar	-er, -ir
-amos	-imos
-aron	-ieron

Salieron esta mañana a las 6:00.
¿Estudiaron en la biblioteca?
No **bebimos** nada.

See **¿Por qué se dice así?,**
page G83, section 6.1.

D. Rin, rin. Suena el teléfono. Es abuelita. Quiere saber qué hicieron todos anoche. ¿Qué le dice su nieta?

MODELO   hermana: salir con unos amigos
         Mi hermana salió con unos amigos.

1. papá y yo: preparar la comida
2. mamá: ayudar a Rosita
3. Beto y Memo: jugar fútbol
4. mamá y yo: decidir descansar
5. yo: estudiar para un examen
6. tía Elena: salir de compras
7. mi hermanita: llorar mucho
8. Natalia: comer pizza

E. El domingo pasado. ¿Qué hicieron estas personas el domingo pasado?

MODELO   **el Sr. Muñoz**
         El Sr. Muñoz descansó.

1. Arturo y Rubén
2. Inés
3. la Srta. Ramos

4. Sofía y Gilberto
5. el Sr. Gamboa
6. Susana y Carolina

F. Encuesta. Pregúntale a un(a) amigo(a) si le gustaron ciertas cosas.

No me gustó. No me gustaron.	Me gustó. Me gustaron.	Me encantó. Me encantaron.

 MODELO Tú: **¿Te gustó el concierto en el parque?**

Compañero(a): **Sí, ¡me encantó!** o

No, no me gustó. o

Sí, me gustó.

1. las clases de baile
2. la fiesta de *[tu amiga(o) . . .]*
3. el programa de música
4. las películas *[título]* y *[título]*
5. la exhibición de arte
6. el concierto de *[grupo]*
7. el baile
8. los videos de *[artista]*
9. la comedia del club de teatro
10. la excursión a *[lugar]*

G. ¿Adónde fuiste ? Pregúntale a tu compañero(a) si fue a varios lugares durante la semana.

 MODELO un concierto de rock

Tú: **¿Fuiste a un concierto de rock anoche?**

Compañero(a): **Sí, fui a un concierto de rock anoche.** o

No, no fui a un concierto de rock anoche.

VOCABULARIO ÚTIL:

anoche   la semana pasada
esta mañana   el sábado pasado
ayer   el fin de semana

1. el cine
2. la biblioteca
3. un baile
4. el colegio
5. el parque
6. una clase de música
7. el gimnasio
8. una fiesta

Preterite of *ir*

fui	fuimos
fuiste	
fue	fueron
fue	fueron

See **¿Por qué se dice así?,** *page G86, section 6.2.*

Talking about the past

The preterite tense is often used with expressions such as:

esta mañana	*this morning*
ayer	*yesterday*
anoche	*last night*
la semana pasada	*last week*
el fin de semana	*the weekend*

H. Un día interesante. Ayer los turistas se pasearon por Guadalajara. ¿Adónde fueron?

MODELO Lorenzo Martínez (9)
      Lorenzo Martínez fue a la Plaza de la Liberación.

1. los señores Rivera (3)
2. Margarita Valdez (6)
3. el señor Álvarez (2)
4. Guadalupe Silva y yo (8)

5. tú (4)
6. todos (7)
7. la familia Torres (5)
8. el guía (1)

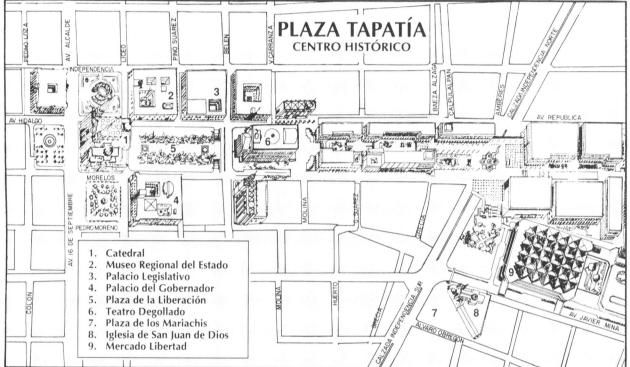

1. Catedral
2. Museo Regional del Estado
3. Palacio Legislativo
4. Palacio del Gobernador
5. Plaza de la Liberación
6. Teatro Degollado
7. Plaza de los Mariachis
8. Iglesia de San Juan de Dios
9. Mercado Libertad

CHARLEMOS UN POCO MÁS

A. ¿Estudiaste ayer? Write eight things that you did yesterday. Tell your partner what you did and ask if he or she did the same things. Note what you both did. Be prepared to report to the class.

EJEMPLO   Tú: **Yo estudié español y vi la tele. ¿Y tú?**
            Compañero(a): **Yo vi la tele y limpié mi cuarto.**
            Tú: **Los dos vimos la tele.**

B. El sábado pasado. Paco and Luis had a very busy day last Saturday. With your partner, recount their day by looking at the drawing below.

 EJEMPLO **Por la mañana Paco limpió la casa y Luis . . .**

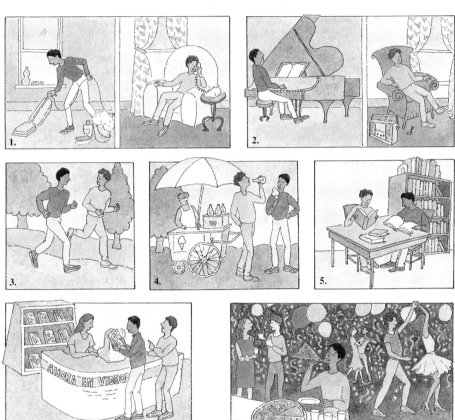

C. ¿Viajó Ud.? What did your teacher do last summer? With a partner, prepare six to eight questions to ask your teacher about last summer. These should all be yes/no questions.

 EJEMPLO **¿Fue usted a México?**

CH. ¡A escribir! With a partner, create a children's storybook titled **La historia de Bombón.** Describe one of his many adventures as a puppy. Illustrate your story. Begin by saying: **Un día, Bombón fue a . . .**

Dramatizaciones

A. Mi telenovela favorita . . .   You missed your favorite soap opera yesterday and want to know what happened. Your partner saw it, so you have lots of questions to ask. Role-play the situation.

Tú

- Ask if Carolina spoke with her boyfriend.

- Ask what they talked about.

- Ask what happened at the party.

- Find out what happened then.

Compañero(a)

- Say they spoke at her house, then they walked to school together.

- Say they talked about Víctor Mario's party.

- Say that first, Víctor Mario danced with the brunette. Then he played the guitar and sang several very romantic songs to her.

- Say you don't know because Carmen called and you talked on the phone for an hour.

B. Saludos de México.   You are an exchange student in Mexico. After two days in Guadalajara, you call home to talk to your parents, but one of your brothers or sisters answers the phone. Role-play this situation.

Tú

- Say hello and ask if your parents are at home.

- Say that you are fine but that you miss the family. Ask how they are.

- Tell three or four things that you did on your first day.

- Respond that you went out. Tell where you went.

- Say that you have to leave to go somewhere. Say where.

- Promise to write. Say good-bye.

Tu hermano(a)

- Say hello. Say that your parents aren't home. Ask how your partner is.

- Respond. Ask if he or she likes Guadalajara.

- Ask if he or she went out last night.

- React.

- Tell him or her to write about everything.

- Say good-bye.

C. Entrevista.   You are writing an article for the school paper, and you need to find out what the principal and his or her family did during the weekend. Role-play this situation with your partner.

¡No metas la pata!

Te invito al ballet.   Paul está visitando a su amigo Óscar en Guadalajara. Javier los invita al ballet folklórico el sábado.

Javier:	**Óscar, Paul, fíjense. Tengo tres boletos para el ballet folklórico el sábado.**
Óscar:	**¡Fantástico! Lo vi el año pasado.**
Paul:	**Uhhh. Lo siento pero . . . uh . . . uh no puedo ir.**
Óscar:	**¿Por qué? ¿Qué vas a hacer?**
Paul:	**Pues, la verdad es que prefiero quedarme en casa.**
Javier:	**Pero hombre, no puedes visitar Guadalajara sin ver el ballet folklórico. Es famosísimo.**
Paul:	**Tal vez, pero no me gusta el ballet. No me interesan ni las bailarinas ni la música clásica.**
Javier:	**Pero, Pablo, nuestro ballet sí te va a gustar.**

Why does Javier insist that Paul will enjoy the **ballet folklórico?**

1. Because he knows that the **ballet folklórico** is famous.
2. He assumes that Paul has never seen a good ballet company.
3. He realizes that Paul has a mistaken idea of what the **ballet folklórico** is.

❏ Check your answer on page 419.

Y ahora, ¡a leer!

Antes de empezar

Mira las fotos de los mariachis e indica si estos comentarios parecen ciertos (**C**) o falsos (**F**). Lee la lectura y cambia, si es necesario, tus respuestos.

C	F	**1.** Los mariachis son músicos.
C	F	**2.** Los mariachis tocan y cantan música religiosa.
C	F	**3.** Los mariachis siempre son muy jóvenes.
C	F	**4.** El traje tradicional de los mariachis es más formal que el traje de los músicos de una orquesta sinfónica.
C	F	**5.** Con frecuencia los mariachis tocan en fiestas, bodas y bautismos.
C	F	**6.** La música de los mariachis es alegre y ruidosa.
C	F	**7.** El mariachi casi siempre lleva sombrero.

¡Viva el mariachi!

La música de los mariachis es, sin duda, la música nacional de México. Como los trovadores del pasado, los mariachis suelen aparecer en cualquier momento, dispuestos a serenar al público por unos cuantos pesos o, si les sonríe una chica hermosa, tocar y cantar toda la noche. Los vemos en todas partes: en fiestas, serenatas, bodas y bautismos. Su presencia basta para convertir una ocasión no especial en una fiesta improvisada.

Su música es ruidosa, rica, alegre y alborotada. Siempre crea un ambiente de fiesta y de carnaval. Las canciones de los mariachis son expresivas y están llenas de una emoción única e inolvidable.

El mariachi tradicional tiene su origen en el estado de Jalisco. Como el charro (el *cowboy* mexicano), lleva pantalones apretados, saco estilo bolero, corbata suelta y un sombrero ancho. Un cinturón, botas de cuero meticulosamente labradas y, a veces, espuelas de plata completan su traje típico.

Es interesante saber que la palabra "mariachi" no es ni de origen español ni de origen indio. ¡Es de origen francés! Según una explicación, durante la ocupación francesa, en el siglo XIX, un francés fue desesperadamente a la plaza a buscar músicos para la boda de su hija. Como no sabía español, decía *"mariage, mariage"* al llamar a los músicos mexicanos. La palabra francesa para "boda" es *mariage*. De allí, por extensión, estos músicos llegaron a llamarse "mariachis".

Verifiquemos

1. Nombra cuatro lugares donde los mariachis tocan y cantan normalmente.
2. Describe la música de los mariachis.
3. Describe el traje de los mariachis.
4. Describe las canciones de los mariachis.
5. Explica el origen de la palabra "mariachi".

¿Qué compraste?

Tlaquepaque,
Tierra de Artesanos

GUÍA TURÍSTIC

¿ **Q**ué piensas tú ?

1. ¿Qué tipo de información hay en la guía turística?

2. ¿Qué crees que compraron los jóvenes en la foto? En tu opinión, ¿para quiénes compraron estas cosas? ¿Por qué crees eso?

3. ¿Qué artesanías son típicas de esta región de México? ¿Por qué compran los turistas estas artesanías?

4. ¿De qué están hablando los dos jóvenes en esta página? ¿Qué crees que están diciendo? ¿Por qué crees eso?

5. ¿Para qué son los anuncios? ¿Cuáles te interesan más? ¿Por qué?

6. Un(a) amigo(a) te invita a uno de los lugares mencionados. ¿Quieres ir? ¿Por qué sí o por qué no? ¿Cómo le respondes a tu amigo(a)?

7. De qué vas a poder hablar al final de la lección?

¡Pobre Óscar!
Ayer fue al cine, ¿y sabes a quién vio?
¡Vio a su novia Mónica con otro chico!

Ahora Óscar está hablando con Marisa y Javier.
Ellos también vieron a Mónica con el otro chico.

Óscar: ¿Quién fue ese chico?

Marisa: No sé. Yo también vi a Mónica con él. Pero no fue en el cine, fue en el mercado. Él compró una figurita de vidrio y le dio la figurita a Mónica. Fue un gesto romántico, ¿no crees?

4

Javier: Yo también los vi en el mercado.

Óscar: ¿En serio?

Javier: Sí. Mónica compró un plato de cerámica. También compró una cacatúa de papel maché. Y bueno, pues . . . ¡le dio la cacatúa al chico!

Óscar: ¡Cómo es posible! ¡Ella nunca me dio nada a mí!

5

Ay, pobre Óscar. Está tan triste. Javier y Marisa quieren ayudarlo pero no saben qué hacer.

6

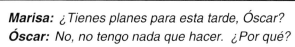

Marisa: ¿Tienes planes para esta tarde, Óscar?

Óscar: No, no tengo nada que hacer. ¿Por qué?

Marisa: ¿Quieres salir con nosotros?

Óscar: Lo siento, pero estoy demasiado triste. Prefiero estar solo.

Javier: ¡Óscar, por favor! ¡Qué tonto eres! Mónica no es la única chica del mundo. Ven, vamos a tomar algo.

7

Al llegar al café, Óscar, Marisa y Javier ven a Mónica y al chico.

Marisa: Mira quién está aquí.

Mónica: ¡Óscar! Mira, te quiero presentar a mi hermano, Toño. Acaba de llegar a Guadalajara.

Óscar: ¿Tu hermano?

CHARLEMOS UN POCO MÁS

A. El cine. Below is a list of eight popular movies. Identify them. Then, in groups, ask your classmates if they saw these movies. Note the names of who saw which films.

 EJEMPLO   Tú: **¿Viste *Superhombre?***
                   Compañero(a):   **No, pero vi *Las tortugas ninja.***

Las tortugas ninja	Bailando con lobos	Superhombre
La guerra de las galaxias	La bella y la bestia	Los locos Addams
Lo que el viento se llevó	El mago de Oz	Solo en casa

B. ¡Yo fui el príncipe! Last night your Spanish class performed a version of **La Cenicienta** at your school's open house. You and your partner are trying to reconstruct the program. Tell who played each part. Two boys and five girls participated.

 EJEMPLO   **Eileen fue la hada madrina.**
                       Jackie fue una hermanastra.

C. ¡Está furioso! Your teacher is furious because last night no one did the homework assignment. With a partner, tell what excuses eight classmates (including the two of you) gave for not doing the work.

EJEMPLO   **Bob y Rick no hicieron la tarea porque fueron al cine.**

CH. Le dio flores. Write a list of gifts that you gave to your family and friends last year. Then, in groups, compare lists and report to the class any gifts that more than two of you gave. Tell who received the gifts.

EJEMPLO Tú: **¿A quiénes les diste regalos?**
Compañero(a): **Le di una foto a Lee y a mi tía le di . . .**

D. ¿Qué necesitamos hacer? Your parents were gone all day and left a list of chores for you and your brother or sister. Each of you has done some of the chores, but not all of them. Using the lists your instructor provides, ask your partner what he or she has done in order to find out what still needs to be done. Do not look at each other's lists.

EJEMPLO Tú: **¿Alquilaste un video?**
Compañero(a): **No, no alquilé un video.**

- limpiar tu cuarto
- darle de comer al perro
- prepararle la comida a tu hermano
- ir a correos
- limpiar el baño
- comprar comida para el perro
- hacer la tarea
- alquilar un video
- visitar a Abuelo
- trabajar en el patio

E. ¿Qué hicieron? Your teacher will provide you and your partner with an activity chart. The drawings on the chart represent what five students, including yourself, did last Saturday. With your partner, figure out who did exactly the same things each of you did by asking each other questions.

EJEMPLO Compañero(a): **¿Quién bailó?**
Tú: **Alberto y Ramona bailaron.**
Compañero(a): **¿Alguien más?**
Tú: **Sí, Cruz también bailó.**

Y ahora, ¡a leer!

Antes de empezar

Complete the statements that follow to find out how much you know about mural art. If you don't know the correct answer, make a reasoned guess. After you have read the selection, re-read your answers to see if you would change any of them.

1. Un mural es . . .
   a. una pintura hecha o aplicada sobre una pared.
   b. una pintura más grande que una pared.
   c. una pintura en una ventana.
   ch. una pintura en un almacén.

2. Los primeros muralistas probablemente fueron . . .
   a. franceses e italianos.
   b. ingleses.
   c. maya y aztecas.
   ch. artistas mexicanos del siglo XX.

3. Por lo general, los muralistas pintan . . .
   a. temas religiosos.
   b. temas clásicos.
   c. con colores brillantes.
   ch. sólo en blanco y negro.

4. En Estados Unidos . . .
   a. no hay muralistas.
   b. hay murales en muchos lugares.
   c. es ilegal pintar un mural en una pared.
   ch. todos los muralistas son mexicanos.

Verifiquemos

Después de leer el artículo sobre José Clemente Orozco, contesta las preguntas.

1. ¿Qué es un mural? ¿Cuál es el origen de los murales en México?
2. ¿Quiénes son los muralistas contemporáneos más conocidos?
3. Describe un elemento de los murales de José Clemente Orozco.
4. ¿Hay murales en tu comunidad? Si los hay, descríbelos y di dónde están.
5. Selecciona uno de los murales e interprétalo.

El muralista José Clemente Orozco

*E*l arte de los murales, es decir de las pinturas hechas o aplicadas sobre un muro o pared, es una de las contribuciones más importantes que ha hecho México al arte contemporáneo. El mural es un arte que tiene su origen en tiempos precolombinos, con los impresionantes murales de los maya y los aztecas, y que florece en este siglo durante la Revolución de 1910. Como la Revolución, el arte muralista es de carácter nacionalista, vigoroso y explosivo, con colores brillantes y temas sociopolíticos.

*L*os tres artistas sobresalientes del movimiento muralista son, sin duda, Diego Rivera (1886-1957), David Alfaro Siqueiros (1899-1974) y José Clemente Orozco (1883-1949). Frecuentemente considerado el mejor de los tres, Orozco fue un satirista sin igual, en particular cuando sus murales trataban temas sociopolíticos.

*L*os murales de Orozco son notables por lo universal de sus temas. A pesar de ser muy nacionalista y de pintar temas mexicanos, Orozco va más allá de lo mexicano en sus murales y su mensaje tiene significado para todos.

*E*ntre 1927 y 1934, Orozco vivió en Estados Unidos. Durante su estadía aquí, pintó murales en Pomona College en California, en la Universidad de Dartmouth en New Hampshire, y en la New York School for Social Research en Nueva York.

*P*robablemente uno de los mejores murales de Orozco es el que está en el Hospicio Cabañas, en Guadalajara. Allí se ve la verdadera fuerza de su arte: denuncia la manipulación política contrastando severamente los colores rojo y negro.

B. ¿Qué hicieron?   Form groups of three or four. Your teacher will give you exactly four minutes to write down as many things as you can that members of your group did last week. Each activity that you list must include *who* did it and *what* they did.

EJEMPLO   **Jack fue al cine con su familia.**
Nancy y Clara jugaron fútbol.

C. ¿Viniste . . . ?   To find out more about your classmates, use the interview grids provided by your teacher. Find a classmate who fits each of the categories listed. When you find a person matching one of the categories, have him or her sign your paper in the appropriate square. Remember that each classmate may only sign one of your squares.

CH. ¿Qué hiciste tú?   In groups of four, discuss what each of you did last week. Find one thing that you did that the other three did not. Also try to discover one thing that the others did that you did not. Write down your findings.

Dramatizaciones

A. ¿Adónde fuiste?   On your way to school, you run into somebody you haven't seen for a while. Role-play the situation.

Tú	**Compañero(a)**
■ Greet each other; then ask what's new.	■ Say that a relative (specify who) is visiting your family.
■ Find out when the relative came to visit.	■ Say when, and add that your relative celebrated his or her birthday last week. Tell how old he or she is.
■ Respond.	■ Mention that you went shopping yesterday.
■ Ask where your friend went shopping and what he or she bought.	■ Tell where you went shopping and what you bought.

B. ¿Qué pasó?   A friend who has been ill has called you on the phone to find out what happened at school today. Role-play this conversation.

C. El "mall".   You spent the whole day at the mall yesterday. You saw several interesting things that you are now dying to tell your best friend. Role-play the conversation with your partner.

Reading strategy:
Identifying the main idea

A. Anticipemos. Answer the questions to see how much you already know about the conquest of Mexico by the Spaniards. If you do not know the correct answers, make reasoned guesses.

1. Los españoles llegaron a Tenochtitlán, la capital de México . . .
   a. en 1492.
   b. antes de 1492.
   c. después de 1492.
   ch. No se sabe cuándo llegaron los españoles.

2. Cuando los españoles llegaron a Tenochtitlán por primera vez, París y Londres eran . . .
   a. más grandes que Tenochtitlán.
   b. más pequeños que Tenochtitlán.
   c. similares a Tenochtitlán.
   ch. grandes ciudades elegantes mientras Tenochtitlán era un pueblo pequeño, poco sofisticado.

3. Moctezuma, el rey de los aztecas, pensó que Hernán Cortés era . . .
   a. un amigo.
   b. un enemigo.
   c. un dios azteca.
   ch. el presidente de una nación.

4. Cuando los españoles llegaron a Tenochtitlán, . . .
   a. Moctezuma los recibió como invitados.
   b. Moctezuma los atacó como enemigos.
   c. decidieron destruir la ciudad inmediatamente.
   ch. Todas las respuestas son correctas.

5. Hernán Cortés y sus soldados . . .
   a. vivieron más de ocho meses en el palacio de Moctezuma como sus invitados.
   b. destruyeron completamente la ciudad de Tenochtitlán.
   c. asesinaron a Moctezuma y a cientos de aztecas.
   ch. Todas las respuestas son correctas.

B. La idea principal. In *Unidad 4* you learned that it is important to identify the main ideas expressed by the author, and that often the main idea expressed in a given paragraph is stated in the first sentences of the paragraph.

Before you begin to read, look at the main ideas listed below. Then scan the first sentence of each of the six paragraphs to find the main ideas. Match the main ideas listed below with the appropriate paragraphs. Work *very quickly.* Do not read every word at this point.

Número de párrafo

___ 1. Los aztecas invitaron a los españoles a su capital, como amigos, no enemigos.

___ 2. La Tenochtitlán moderna es ahora la ciudad más grande del mundo.

___ 3. En defensa de su rey, los aztecas atacaron a los españoles.

___ 4. Los españoles descubrieron la gran capital de los aztecas en el año 1519.

___ 5. Los aztecas pensaron que los españoles eran seres sobrenaturales.

___ 6. Cortés y unos indios enemigos de los aztecas conquistaron la capital de los aztecas.

C. Tenochtitlán. Now read the article and verify your responses.

Verifiquemos

Read the article. Then change any answers to **Anticipemos** (p. 299) that you think you answered incorrectly and be prepared to explain.

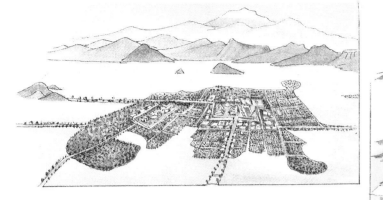

Tenochtitlán

En 1519, el conquistador Hernán Cortés llegó a Tenochtitlán, la capital del imperio azteca. Encontró allí una hermosa ciudad de más de 300.000 habitantes, más grande que las grandes ciudades europeas de la época.

Cuando los soldados aztecas vieron los barcos de Cortés por primera vez, pensaron que eran pirámides flotantes. Moctezuma, el rey de los aztecas, pensó que Cortés era Quetzalcóatl, un dios azteca que se fue en barco al este y prometió regresar algún día.

Pensando que era un dios, Moctezuma invitó a Cortés y a sus soldados a Tenochtitlán y los recibió con muchos regalos de oro y de piedras preciosas. Los españoles vivieron en el palacio de Moctezuma en Tenochtitlán por ocho meses. Pero cuando Cortés salió de la ciudad por unos días, sus soldados, temiendo una rebelión, tomaron prisionero a Moctezuma y asesinaron a cientos de indios.

Cuando los indios descubrieron que Moctezuma era prisionero, se rebelaron y atacaron a los españoles. Esa noche, llamada la Noche Triste, los españoles asesinaron a Moctezuma. Al tratar de salir de la ciudad, hubo una gran batalla en la que murieron cientos de indios y españoles.

En agosto de 1521, Cortés regresó a Tenochtitlán con los soldados españoles que sobrevivieron la Noche Triste y con cientos de indios tlaxcalanes, enemigos de los aztecas. Poco a poco, y destruyendo todo en su camino, Cortés conquistó Tenochtitlán. Sobre sus ruinas construyó una ciudad de estilo europeo, la ciudad que hoy llamamos la Ciudad de México.

Hoy, México, D.F. es la ciudad más grande del mundo, con 20 millones de habitantes. Recientemente, más de tres siglos después del descubrimiento de América, se empezaron a descubrir antiguos monumentos de la original Tenochtitlán.

ESCRIBAMOS UN POCO

Writing strategy:
Writing a free-form poem

A. Planeando.   Sandra Alemán found a fun way to write a self-portrait in the form of a poem. Read her poem below and notice the form she used. Make a list of the elements she included. What do you think she did before she actually began to write her poem?

¿Quién soy?

Soy una chica única.
No soy ni **A**lta ni baja.
Mis amigos dice**N** que soy cómica.
Pero no creo que es ver**D**ad.
Tengo dos hermanos y una he**R**mana.
Tengo un gato y un perro t**A**mbién.

Me gust**A** leer, cantar y bailar.
No me gusta ni cocinar ni arreg**L**ar mi cuarto.
Quiero ser profesora de **E**spañol.
Estudio **M**ucho en mis clases.
Me encant**A** viajar.
Te**N**go dieciséis años.

¿Quién soy? ¡Soy **SANDRA ALEMÁN**!

B. Empezando.   Brainstorm all the things you might want to say about yourself. It might be helpful to make a cluster diagram of your list under topics such as: what I look like, my personality, my friends, my family, my likes and dislikes, what I want to do, etc.

C. Escribiendo.   Now write a self-portrait poem about yourself. Begin and end your poem the way Sandra began and ended hers.

CH. Compartiendo.   Share the first draft of your poem with two classmates. Ask them what they think of it. Is there anything they don't understand? Is there anything you have not mentioned that they would like to know? Do they think you should change something?

D. Revisando.   Based on your classmates' comments, rewrite your poem, changing anything you want. You may add, subtract or modify what you had originally written. Before you turn it in for grading, share your composition with two other classmates. Ask them to focus on your grammar, spelling and punctuation. Correct any errors they notice before turning it in to your teacher.

E. Publicando.   Prepare your poems for "publication" by writing them on large pieces of paper using your favorite colors. You may even want to mount them on cut-out silhouettes of yourself or something you mentioned in your poem.

¡Vamos al partido!

Alabama

Georgia

⭐ Tallahassee

Océano
Atlántico

Orlando

FLORIDA

Golfo de México

Miami

0   200 Kilómetros

0   200 Millas

¡Va a meter un gol!

ANTICIPEMOS

El mundo de los deportes

sábado
HOY EN LA TELE

12:00 ATLETISMO
22 Campeonato Mundial

13:00 VOLIBOL
20 Campeonato Nacional de México
Cuartos de final, Mujeres

14:00 BÉISBOL DE LAS GRANDES LIGAS
18 Medias Blancas de Chicago
vs.
Yanquis de Nueva York

VÍA SATÉLITE

15:00 FÚTBOL AMERICANO COLEGIAL
8 Fuerza Aérea
vs.
Webster State

FÚTBOL AMERICANO PROFESIONAL
19:30 Delfines de Miami
24 vs.
Pieles Rojas de Washington

23:00 Vaqueros de Dallas
14 vs.
Osos de Chicago *(En directo)*

domingo
HOY EN LA TELE

10:00 AUTOMOVILISMO
8 Rally de Montecarlo

11:15 ESGRIMA
24 Torneo Internacional
Abierto Femenino

11:30 BOXEO
18 *(En directo)*

12:30 TORNEO DE SOFTBOL
16 15 equipos de la
Categoría de Tercera Fuerza

14:00 CLAVADOS
22 Trampolín: Exposición juvenil
Plataforma: Pruebas preolímpicas

VÍA SATÉLITE

15:00 PATINAJE ARTÍSTICO:
20 Juvenil femenino y masculino
PATINAJE DE VELOCIDAD

17:00 ESQUÍ ALPINO *(En directo)*
14 Descenso combinado masculino
Eslalom: Mujeres

¿Qué piensas tú?

1. ¿Qué deportes representan los símbolos de esta página? ¿Hay algún símbolo que no reconoces? ¿Cuál?

2. ¿Para qué es este anuncio? ¿Cómo sabes? ¿Puedes combinar un símbolo con cada deporte en *El mundo de los deportes*?

3. ¿Qué deportes se practican en tu colegio? ¿En tu ciudad?

4. ¿Qué oportunidades tiene la gente joven para participar en los deportes? Explica tu opinión.

5. ¿Son muy importantes los deportes en Estados Unidos? ¿Por qué?

6. ¿Qué importancia tienen los deportes en tu escuela? En tu opinión, ¿deben tener más o menos importancia? ¿Por qué?

7. ¿Es importante estar en buen estado físico en Estados Unidos? ¿Por qué?

8. En tu opinión, ¿cuáles son las actitudes en los países hispanos hacia los deportes y hacia el estado físico? ¿Por qué crees eso?

9. ¿De qué vas a poder hablar al final de la lección?

Deportes

BALONCESTO

Para los aficionados al baloncesto, hubo un formidable partido entre los equipos femeninos de South Miami y de Sunset. Aquí vemos al árbitro echar la pelota al comienzo del partido. South Miami defendió su título con habilidad, derrotando a Sunset 69 a 58.

OLIMPÍADA ATLÉTICA Y ACADÉMICA

24 de mayo

Ayer se celebró en Miami la quinta Olimpíada Atlética y Académica de la división sur. Aquí representamos algunos de los grandes triunfos atléticos y académicos de los jóvenes que participaron en las competencias.

FÚTBOL

En el campo de fútbol, hubo un gran partido entre los equipos de Killian y Palmetto. Los estudiantes de Killian ganaron 1 a 0. El único gol del partido lo metió el jugador "estrella", Juan Colón, con un brillante cabezazo. Después del partido, el entrenador de los vencedores dijo, "¡Sin duda, estos dos equipos son los mejores del estado!"

ATLETISMO

En el campo deportivo, Rafaela Delgado y Paula Wilson corrieron una carrera increíble. Delgado salió primero y mantuvo su posición hasta el último momento, cuando Wilson la pasó y ganó la carrera de 55 metros.

Samuel Rodríguez, un joven atleta de Coral Gables, saltó 6 pies con 9 pulgadas y ganó la competencia de salto de altura masculino.

JUEGOS ACADÉMICOS

Finalmente, en los juegos académicos, los chicos de segundo año de Killian High School sorprendieron a todo el mundo y ganaron la competencia de historia. ¡Bien hecho, chicos!

JAI ALAI

Este año, por primera vez, una exhibición de jai alai fue parte de nuestra Olimpíada. Jorge Campos, el número 37, jugó brillantemente para South Dade High School. Este joven de 17 años fue nombrado el jugador más valioso de la exhibición.

OTROS EVENTOS

Para otros resultados, véase **La Olimpíada** en la página 8.

ciclismo   natación   lucha libre   tenis   béisbol   gimnasia artística   golf

¿QUÉ DECIMOS...?

Al hablar de los deportes

1 **¿Quién es ese señor?**

2 ¡Dale, dale!

3 ¡Es un gran deportista!

4 ¿Estás lastimado?

CHARLEMOS UN POCO

A. ¡Gol! ¿Quién dijo estas cosas en el partido de ayer, un **jugador,** un **espectador** o **ambos?**

1. Ayer practiqué el cabezazo todo el día.
2. Soy más aficionado al béisbol.
3. Nosotros somos mejores.
4. Ya empieza el partido.
5. El árbitro les cobró una falta.
6. Metió tres goles en el último partido.
7. ¡Dale, dale!
8. ¡Dios mío, está tendido en el campo!
9. Está allí, junto al entrenador.
10. ¡Paco, haz algo!

B. ¿Cuánto cuesta? Tú estás en una librería. ¿Qué te dice el dependiente?

MODELO

Este diccionario de francés cuesta nueve dólares, noventa y cinco centavos.

1. 2. 3.

4. 5. 6.

7. 8. 9.

Demonstratives
Pointing out things close to you

este	**estos**
esta	**estas**

Esta blusa es muy cara.
Me gustan **estos** zapatos.

See **¿Por qué se dice así?,**
page G94, section 7.1.

Demonstratives

Pointing out things far from you

ese	esos
esa	esas

Ese chico es mi primo.
¿Ves a **esas** señoras?

See **¿Por qué se dice así?**,
page G94, section 7.1.

Demonstratives

Pointing out things farther away

aquel	aquellos
aquella	aquellas

Me gusta **aquella** chaqueta.
Aquellos chicos son del equipo de
fútbol.

See **¿Por qué se dice así?**,
page G94, section 7.1.

C. ¿Quién es? Estás en una boda y hay muchas personas que no conoces. Pregúntale a tu amigo(a) quiénes son.

 MODELO señor / pantalones grises
       Tú: **¿Conoces a ese señor de los pantalones grises?**
       Compañero(a): **Sí. Es ingeniero. Es el Sr. . . .**

1. señoras / vestidos verdes   **2.** señores / trajes elegantes   **3.** mujer / falda blanca   **4.** señorita / chaqueta morada

5. señora / blusa con flores   **6.** hombre / camisa rosada   **7.** señoritas / sombreros rojos   **8.** jóvenes / trajes negros

CH. ¿Ésa o aquélla? A tu amiga le encanta el color azul. ¡Toda su ropa es azul! ¿Qué prendas prefiere?

 MODELO Tú: **¿Te gusta esa blusa verde?**
       Compañero(a): **No. Prefiero aquella blusa azul.**

1.   **2.**   **3.**   **4.**

   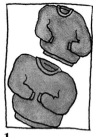   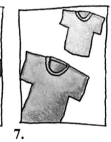

5.   **6.**   **7.**   **8.**

D. ¡Es feo!   Tú y tu amigo(a) van de compras. ¿Qué comentarios hacen ustedes sobre las cosas que ven?

MODELO   blusa / feo

Tú: **¿Qué piensas de esta blusa?**
Compañero(a):   **¿Ésa? Es muy fea.**

1. vestido / elegante
2. falda / corto
3. zapatos / lindo
4. disco / aburrido
5. video / interesante
6. relojes / caro
7. camisa / grande
8. calcetines / feo

E. ¡Qué entusiasmo!   Acabas de conocer a un(a) joven. Pregúntale si es aficionado(a) a estos deportes.

MODELO   Tú: **¿Eres aficionado(a) al baloncesto?**
Compañero(a):   **Sí, me encanta el baloncesto.** o
                           No, no me gusta el baloncesto.

1.

2.

3.

4.

5.

6.

7.

8.

9.

Los deportes

atletismo

baloncesto / básquetbol

béisbol

lucha libre

ciclismo

esquí

fútbol

fútbol americano

gimnasia

golf

jai alai

natación

tenis

volibol

Spelling changes: *i* → *y*

leer

leí	leímos
leíste	
leyó	**leyeron**

An unaccented **i** becomes **y** when it occurs between two vowels.

¿**Leyeron** la novela?
Nosotros la leímos pero Anita no la **leyó**.
Ellas no me **creyeron**.

See **¿Por qué se dice así?,**
page G96, section 7.2.

Spelling changes in verbs ending in *-car*

practicar

practiqué	practicamos
practicaste	
practicó	practicaron

The letter **c** changes to **qu** when it comes before **e** or **i**.

Practiqué el piano todo el día.
Yo **saqué** fotos en la boda de mi hermano.

See **¿Por qué se dice así?,**
page G96, section 7.2.

Spelling changes in verbs ending in *-gar*

The letter **g** changes to **gu** when it comes before **e** or **i**.

Hoy no **jugué** golf.
Yo **llegué** a las tres, ¿y tú?

See **¿Por qué se dice así?,**
page G96, section 7.2.

F. ¡No me digas!   En una revista famosa salió un artículo extraordinario sobre la mala influencia de los deportes. ¿Cómo reaccionaron tú y tus amigos cuando lo leyeron?

MODELO   Anita
   Anita leyó el artículo pero no lo creyó.

1. mi amigo . . .
2. tú
3. mis amigas . . . y . . .
4. mis papás
5. el entrenador
6. los jugadores
7. yo
8. usted y yo
9. los profesores de educación física

G. ¡Eres la estrella!   Eres el (la) mejor deportista de tu escuela. Tu compañero(a) es reportero del periódico estudiantil. Ahora está hablando contigo sobre tu participación en varios deportes. ¿Qué le dices?

 MODELO   Compañero(a):   **¿Qué deportes practicaste el año pasado?**
   Tú: **Practiqué tenis, baloncesto y béisbol el año pasado.**

1. ¿Por qué no jugaste en el equipo de fútbol?
2. ¿Cuándo hiciste atletismo, el año pasado o el año antepasado?
3. ¿Practicaste otros deportes durante el verano?
4. ¿A qué deporte le dedicaste más tiempo?
5. ¿Qué deportes practicaste en el invierno?
6. ¿Qué deportes no te gustan, o te gustan todos?
7. ¿Cómo afectan los deportes a tus estudios? ¿Sacaste buenas notas el semestre pasado?
8. ¿En qué deportes piensas participar el año próximo?

H. Entrevista.   Formen grupos de cuatro o cinco. Pregúntales a tus compañeros con qué frecuencia practicaron estos deportes el año pasado.

 MODELO   béisbol
   Tú: **¿Jugaste béisbol con frecuencia?**
   Compañero(a):   **Sí, jugué béisbol con frecuencia.** o
   No, jugué béisbol raras veces. o
   No, no jugué béisbol nunca.

con frecuencia	raras veces	nunca

1. volibol
2. golf
3. tenis
4. fútbol
5. ping pong
6. jai alai
7. fútbol americano
8. béisbol

I. ¿Lo terminaron? ¿Qué les preguntan sus padres a ti y a tus hermanos cuando piden permiso para salir? ¿Qué contestan ustedes?

MODELO   tú: limpiar / cuarto
                Compañero(a): **¿Limpiaste tu cuarto?**
                Tú: **Empecé a limpiar mi cuarto pero no terminé.**

1. tú y tu hermana: estudiar / examen
2. hermana: lavar / coche
3. tú: leer / periódico
4. hermano: preparar / comida
5. todos nosotros: hacer / tarea
6. tú: lavar / ropa
7. tú y tu hermana: limpiar / baño
8. hermanos: trabajar en / patio

J. ¿Yo? ¿Qué dicen estas personas cuando les preguntas qué hicieron la semana pasada?

MODELO   practicar el cabezazo
                Practiqué el cabezazo.

1. pagar las cuentas   2. calificar exámenes   3. llegar a México

4. jugar fútbol   5. tocar la guitarra   6. sacar fotos

7. buscar un regalo para mi novia   8. comenzar unas clases de baile   9. empezar a estudiar computación

Spelling changes in verbs ending in -zar

The letter **z** changes to **c** when it comes before **e** or **i**.

Ya **empecé** mi clase de baile.
Me **especialicé** en biología.

See **¿Por qué se dice así?,** *page G96, section 7.2.*

CHARLEMOS UN POCO MÁS

A. ¡Éstos no son mis calcetines!   While shopping, you accidentally
bump into two other shoppers, and all of your purchases get mixed up.
Based on the illustrations that your teacher gives you, decide to whom
each item belongs.

EJEMPLO   Shopper #1: **¿De quién son estos calcetines?**
Shopper #2: **Ésos no son mis calcetines.**
Shopper #3: **Ésos son mis calcetines.**

B. ¿Qué hizo Claudio?   The drawings below show what your friend
Claudio did last Saturday. However, they are not in the correct sequence.
With a partner, discuss what Claudio did and in what order.

C. ¿Jugaste béisbol?   Your teacher will give you an interview grid. Interview your classmates to find out who did each of the activities on the grid. When you find a classmate who has participated in an activity, write his or her name in that square. Then fill in the verb that describes what your classmate did. Your goal is to put a name in every square. Just remember, you can't put the same person's name in more than one square!

CH. ¡Qué ocupados!   You and your partner didn't see each other all week. Now, when you finally meet, you have to tell each other every single detail about your week's activities. Consult the schedules provided by your teacher.

D. El partido de fútbol.   You and a friend are looking at the photos taken for the school newspaper at last Saturday's soccer game. After discussing what happened, decide the order in which you want the pictures to appear in the paper. Then write captions for each picture describing the game.

Dramatizaciones

A. ¿Qué nota sacaste? You and your friend are discussing grades. Role-play this situation.

Tú	Compañero(a)
▪ Ask your partner if he or she heard that Julio got an A in English.	▪ Answer yes and that you helped him. Tell what you did to help him.
▪ Ask if Julio read *Huckleberry Finn*.	▪ Answer no but that he saw the movie.
▪ Say that he always plays soccer. Ask when he studied.	▪ Say that he began to study Saturday morning and that he studied all day Saturday and Sunday.
▪ Ask what grade your partner got.	▪ Say that you got an A also. Ask what grade your partner got.
▪ Say that you got a B because you played tennis all day Saturday and Sunday.	▪ Say that's too bad.

B. El picnic. You and your partner are looking at pictures from your family's picnic last weekend. Your partner wants to know about some of the people and what they did. Role-play this situation.

Compañero(a)	Tú
▪ Point to the picture of the two boys playing soccer and ask who they are.	▪ Respond that they are your relatives. Specify the relationship.
▪ Point to the picture of the woman in a red hat and ask who she is.	▪ Tell who she is.
▪ Ask why they had a picnic and what they did there all day.	▪ Respond appropriately.
▪ Ask who the man wearing the white shirt and pants is.	▪ Say he is another relative and tell what he did at the picnic.
▪ Tell your partner that he or she has a very interesting family.	▪ Agree.

C. ¿Qué pasó? Imagine that you are one of the two teens in the drawing your teacher gives you. Both of you have just returned home from your school's football game, and your mother or father wants to know what happened. Role-play this situation with two classmates. One of them should play the part of a parent.

¡No me digas!

¿Béisbol en Latinoamérica?   Cliff Curley, un maestro de primaria en Estados Unidos, está en Santo Domingo por dos días durante su viaje al Caribe. Está en un parque, hablando con un niño dominicano que acaba de conocer. Lee su conversación y luego contesta la pregunta que sigue.

Cliff: **Yo soy Cliff Curley. Y tú, ¿cómo te llamas?**
Niño: **Pepe Torres. ¿De dónde es usted?**
Cliff: **Soy de Estados Unidos. Estoy aquí de vacaciones. ¿Tú vienes al parque con frecuencia?**
Niño: **Todos los días. Mis amigos y yo venimos aquí a jugar.**
Cliff: **Ah. ¿Y qué juegan ustedes?**
Niño: **¡Béisbol! Yo soy el mejor bateador entre todos mis amigos.**
Cliff: **¡Ya lo creo! ¡Qué bien! Te felicito. Pero, ¿béisbol? Dime, ¿dónde aprendiste a jugar béisbol?**
Niño: **Mi papá me enseñó.**
Cliff: **¿Tu papá? ¡Qué interesante! Me sorprende que todo el mundo se interese tanto en el béisbol aquí.**

¿Por qué le sorprende a Cliff que a Pepe y a su padre les interese el béisbol?

1. Cliff, como maestro de primaria, no considera al béisbol un buen deporte para niños. Lo considera un deporte para adultos.
2. Cliff cree que los niños dominicanos no deben jugar deportes norteamericanos.
3. Cliff no sabe que el béisbol es un pasatiempo muy popular en Santo Domingo.

❏ Check your answer on page 419.

Y ahora, ¡a leer!

Antes de empezar

Answer these questions before reading the selection. If you do not know a particular answer, make a reasoned guess.

1. ¿Cuántos jugadores hay en un equipo de béisbol?
    a. nueve   **b.** diez   **c.** once   **ch.** doce

2. En tu opinión, ¿quiénes son los jugadores más importantes de un equipo de béisbol? ¿Por qué?
    a. el lanzador y el receptor
    b. los jugadores de primera, segunda y tercera base
    c. el jardinero corto y el jugador de primera base
    ch. los tres jardineros o guardabosques

3. ¿Por qué crees que el béisbol es tan popular en los países latinos?

Verifiquemos

The following selection, **Nuestras estrellas en el béisbol**, appeared in the magazine *Más*. Read it, then answer the following questions.

1. Según la lectura, ¿quiénes son los cuatro mejores bateadores entre estos jugadores?
2. Tres jugadores se comparan a otros jugadores legendarios. ¿Quiénes son? ¿A quiénes se comparan?
3. Según la lectura, dos de estos jugadores no tienen igual. ¿Quiénes son?
4. ¿De qué fecha a qué fecha es la temporada de béisbol?
5. ¿Por qué no se menciona el nombre de este equipo ni dónde juega?

NUESTRAS ESTRELLAS EN EL BÉISBOL

Más ofrece el equipo ideal para esta próxima temporada con las figuras latinas más destacadas de la actualidad

Más DATOS

INAUGURACIÓN DE LA TEMPORADA LUNES, 1 DE ABRIL	PARTIDO DE ESTRELLAS EN TORONTO MARTES, 9 DE JULIO	FIN DE LA TEMPORADA DOMINGO, 6 DE SEPTIEMBRE

JOSÉ CANSECO
Oakland A's
Jardinero: es el Babe Ruth del béisbol latino, corpulento y mítico, el único en sumar 40-40.

GEORGE BELL
Chicago Cubs
Jardinero: un año flojo no le resta mérito; es un bateador con potencia, distancia y frecuencia.

RUBÉN SIERRA
Texas Rangers
Jardinero: tan solo necesita consistencia para heredar el legado de Roberto Clemente.

JULIO FRANCO
Texas Rangers
Segunda base: el jugador más completo del béisbol. Sufre por vivir en la sombra de otros.

OZZIE GUILLÉN
Chicago White Sox
Jardinero corto: una chispa que inspira a cualquier equipo con su guante y bate.

EDGAR MARTÍNEZ
Seattle Mariners
Tercera base: necesita un mejor guante pero bateó .302 en 1990.

JOSÉ RIJO
Cincinnati Reds
Lanzador: un derecho con una recta y un mal genio que recuerda al gran Juan Marichal.

ANDRÉS GALARRAGA
Montreal Expos
Primera base: es grande con el guante. Por eso no tiene igual.

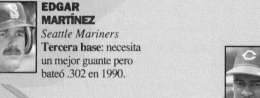

BENITO SANTIAGO
San Diego Padres
Receptor: nadie, sea latino o americano, tiene mejor brazo.

CANDY MALDONADO
Cleveland Indians
Bateador designado: no perdona cualquier pelota mal lanzada.

JUAN AGOSTO
St. Louis Cardinals
Relevista: un zurdo muy valorado capaz de lanzar muchas entradas y perder pocos partidos.

SUPER EQUIPO Nº2
Receptor: Santos Alomar, Jr., *Cleveland Indians*
Lanzador abridor: Ramón Martínez, *L.A. Dodgers*
Relevista: Alejandro Peña, *New York Mets*
Primera base: Rafael Palmeiro, *Texas Rangers*
Segunda base: José Lind, *Pittsburgh Pirates*
Jardinero corto: Tony Fernández, *San Diego Padres*
Tercera base: Luis Salazar, *Chicago Cubs*
Guardabosque: Bobby Bonilla, *Pittsburgh Pirates*
Guardabosque: Sammy Sosa, *Chicago White Sox*
Guardabosque: Iván Calderón, *Montreal Expos*

Son las siete de la mañana y María Teresa no quiere ir a la escuela. ¿Por qué?

7:00 AM

12:30 AM

Porque no hizo su tarea anoche. Vio un programa de televisión que terminó muy tarde y luego no durmió bien.

María Teresa: Mami, creo que estoy enferma. Me duele mucho la cabeza. Y también tengo dolor de estómago.

Mamá: ¡Ay, amor mío! ¿Qué te pasa?

Mamá: ¿Tienes fiebre? ¿Por qué no tomas unas aspirinas?

María Teresa: No, mamá. No quiero tomar nada.

Mamá: Ay, hija. Entonces come algo. Si no te sientes mejor después del desayuno, llamamos al médico.

Después del desayuno . . .

María Teresa: ¡Ay, qué dolor! ¡Mamáaa! Mírame la pierna, por favor. Me duele tanto. Creo que la tengo rota. No puedo ni caminar. . . ¡ayyy!

Mamá: ¡Hija! Pero, ¿qué te pasa? ¿Qué te hiciste ayer?

María Teresa: Durante el partido de fútbol, choqué contra otra chica y cuando me caí, sentí un dolor tremendo en la pierna . . . y también en el pie.

Mamá: Pero, hija, ¿cómo no me dijiste nada anoche?

Mamá: Déjame ver . . . ¿puedes mover los dedos del pie?

María Teresa: Sí.

Mamá: Y el pie, ¿lo puedes mover también?

María Teresa: Sí, pero me duele, ¡ayyy!

Mamá: Ahora la pierna. Levántala un poco. Bien. Ahora bájala. Me parece que no tienes nada roto. Pero de todos modos, voy a llamar al médico.

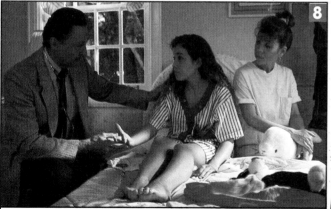

Doctor: Hoy debes guardar cama todo el día.

María Teresa: ¡Ay, cuidado, doctor! También me duelen el brazo y la mano. Apenas la puedo abrir.

Mamá: Estoy furiosa contigo, María Teresa. ¿Cómo no me dijiste nada anoche? A ver, muéstrale al doctor, ¿puedes levantar el brazo?

María Teresa: Un poquito.

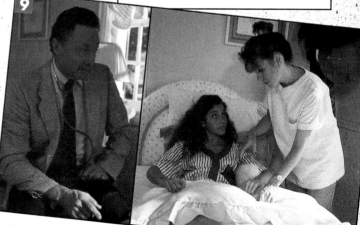

Doctor: Señora, no es nada. No fue golpe serio.

Mamá: Ay, hija. Pasa el día en cama hoy y, si mañana estás mejor, vamos a misa. Y después . . . ¿por qué no hacemos un picnic en el parque?

María Teresa: ¿A misa? ¿Al parque? Es que . . . ¡hoy es SÁBADO! ¡Ayyy, no!

¿QUÉ DECIMOS...?

Al hablar con el médico

1 *Ya viene el doctor.*

Y ahora, ¡a leer!

Antes de empezar

1. How often do you listen to rock music?
2. How do you like your music played: as soft background music or loud enough to drown out surrounding conversation?
3. Do you like to listen to music with earphones? Why?
4. When using earphones, how do you know if the music is too loud?

Verifiquemos

¿Sí o no? Read the magazine article on the next page. Then, indicate if you agree or disagree with the following statements and explain why.

1. Un estudio que se hizo en el Hospital Universitario de la Universidad de Iowa indicó que es mejor escuchar la música rock con el volumen elevado para no poder oír a las otras personas hablar.
2. El estudio se hizo con dieciséis personas: ocho jóvenes y ocho adultos.
3. En el experimento, las dieciséis personas escucharon música rock con audífonos a un volumen bastante alto por un período de tres horas.
4. Después de las tres horas, todas las personas tuvieron dificultad en oír por un tiempo no especificado.
5. El resultado del experimento es que el escuchar música con audífonos diariamente por mucho tiempo no afecta el oído permanentemente.
6. Noventa decibeles es considerado el nivel máximo de resistencia para el oído humano.
7. Los audífonos, por ser pequeños, no pueden aumentar el volumen a más de noventa decibeles.
8. Si después de escuchar música con audífonos sientes dolor de oídos o ecos, debes dejar de escuchar música.

¡Cuidado con el volumen de tus audífonos!

En el Hospital Universitario de la Universidad de Iowa, Estados Unidos, se llevó a cabo un experimento con dieciséis jóvenes. ■ Todos estuvieron escuchando música rock con audífonos durante tres horas, a un volumen bastante alto.

■ Después de concluido este tiempo, seis de los jóvenes, ya sin audífonos, seguían oyendo un eco de los sonidos o experimentaron pérdida temporal de la audición.

■ De acuerdo a la investigación, esta pérdida temporal puede convertirse en un hecho permanente si nos dedicamos diariamente — y por mucho tiempo — a escuchar música con audífonos a un volumen alto.

■ El doctor Phillip Lee, que dirigió el estudio, explicó: "Generalmente, noventa decibeles es considerado el nivel máximo de resistencia a que debe ser sometido el oído. ■ Sin embargo, los audífonos concentran más el volumen que un equipo de

sonido normal (sin audífonos), alcanzando sonidos de más de ciento cincuenta decibeles".

■ Para tu seguridad auditiva, ten muy presente estos consejos:

∿ Nunca mantengas el volumen de tus audífonos tan elevado que no puedas oír fácilmente a los otros hablar a tu alrededor.

∿ Deja de escuchar música con audífonos al primer síntoma de dolor de oídos, sordera temporal o ecos, después de apagado el equipo.

Tú Internacional,
Año 11, no. 9

1

¡Pobre José Luis! Tiene la pierna rota. Por eso vienen a visitarlo sus amigos. Todos le traen regalos. Ahora él tiene que decidir dónde ponerlos.

2

Rita: ¿Te duele mucho la pierna?

José Luis: No tanto, Rita, pero el yeso es muy incómodo.

Rita: Pues, mira. Estos bombones son para ti. A ver, ¿dónde los pongo?

José Luis: Gracias, Rita. Ponlos aquí en la cama. Los quiero tener muy cerca. ¡Ábrelos, por favor!

3

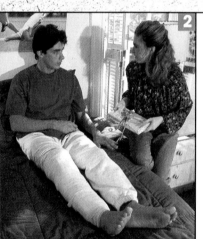

Rubén le trae una revista de deportes. La va a poner sobre el escritorio.

José Luis: No, Rubén. Allí no. El escritorio está demasiado lejos. Ponla aquí en la mesita al lado de la cama.

4

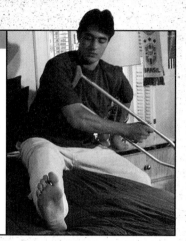

Silvia llega con un ramo de flores.

José Luis: Gracias, Silvia. ¡Qué lindas! No puede ponerlas en el estante porque está cubierto de tarjetas.

José Luis: Ponlas en esta mesa. Sí, ahí a la derecha de la lámpara. Así puedo verlas mejor.

5

José Luis abre el regalo de su amigo Alfredo.

José Luis: Pero, ¿cómo? ¡Sólo hay una zapatilla!

Alfredo: ¡Claro! Tú no necesitas dos ahora. Voy a darte la otra para tu cumpleaños.

José Luis: ¡Qué amable eres, Alfredo! Por favor, ponla debajo de la cama.

6

Su prima Carla le trae una bata.

José Luis: Gracias, Carla. ¡Me encanta! Necesito una bata nueva. Pero no en el armario, por favor. Ponla aquí, en la silla.

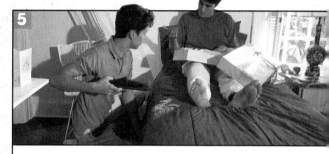

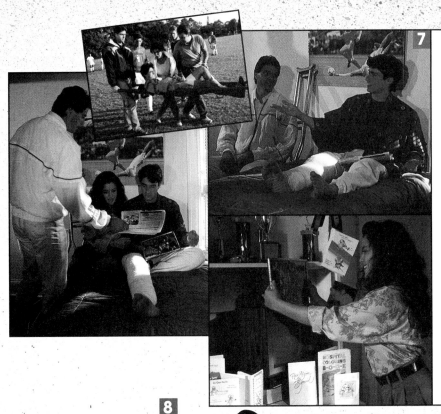

7

El entrenador llega con otro regalo para José Luis.

Entrenador: Ahora sí que eres famoso, José Luis. Mira esta foto. El fotógrafo del periódico estudiantil la sacó.

José Luis: ¡Ay, no! ¡Es terrible! ¡Me están llevando al hospital! No va a salir en el periódico, ¿verdad? ¡Qué vergüenza!

Entrenador: Al contrario, José Luis; ya salió. Eres un héroe ahora.

Carla: Es verdad, José Luis. Todo el mundo está hablando de ti.

José Luis: ¿Ah, sí? ¿De veras? Entonces ponla allá, Carla, encima del televisor. Así que, ¿no ganamos anoche?

Entrenador: No, pero tampoco perdimos. Empatamos: 1 a 1.

8

El regalo de Paco es en broma. Es un trofeo para el jugador más cómico del partido.

José Luis: Gracias, Paco. ¡Eres un verdadero amigo! Ponlo en el estante, detrás de los otros trofeos. ¡No quiero recordar lo que me pasó!

Pero, muévete, hombre. Estás enfrente del televisor. Ya va a empezar el partido entre España y Argentina. Ven acá. Siéntate aquí. Podemos verlo juntos.

9

Papá: ¡Vaya, José Luis! Tienes amigos muy generosos, pero . . . ¡ya no hay espacio para más visitas!

¿QUÉ DECIMOS...?

Al dar órdenes

1 *Pon el sillón más cerca.*

2 *Ven acá, mamá.*

¿VISTE LOS CAMBIOS QUE HIZO TU MADRE?

SÍ, PAPÁ. ME GUSTA EL CUARTO ASÍ.

POR FAVOR, PAPÁ, ABRE UNA VENTANA. CON ESTE YESO SIENTO MUCHO CALOR.

¿Y SABES, DÓNDE MAMÁ PUSO MIS ZAPATILLAS?

ESTÁN DEBAJO DE LA CAMA, HIJO, COMO SIEMPRE.

AY, GRACIAS, MAMÁ.

¿Y LA BATA?

LA BATA ESTÁ SOBRE EL SILLÓN. ALLÍ, ¿NO LA VES?

GRACIAS, MAMI.

PERO, UNA COSA MÁS. VEN ACÁ. ¿ME HACES OTRO FAVOR?

¡POR SUPUESTO, HIJO! DIME, ¿QUÉ QUIERES?

VE A LA COCINA Y PREPÁRAME UNA LIMONADA BIEN RICA, COMO TÚ SABES QUE ME GUSTA.

¡HIJO! ¿ESO ES TODO? TE LA HAGO AHORA MISMO.

3 *Fue un empate.*

CHARLEMOS UN POCO

A. ¿Quién habla? Estamos en la casa de José Luis después de su accidente. ¿Quién dice estas cosas: su mamá, su papá, Alfredo o José Luis?

MODELO   Ven acá, mamá.
> **José Luis lo dice.**

1. ¡No puedo hacer todo a la vez!
2. ¿Qué pasó en el partido anoche? ¿Perdimos?
3. Pues, podemos moverla. ¿Dónde la quieres?
4. Fue un empate.
5. La bata está sobre el sillón.
6. No ganó nadie.
7. Pon la mesita al lado de la cama.
8. Por favor, abre la ventana.
9. Ten paciencia, mi amor.
10. Tus zapatillas están debajo de la cama.
11. Ve a la cocina y prepárame una limonada.
12. El arquero me bloqueó el cabezazo.

B. Dime, mamá. Pedro tiene que ayudar a su mamá hoy porque está enferma. ¿Qué le dice su mamá?

 MODELO   venir acá
> **Ven acá.**

1. salir por la puerta de atrás
2. ir a la tienda de don Gustavo
3. ser siempre cortés con él
4. decirle a don Gustavo que estoy enferma
5. hacer las compras en esta lista
6. poner las cosas en el carro
7. tener cuidado con el tráfico
8. venir directamente a casa

HAZ TU PARTE.
CONSERVA EL AMBIENTE.

Irregular affirmative *tú* commands

Infinitive	Command
decir	**di**
poner	**pon**
salir	**sal**
tener	**ten**
venir	**ven**
hacer	**haz**
ir	**ve**
ser	**sé**

See **¿Por qué se dice así?**, *page G105, section 7.5.*

La maravilla de Miami

La ciudad más rica y moderna de Latinoamérica está en Estados Unidos

El muchacho que recibe el coche a la entrada del Hotel Intercontinental es latino. Nada nuevo. La joven de la recepción también. Pero, eso no es todo. El ejecutivo que llegó en el Mercedes al baile de etiqueta de esta noche es latino, como lo son los demás invitados que van a beber champán, comer caviar y vestir los últimos diseños de Europa. "Estamos en la era del diseñador", como dice la canción humorística del famoso artista local Willy Chirino. Estamos en la ciudad más rica y moderna de Latinoamérica. Estamos en Miami.

El visitante latino en esta ciudad queda sorprendido—y agradado—por un detalle: no es necesario hablar inglés. El castellano es prácticamente el idioma oficial de Miami y se habla tanto en los círculos más humildes como en los más elegantes.

La transformación latina de Miami la comenzaron en los 60s los exiliados cubanos. Éstos habitaron los barrios típicos, como la Pequeña Habana, dominada por la famosa Calle Ocho *(S.W. Eighth Street)*. La Calle Ocho es la escena de una fabulosa fiesta en marzo. Hoy día, cubanos y otros latinoamericanos viven en todos los barrios de la ciudad.

En cualquier época es fabuloso visitar los restaurantes cubanos más auténticos de Miami. Éstos incluyen el Casablanca, donde predominan los temas políticos cubanos, el Versailles y La Carreta, donde todo el mundo va después del baile, o La Casa Juancho, donde se reúnen los políticos y economistas del Miami latino.

Pero para el visitante, Miami es la playa. Paseándose de norte a sur, se visita primero la playa de Bal Harbor, donde está uno de los centros comerciales más lujosos y contemporáneos de Miami. Luego se llega al fastuoso Hotel Fontainebleau, escena de tantas películas, y representativo del exceso y lujo de los 50s. Más al sur, en South Beach, se hallan las mejores discotecas, como Scratch, y los restaurantes de moda, como el Strand. De noche todo el mundo se viste de negro.

Pero aun aquí no hemos dejado el mundo latino. Estos muchachos con ropa tan *in* están conversando en español. ¿Por qué? ¡Porque son de la ciudad más rica y moderna de Latinoamérica—Miami!

Adapted from *Más* (invierno 1989)

Verifiquemos

Read each sentence and decide which answer is correct. Sometimes you will have to "read between the lines" or make inferences in order to select the right answer. Explain your answers.

1. En Miami . . . común ver a latinoamericanos trabajar en los mejores hoteles tanto como llegar a los hoteles en los coches más caros.
   a. no es
   b. es
2. El visitante latino . . . en comunicarse en Miami.
   a. no tiene ningún problema
   b. tiene muchos problemas
3. Ahora en Miami los latinos viven en . . .
   a. el barrio de la Pequeña Habana.
   b. todas partes de la ciudad.
4. En Miami, después de ir a bailar un sábado por la noche, muchos latinos van a . . .
   a. discutir política en el Casablanca o en La Casa Juancho.
   b. comer algo en el Versailles o La Carreta.
5. En el Fontainebleau, Scratch y el Strand, todo el mundo se viste . . .
   a. de negro.
   b. de ropa de invierno.

ESCRIBAMOS UN POCO

Writing strategy:
Retelling an event

A. Empezando. A newspaper reporter writes an article to retell an event. Read and discuss the newspaper article at the bottom of the page. Then answer the questions below.

1. What pieces of information are presented in the first paragraph?
2. What information is included in each of the next four paragraphs?
3. If the newspaper's editor had to shorten this article to fit a limited space, what would be the best way to cut the article without losing *essential* information?
4. What does the headline do? How does the "photo" add to the article?

¡LEÑADOR MATA UN LOBO Y RESCATA A ABUELA Y SU NIETA!

Bosque Encantado. La jovencita, Caperucita Roja, fue a visitar a su abuela el sábado. Le llevó una canastita de bizcocho y chocolate. Según ella, en camino se encontró con el lobo, pero esto no le preocupó porque el lobo le dijo que no tenía hambre.

La señorita Caperucita Roja tardó un poco más de lo normal en llegar a la casa de su abuela porque se detuvo a recoger flores en el bosque. Cuando llegó, vio que su abuela estaba en cama. Le pareció extraño porque su abuela tenía los ojos, las orejas y los dientes demasiado grandes. Pronto descubrió que no era su abuela sino el lobo en los pijamas de

su abuela. Gritó, pero el lobo no le hizo caso y empezó a comerse el bizcocho.

A este punto, Chucho Cortabosques la oyó gritar y corrió rápidamente a la casita de la abuela. Allí encontró al lobo comiendo bizcocho y tomando chocolate. Inmediatamente lo mató y rescató a la señorita Caperucita Roja y a su abuela, aterrorizadas, pero en buena salud.

"Yo siempre le digo a mi hija que no se detenga a hablar con desconocidos", dijo la madre de la jovencita. "¡Tal vez ahora va a creerme!"

El señor Cortabosques va a recibir una medalla de honor en una ceremonia especial en el ayuntamiento el martes próximo a las 8:00 de la noche.

Verifiquemos

Read each sentence and decide which answer is correct. Sometimes you will have to "read between the lines" or make inferences in order to select the right answer. Explain your answers.

1. En Miami . . . común ver a latinoamericanos trabajar en los mejores hoteles tanto como llegar a los hoteles en los coches más caros.
   a. no es
   b. es
2. El visitante latino . . . en comunicarse en Miami.
   a. no tiene ningún problema
   b. tiene muchos problemas
3. Ahora en Miami los latinos viven en . . .
   a. el barrio de la Pequeña Habana.
   b. todas partes de la ciudad.
4. En Miami, después de ir a bailar un sábado por la noche, muchos latinos van a . . .
   a. discutir política en el Casablanca o en La Casa Juancho.
   b. comer algo en el Versailles o La Carreta.
5. En el Fontainebleau, Scratch y el Strand, todo el mundo se viste . . .
   a. de negro.
   b. de ropa de invierno.

Writing strategy:
Retelling an event

A. Empezando.　A newspaper reporter writes an article to retell an event. Read and discuss the newspaper article at the bottom of the page. Then answer the questions below.

1. What pieces of information are presented in the first paragraph?
2. What information is included in each of the next four paragraphs?
3. If the newspaper's editor had to shorten this article to fit a limited space, what would be the best way to cut the article without losing *essential* information?
4. What does the headline do? How does the "photo" add to the article?

¡LEÑADOR MATA UN LOBO Y RESCATA A ABUELA Y SU NIETA!

Bosque Encantado.　La jovencita, Caperucita Roja, fue a visitar a su abuela el sábado. Le llevó una canastita de bizcocho y chocolate. Según ella, en camino se encontró con el lobo, pero esto no le preocupó porque el lobo le dijo que no tenía hambre.

La señorita Caperucita Roja tardó un poco más de lo normal en llegar a la casa de su abuela porque se detuvo a recoger flores en el bosque. Cuando llegó, vio que su abuela estaba en cama. Le pareció extraño porque su abuela tenía los ojos, las orejas y los dientes demasiado grandes. Pronto descubrió que no era su abuela sino el lobo en los pijamas de

su abuela. Gritó, pero el lobo no le hizo caso y empezó a comerse el bizcocho.

A este punto, Chucho Cortabosques la oyó gritar y corrió rápidamente a la casita de la abuela. Allí encontró al lobo comiendo bizcocho y tomando chocolate. Inmediatamente lo mató y rescató a la señorita Caperucita Roja y a su abuela, aterrorizadas, pero en buena salud.

"Yo siempre le digo a mi hija que no se detenga a hablar con desconocidos", dijo la madre de la jovencita. "¡Tal vez ahora va a creerme!"

El señor Cortabosques va a recibir una medalla de honor en una ceremonia especial en el ayuntamiento el martes próximo a las 8:00 de la noche.

B. Planeando. Now you will write a short article reporting a recent event that you witnessed. If you'd rather, you may choose to be another kind of editor and write about a different topic. For example:

- A society editor (the wedding in Unit 4)
- A travel editor (Víctor and Manolo's trip to Madrid in Unit 5 or Mónica's trip to Guadalajara in Unit 6)
- A sports editor (the soccer game in this unit)

Think about the key pieces of information you must include about the event: **quién, qué, dónde, cuándo** y **por qué.** Think about description, details, and additional information that will make your article more interesting to your readers. Brainstorm a list of vocabulary you may need to write your article.

C. Organizando. Make a cluster diagram to help you organize before you write. Put the headline in the main circle, with the five vital pieces of information supporting it. Then cluster details and further explanations. Rank your supporting paragraph ideas from most to least important, and write your article in that order.

CH. Escribiendo. Use your cluster diagram to write the first draft of your article. Include as much information as possible, remembering that the least important information should come last, in case your editor in chief has to shorten your article.

D. Compartiendo. Share your draft with two or three classmates. Is there anything they don't understand? Is there information you should have included? Is there anything they think you should change?

E. Revisando. Revise and refine your article based on your classmates' suggestions. Before you publish your final version, share your article with two more classmates. This time ask them to edit for grammar, spelling, and punctuation.

¡En camino
a Segovia!

Segovia

Barcelona

PORTUGAL

✪ Madrid

ESPAÑA

•Córdoba

•Sevilla

0   150 Kilómetros

0   100 Millas

¡Es hora de levantarte!

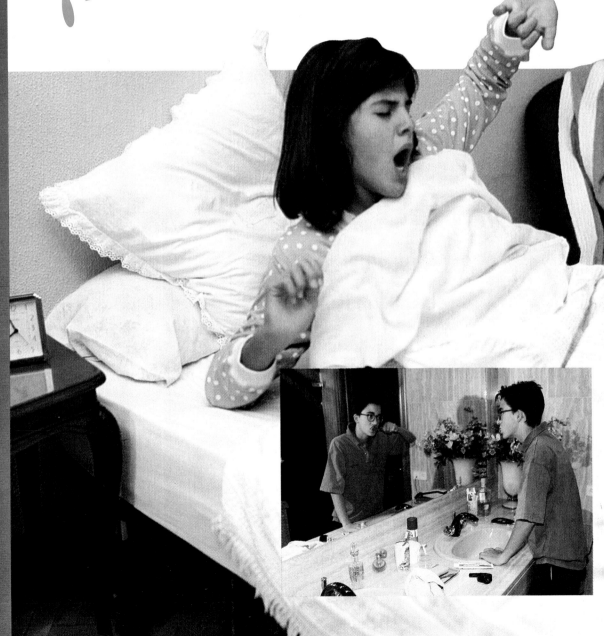

SEGOVIA

RELACION DE MONUMENTOS

1. Acueducto romano
2. Iglesia de San Clemente
3. Iglesia románica de San Millán
4. Casa de los Picos
5. Palacio de los Condes de Alpuente
6. Casa señorial de Lozoya
7. Iglesia de San Martín
8. Catedral
9. Iglesia de San Andrés

10. Alcázar
11. Iglesia de San Esteban
12. Iglesia de la Trinidad
13. San Juan de los Caballeros
14. Iglesia de San Justo
15. Torre de San Lorenzo
16. Convento de la Santa Cruz
17. Monasterio de El Parral
18. Torre de Hércules

¿Qué piensas tú?

1. ¿Qué tiene que hacer la chica en la foto para estar lista a las 8:30?

2. ¿Cómo tiene que hacer estas cosas?

3. ¿Qué tiene que hacer el chico en la foto para estar listo a las 8:30?

4. ¿Cómo va a tener que hacer estas cosas?

5. ¿Cuál es la ciudad en este mapa?

6. ¿Qué lugares en el mapa te gustaría visitar? ¿Por qué?

7. ¿De qué vas a poder hablar al final de la lección?

Marta Molina y su familia viven en Madrid.

1

Esta tarde, Marta va a una fiesta en casa de su amiga Inés, pero ya son las seis y Marta todavía está durmiendo la siesta.

Ven a mi casa. Hay una fiesta el viernes a las 19:00
Inés

2

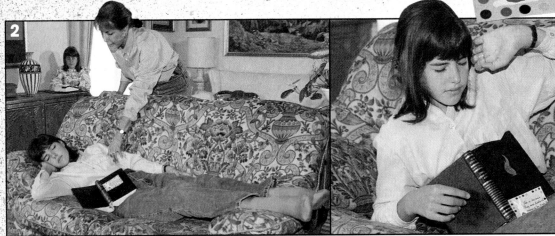

Mamá: Despiértate, hija. Ya son las seis. La fiesta es a las siete y todavía tienes que arreglarte.

Marta se levanta lentamente y va a su cuarto.

3

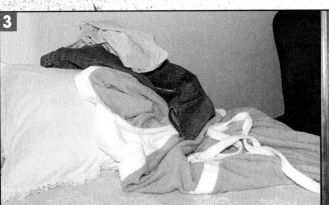

Se quita la ropa para bañarse.

Marta: Tere, ¡quítate! No tengo tiempo para hablar ahora. Tengo prisa.

4

Mientras se seca el pelo, Tere llama a la puerta y empieza a decir algo.

Tere: ¡Marta! ¡Marta!

Marta: ¡Tere! ¡Cállate, por favor! No tengo tiempo ahora. Además, no te oigo.

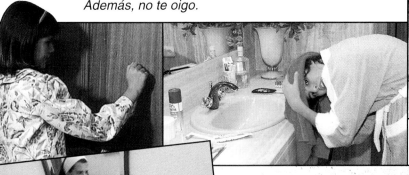

Marta se baña y se lava el pelo.

Después se lava los dientes.

5

En su cuarto Marta se pinta. Tere entra y se sienta al lado de Marta y empieza a pintarse también.

Marta: ¡Tere! ¡No!

Tere: ¡Mamáaa!

6

Luego, Marta se viste. Se pone su nuevo suéter azul.
Se sienta frente al espejo y se peina.

7

Marta entra en la cocina para despedirse de su madre. Tere la sigue.

Mamá: Hija, ¡qué guapa estás!

Marta: Gracias, mamá. Pero ya es tarde. ¿Puedes llevarme en el coche?

Mamá: Sí, sí, pero primero quiero que me ayudes un momentito.

Marta: Ay, mamá.

Luego se levanta y se mira en el espejo.

Mamá: Mira, aquí tengo todo para la excursión a Segovia mañana: la ensaladilla rusa, la tortilla, el chorizo y el pan para los bocadillos . . . ¿Falta algo más?

Tere: Sí, faltan los cubiertos: las cucharas, los tenedores, los cuchillos y también las servilletas, los vasos, y los platos . . .

Mamá: Ya, Tere.

Mamá: Mira, hasta el desayuno para mañana está listo: el pan, la mantequilla, la mermelada . . .

Marta: ¡Mamá! ¡Tengo que irme!

Marta: ¡Tere! ¿Qué quieres? ¡Tengo prisa!

Tere: Quiero decirte que no hay fiesta.

Marta: ¿Cómo? ¿No hay fiesta?

Tere: No. La madre de Inés llamó y dijo que Inés está enferma y que no hay fiesta esta tarde.

¿QUÉ DECIMOS...?

Al describir la rutina diaria

1 *Un día muy especial.*

ESTA MAÑANA, COMO TODAS LAS MAÑANAS, ANDRÉS MOLINA SE DESPIERTA MUY TEMPRANO...

...Y SE LEVANTA INMEDIATAMENTE.

SE VISTE RÁPIDAMENTE.

SE LAVA LOS DIENTES...

...SE PONE EL RELOJ...

...Y SALE A CORRER.

PERO HOY NO ES UN DÍA TÍPICO. HOY LA FAMILIA MOLINA PIENSA HACER UNA EXCURSIÓN A SEGOVIA.

ENTONCES, ¿DÓNDE ESTÁN LOS OTROS? ¿TODAVÍA ESTÁN DURMIENDO?

2 *Ya me levanto.*

3 *Pásame el pan.*

4 *Corta el chorizo.*

CHARLEMOS UN POCO

A. ¿Qué hacen primero?   ¿Cómo se preparan los miembros de la familia Molina para hacer una excursión? Pon en orden cronológico esta lista de actividades.

1. Se lavan los dientes después de comer.
2. Se sientan a la mesa para desayunar.
3. Se visten.
4. Preparan el almuerzo.
5. Se despiertan temprano
6. Empacan los cubiertos.
7. Todos toman pan y chocolate o café.
8. Se levantan y se bañan.

B. Primero me pongo...   Pregúntale a un(a) compañero(a) qué ropa se pone primero.

 MODELO   Tú: **¿Qué te pones primero, los zapatos o los calcetines?**

Compañero(a):   **Primero, me pongo los calcetines.**

1.   2.   3.

4.   5.   6.

C. ¿Qué me pongo?

Según María, ¿qué se ponen ella y su familia para pasar la tarde en el parque?

MODELO   hermano: ¿una camisa o una camiseta?
Mi hermano se pone una camiseta.

1. mamá: ¿un vestido elegante o pantalones?
2. papá: ¿pantalones cortos o pantalones largos?
3. hermanos: ¿sandalias o zapatos elegantes?
4. yo: ¿pantalones cortos o un vestido?
5. mamá y papá: ¿gafas de leer o gafas de sol?
6. mi hermana y yo: ¿vestidos o pantalones cortos?
7. hermana: ¿zapatos deportivos o sandalias?
8. todos: ¿suéteres o impermeables?

Reflexive Pronouns

me pongo	**nos** ponemos
te pones	
se pone	**se** ponen
se pone	**se** ponen

See **¿Por qué se dice así?,**
page G110, section 8.1.

CH. ¡Buenos días!

La familia de Carlos sigue la misma rutina todos los días. Según Carlos, ¿qué hacen todos?

MODELO   papá / despertarse a las 6:00
Papá se despierta a las seis.

1. nosotros / levantarse temprano
2. yo / ponerse / pantalones cortos
3. tú / vestirse antes de comer
4. mi hermana / bañarse primero y / luego lavarse los dientes
5. papá / afeitarse primero y / luego lavarse el pelo
6. mamá y papá / sentarse a tomar el café
7. Roberto / acostarse temprano
8. por la noche, todos / dormirse inmediatamente

Reflexive pronouns: Placement

Like object pronouns, reflexive pronouns may follow and be attached to an infinitive, an affirmative command, or the **-ndo** form of a verb.

¿Qué van a poner**se** ustedes?
Acuésta**te** temprano.
Estamos durmiéndo**nos** aquí.

See **¿Por qué se dice así?**, *page G110, section 8.1.*

Adverbs

Adverbs answer the questions *how,* *when,* and *where* about the verb. Most adverbs that tell *how* an action is done are formed by adding **-mente** to the end of the feminine form of an adjective.

rápida + **-mente**   rápidamente
alegre + **-mente**   alegremente

See **¿Por qué se dice así?**, *page G113, section 8.2.*

D. ¡Mando yo!   Tus papás no están en casa y por un día mandas tú. ¿Qué le dices a tú hermanito(a)?

MODELO   6:30 despertarse
Despiértate. Ya son las seis y media.

1. 6:45   levantarse
2. 6:50   vestirse
3. 7:00   sentarse a la mesa
4. 7:15   lavarse los dientes
5. 7:25   ponerse el abrigo
6. 4:00   hacer la tarea
7. 9:15   quitarse la ropa y bañarse
8. 9:30   acostarse y dormirse

E. ¿Y tú?   Pregúntale a tu compañero(a) acerca de su rutina ayer.

MODELO   despertarse
Tú: **¿A qué hora te despertaste ayer?**
Compañero(a): **Me desperté a . . .**

1. levantarse
2. bañarse
3. peinarse
4. desayunar
5. salir para la escuela
6. sentarse en su primera clase
7. regresar a casa
8. acostarse

F. Ve a la tienda.   La mamá de Angelita quiere preparar una tortilla española pero no hay huevos. ¿Qué le dice a Angelita?

MODELO   rápido
Ven acá **rápidamente.**

1. inmediato   3. sólo   5. cortés   7. lento
2. directo   4. paciente   6. cuidadoso

Sal de la casa 1 y ve 2 a la tienda. 3 necesito media docena de huevos. Espera 4 hasta que te puedan atender. Saluda 5 al dependiente y despídete antes de salir. Ah, y por favor, cruza la calle 6 . No corras. Camina 7 .

G. Rutina diaria.   Pregúntale a tu compañero(a) cómo hace estas actividades diarias.

EJEMPLO   bañarse rápida o lentamente
Tú: **¿Te bañas rápida o lentamente?**
Compañero(a): **Me baño rápidamente.** o
                          Me baño lentamente.

1. peinarse frecuente o infrecuentemente
2. despertarse fácil o difícilmente
3. arreglarse cuidadosa o rápidamente
4. peinarse rápida o lentamente
5. levantarse alegre o tristemente
6. vestirse informal o formalmente
7. hacer la tarea paciente o impacientemente

H. Somos diferentes. Describe la rutina diaria de tu familia.

EJEMPLO hermana / arreglarse
Mi hermana se arregla lenta y cuidadosamente.

VOCABULARIO ÚTIL:

rápido	lento
frecuente	infrecuente
cuidadoso	descuidado
informal	formal
elegante	normal
alegre	triste
¿ . . . ?	

1. yo / despertarse
2. hermana / lavarse los dientes
3. mamá / levantarse
4. hermano / bañarse
5. hermana / vestirse
6. hermanito / acostarse
7. papá / afeitarse
8. hermanos / peinarse

I. Pon la mesa. Marta le está enseñando a Tere a poner la mesa. ¿Qué le dice?

MODELO a la derecha de la cuchara
Pon la taza a la derecha de la cuchara.

1. a la izquierda del plato
2. cerca del cuchillo
3. debajo del tenedor
4. a la derecha del plato

5. debajo de la taza
6. al lado del cuchillo
7. entre los cubiertos
8. encima del platillo

Adverbs in a series

When two or more adverbs are used together in a sentence, only the last one ends in **-mente**. The others end in the feminine form of the adjective.

Ella habla **cuidadosa, lenta** y **constantemente.**

See **¿Por qué se dice así?,** *page G113, section 8.2.*

Al poner la mesa

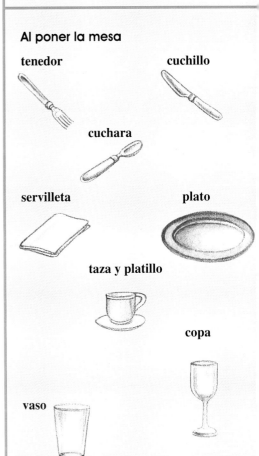

tenedor   cuchillo

cuchara

servilleta   plato

taza y platillo

copa

vaso

CHARLEMOS UN POCO MÁS

A. Mi rutina diaria.   For your health class, you are supposed to keep a record of your daily activities from the time you get up in the morning until you go to school and then from the time school is over until bedtime. Write down everything you do and indicate the time. Then ask your partner about his or her daily routine. Put an asterisk on your schedule anytime both of you do the same thing at the same time.

B. El fin de semana. With a partner, take turns telling what is happening in each drawing of the International Club's camping trip.

MODELO **Andrea**
Andrea se está lavando los dientes. o
Andrea está lavándose los dientes.

1. Pedro **2. Ana** **3. Alma y Berta** **4. Jorge** **5. tú**

6. Javier **7. Sr. Ortega** **8. Marta y yo** **9. Julio y Paco** **10. Srta. Montalvo**

C. Crucigrama. Your teacher will give to you and to your partner a cooperative crossword puzzle. You complete the vertical clues and then ask your partner for the horizontal clues. Your partner will ask you for the vertical clues. By cooperating, you will be able to solve the complete puzzle. Do not look at each other's puzzles. Ask each other definitions of the missing words.

EJEMPLO Tú: **¿Cuál es el número cuatro horizontal?**
Compañero(a): **Dijo "adiós" de una manera triste.**
Answer: *tristemente*

CH. ¡Bocadillos! Your Spanish class has decided to have a picnic. Your teacher has asked each group to select and prepare one Spanish bocadillo from the choices below. Find out what your group members would prefer to eat. Decide if you will prepare it just as pictured or if you wish to doctor yours up with any of the following condiments.

VOCABULARIO ÚTIL:

tomate	mantequilla	mayonesa
mostaza	cebolla	sal o pimienta
lechuga	salsa de tomate	

chorizo

anchoas

tortilla de patatas

tortilla francesa

atún

salchichas fritas

jamón

jamón y queso

queso

perrito

D. ¿Tú también? Find out how many things you and your partner do every day at the same time. Using the schedules your teacher provides, ask your partner questions until you know exactly what he or she does and answer all of your partner's questions. Don't look at each other's schedules until you have finished.

E. ¡Qué creatividad! Your mother has asked you to set the table, and you are feeling very creative. Decide how you would set the table using the items pictured below. Draw a sketch, but do not show it to anyone. As you describe your table setting to your partner, he or she will draw it. Then, you draw as your partner describes his or her place setting to you. When you have finished, compare each drawing to your originals.

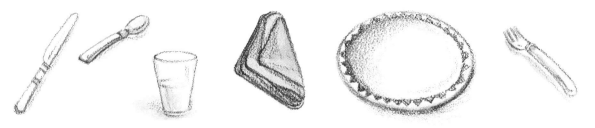

Dramatizaciones

A. ¡Ya es hora! You can't seem to get your brother or sister to move quickly this morning. Role-play this situation with your partner.

Tú	**Compañero(a)**
■ Tell your partner to wake up, that it is already 7:00.	■ Say that you are getting up.
■ Tell your partner to get dressed.	■ Tell what clothes you are putting on.
■ Tell your partner to come to breakfast.	■ Say that you are washing your face.
■ Say that you are leaving in five minutes.	■ Say that you are coming and that you are putting on your shoes. Ask what the weather is like.
■ Say it's cool out and add that it is 7:45.	■ Say that you are coming but that you are going to take off your sweater and wear your jacket.
	■ Say that you are coming now.

B. El sábado. You and your partner are discussing what you did last Saturday and how you did it. Role-play the situation as you go over all of that day's activities.

¡No metas la pata!

¡Es una tortilla!   Luisa is an exchange student from Guadalajara, Mexico. On her second day in Madrid, she and a Spanish friend are having lunch out.

Julia: (*Al camarero*) Una tortilla, por favor. (*A Luisa*) Está bien contigo, ¿no? Las tortillas son riquísimas aquí.

Luisa: Me gustan las tortillas, pero . . . ¿no vamos a pedir algo más? Yo tengo bastante hambre.

Julia: Sí, no te preocupes. Las tortillas son bien grandes aquí.

(*El camarero sirve la tortilla.*)

Julia: Aquí está. Buen provecho, Luisa.

Luisa: Pero, ¿qué es esto? ¡Nosotras no pedimos un omelete!

Why is Luisa surprised when the waiter brings the Spanish **tortilla?**

1. She's very hungry and just doesn't think one omelet will be enough for the two of them.
2. She doesn't like omelets.
3. She doesn't really know what a Spanish tortilla is like.

❑ Check your answer on page 420.

Y ahora, ¡a leer!

Antes de empezar

In the United States, people in different regions have different names for the submarine sandwich—hoagy, grinder, garibaldi, etc. When people in different countries use the same language, such differences become even more noticeable. Look at the lists below and try matching each American English term with its British English equivalent.

American English

1. cookies
2. bell pepper
3. elevator
4. ground round
5. toilet
6. molasses
7. trunk of a car
8. (potato) chips
9. sausages
10. smoked ham

British English

a. lift
b. mince
c. crisps
ch. gammon
d. boot
e. bangers
f. biscuits
g. treacle
h. w. c. (water closet)
i. capsicum

Verifiquemos

After you have read the selection about food names, make a chart similar to the one below and give the appropriate name for each fruit or vegetable listed in the various Spanish-speaking regions.

Frutas y verduras			
EE.UU.	**México**	**Argentina**	**España**
avocado			aguacate
beans			
chili pepper			
corn on the cob			maíz en su mazorca
peach			
pineapple			
potato			

¿Durazno o melocotón?

Los nombres de muchos comestibles varían de país a país y aun de región a región. Estas variaciones pueden causar gran confusión para el turísta, ¡especialmente en restaurantes! Es interesante observar estas diferencias en los nombres de varias comidas en los países de habla española.

En algunos casos, la misma palabra se refiere a diferentes cosas, como en el caso de la tortilla en México y la tortilla en España. Otro ejemplo es el taco. Para el mexicano un taco es un tipo de

tiene diferentes nombres en diferentes países. El español dice patata cuando el mexicano y el argentino dicen papa. Lo que el español conoce como melocotón, el

¿Durazno o melocotón?

mexicano y el argentino conocen como durazno. La palta del argentino es el aguacate del mexicano.

Hay muchos ejemplos más de este tipo de variación. En México sirven frijoles, en Argentina porotos y en España fríjoles (con el acento en la

primera sílaba), habichuelas y judías. Si quiere darle un sabor picante a una comida, el mexicano le añade chile, mientras el argentino le añade ají y el español, pimiento picante. Si quiere comer maíz tierno en su mazorca, el argentino pide choclo y el mexicano pide elote. La fruta que llaman piña en México, en Argentina es ananá. Y en España, le dicen piña americana.

¿Aguacate o palta?

¿Cómo sabemos qué nos van a servir cuando viajamos a distintos países? No hay una respuesta fácil a esta pregunta. Uno simplemente tiene que ser un poco aventurero y reconocer que viajamos a otros países, no porque son idénticos al nuestro, sino precisamente porque son diferentes.

¿Elote o choclo?

bocadillo hecho de una tortilla mexicana. Para el sudamericano, un taco es ¡el tacón de un zapato! Y un español dice ¡pero qué tacos! cuando oye a alguien decir malas palabras.

En otros casos, la misma fruta o verdura

¿Piña o ananá?

¡La vista es bellísima!

¿Qué piensas tú?

1. ¿Qué diferencias hay entre las casas en las fotos de esta página?

2. ¿Qué diferencias crees que hay en el interior de estas casas?

3. ¿Qué tipo de casa se ve en la página anterior? Se llama el Alcázar. ¿Quién crees que vive allí? ¿Cuándo crees que se construyó el Alcázar? ¿Por qué?

4. ¿Hay algo similar al Alcázar en tu estado? Si hay, descríbelo.

5. ¿Cómo crees que son las salas en el Alcázar—normales, grandes o grandísimas? ¿Y los muebles? ¿Los patios?

6. ¿De qué vas a poder hablar al final de la lección?

Esta noche la familia Molina va a quedarse en el Hotel Infanta Isabel en Segovia.

1

Es la primera vez que Tere y sus hermanos se quedan en un hotel. Mientras sus padres se registran,

Tere, curiosísima, empieza a explorar. "Hmmm . . . ¡qué interesante!" piensa Tere.

2

En el salón de entrada hay sillas, un sofá, un espejo grandísimo, mesas y lámparas. Tere está impresionada.

Se sienta en una silla elegante. Pero decide que no le gusta porque es demasiado dura.

El sofá es más blando. Todos los muebles son elegantísimos. Unos parecen más cómodos, otros menos cómodos, pero todos son impresionantes. No puede resistir tocar los otros muebles. "¡Qué bonitos!"

Tere se divierte tanto que olvida a su familia completamente . . .

. . . y ellos la olvidan a ella. Suben a su cuarto a dejar las maletas, pero nadie se da cuenta que Tere no está con ellos.

"¡Es precioso!"

Tere no puede evitar la tentación de explorar el hotel un poco más. Sigue por un pasillo que da al comedor.

5

Marta y Andrés están muy impresionados con la vista desde su habitación.

Marta: ¡La habitación es grandísima! ¡Es más grande que la sala de casa!
Mamá: Y mira la alfombra. Es bonita, ¿no?

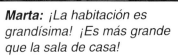

6

Mamá: ¡Tere! ¿Dónde has estado?
Tere: Estuve curioseando un poco por el hotel.
Mamá: ¡Hija, una niña no anda sola por un hotel!
Tere: ¡Ay, mamá!

Pero, de repente, la señora Molina se da cuenta que Tere no está con ellos.
Mamá: Pero . . . ¿dónde está Tere?

7

Papá: Olvídalo, cariño. Ya estamos todos juntos y ahora vamos al río a comer.
Mamá: Dale la mano a tu hermana, para que no se nos pierda otra vez.

¿QUÉ DECIMOS...?

Al hacer una excursión

1 *¡Estuvo riquísima!*

2 ¡Son viejísimos!

3 A ver si es más blanda que la mía.

4 ¡Qué vista!

CHARLEMOS UN POCO

A. De viaje.   Los Molina están en Segovia. Según su conversación, qué están haciendo: ¿visitando el Alcázar o comiendo al aire libre?

1. ¿Dónde están los muebles?
2. ¿Prefieres una manzana o una naranja?
3. ¿Qué hay de postre?
4. Nadie vive aquí ahora.
5. A ver si son tan cómodos como nuestros sillones.
6. Creo que voy a ponerme enfermo.
7. ¡Subimos muchos escalones!
8. Ésta se llama la Sala de la Galera.
9. ¿Te gustó la ensaladilla?
10. Esta cama es más blanda que la mía.
11. Los bocadillos estuvieron excelentes.
12. Se puede ver la catedral y toda la ciudad.

B. En camino.   ¿Cuántas horas estuvieron los miembros de la familia Molina haciendo estas actividades?

MODELO   mamá: preparándose para el viaje (3 horas)
          Mamá estuvo tres horas preparándose para el viaje.

1. Andrés: corriendo por la mañana (20 minutos)
2. Marta: peinándose y arreglándose (45 minutos)
3. yo: viajando en coche a Segovia (1 hora y media)
4. Tere: subiendo a la torre del Alcázar (10 minutos)
5. nosotros: comiendo al aire libre (2 horas y media)
6. mamá y Marta: mirando el dormitorio del rey (15 minutos)
7. todos: observando los tronos (30 minutos)

C. ¿Dónde?   ¿En qué cuarto haces las siguientes actividades?

MODELO   ¿Dónde te vistes?
          Me visto en la alcoba. o
          Me visto en el baño.

1. ¿Dónde te bañas?
2. ¿Dónde te pones los zapatos?
3. ¿Dónde recibes a los invitados?
4. ¿Dónde ves televisión?
5. ¿Dónde desayunas?
6. ¿Dónde haces la tarea?
7. ¿Dónde almuerzas?
8. ¿Dónde te acuestas?
9. ¿Dónde te peinas?
10. ¿Dónde pones el coche?
11. ¿Dónde duermes?
12. ¿Dónde te lavas los dientes?
13. ¿Dónde arreglas la bicicleta?
14. ¿Dónde haces gimnasia?
15. ¿Dónde preparas la comida?

Preterite of *estar*

estuve	estuvimos
estuviste estuvo	estuvieron
estuvo	estuvieron

See **¿Por qué se dice así?**, *page G114, section 8.3.*

La casa

CH. ¡Qué exagerado! ¿Qué dicen tus amigos cuando vienen a visitarte a tu nueva casa?

MODELO   sala / cómodo
       La sala es comodísima.

1. cocina / moderno
2. alcoba / lindo
3. comedor / pequeño
4. pasillo / largo

5. baño / feo
6. sala / elegante
7. garaje / grande
8. patio / cómodo

D. ¡Estuvo rico!   Tú y tus amigos fueron a comer a un restaurante anoche. ¿Cómo describen la comida?

MODELO   ensalada (bueno)
       La ensalada estuvo buenísima.

1. fresas (rico)
2. pan (bueno)
3. tortilla (malo)
4. chorizo (sabroso)

5. jamón (bueno)
6. papas (malo)
7. café (rico)
8. quesos (sabroso)

E. ¡Es feísimo!   Tú y tu amigo(a) van con tus padres a comprar muebles. ¿Qué comentarios hacen ustedes?

 MODELO   Tú: **¿Qué piensas de este sofá?**
       Compañero(a):   **¿Ése? Es feísimo.**

VOCABULARIO ÚTIL:

elegante	feo	bello	lindo	moderno
caro	pequeño	largo	grande	precioso

MODELO   1.   2.   3.   4.

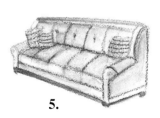

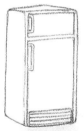

5.   6.   7.   8.

Making unequal comparisons: *más* and *menos*

Spanish expresses *more* with **más** and *less* with **menos.**

Yo soy **más** alto.
Este video es **menos** interesante.

See **¿Por qué se dice así?,** *page G116, section 8.5.*

Making unequal comparisons: *más . . . que* and *menos . . . que*

más . . . que	*more . . . than*
menos . . . que	*less . . . than*

Ellas tienen **más dinero que** yo.
Tú tienes **menos tiempo que** él.

See **¿Por qué se dice así?,** *page G116, section 8.5.*

Making equal comparisons: *tan . . . como*

tan . . . como	*as . . . as*

Nosotros estamos **tan contentos como** ustedes.

See **¿Por qué se dice así?,** *page G116, section 8.5.*

F. ¡Qué feos!   Pregúntale a tu compañero(a) cómo se comparan el monstruo e Igor.

 MODELO   manos más grandes

   Tú: **¿Quién tiene las manos más grandes?**
   Compañero(a):   **El monstruo tiene las manos más grandes.**

1. pies más grandes
2. cara menos simpática
3. dedos más largos
4. cabeza más pequeña
5. piernas menos flacas
6. ojos más grandes
7. pelo menos corto
8. nariz menos larga

G. ¡Se vende!   Héctor está hablando por teléfono con una persona interesada en comprar su casa. ¿Qué cuarto está describiendo?

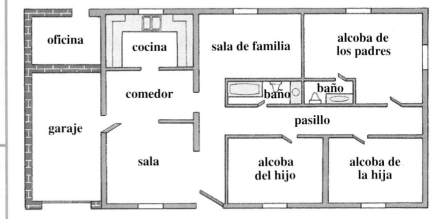

 MODELO   Héctor (Tú):   **Es más pequeño que el otro baño, pero es útil.**
   Compañero(a):   **El baño de los padres**

1. Está cerca de la cocina y es tan grande como la sala de familia.
2. Es tan grande como la alcoba de la hija.
3. Es más grande que la sala de familia y es perfecto para recibir a las visitas.

4. Es casi tan largo como la casa y hay espacio para dos coches.

5. Es menos grande que la alcoba de los padres y tan grande como la alcoba del hijo.

6. Es casi tan grande como la cocina y es perfecta para la computadora.

7. Es más grande que la cocina y es donde servimos comidas especiales.

8. Es menos grande y menos formal que la sala y es ideal para el televisor.

H. ¡Es mucho mejor! ¿Cómo se compara tu escuela con la escuela de estos estudiantes?

MODELO   Mi escuela tiene oficinas lujosas.

> Tú: **Mi escuela tiene oficinas lujosas.**
> Compañero(a): **Es mejor que nuestra escuela.** o
>   **Es peor que nuestra escuela.** o
>   **Es tan buena como nuestra escuela.**

1. En mi escuela, la cafetería sirve comida buenísima.
2. Mi escuela no tiene gimnasio.
3. En mi escuela, hay un teatro enorme.
4. Mi escuela no tiene clases de computación.
5. En mi escuela, todos los estudiantes sacan "A".
6. En mi escuela, no hay tarea.
7. Mi escuela tiene un equipo muy bueno de fútbol.
8. En mi escuela, no hay recreo.

I. ¡Marcianos! Dos familias de extraterrestres acaban de llegar a tu patio. ¿Cómo los comparas?

MODELO   activo

> **Los Rotunis son más activos que los Vertundos.** o
> **Los Vertundos son menos activos que los Rotunis.**

Los Vertundos

1. feliz
2. tímido
3. alto
4. atlético

Los Rotunis

5. grande
6. organizado
7. serio
8. divertido

Making unequal comparisons:
mejor que and *peor que*

> **mejor que** *better than*
> **peor que**   *worse than*

Este sillón es **mejor que** esa silla pero es **peor que** el sofá.
Esas blusas son **mejores que** éstas.

See **¿Por qué se dice así?**,
page G116, section 8.5.

CHARLEMOS UN POCO MÁS

A. ¿Dónde estuviste? Find classmates who match the description in each square on the grid that your teacher will provide. When you find a classmate who matches a description, write his or her name in the box. The goal is to have a name in every square. But remember, the same name may not appear more than once on your grid.

B. ¡Casas imaginativas! Draw a diagram of the house where your favorite fairy tale or cartoon characters might live. Then draw the same diagram but show only where the kitchen is located. Give it to your partner. Describe the rest of the house to your partner so that he or she will be able to diagram it. Compare your diagrams when you finish.

C. ¡Es comodísima! Look at the sketches below. With your partner share your opinions of each item.

MODELO   Tú: **¿Qué opinas del sillón?**
                Compañero(a): **¡Parece comodísimo!**

CH. Un palacio real. Below is a diagram of a royal palace. With your partner, decide in what rooms the furniture around the diagram should be placed and how it should be arranged.

D. ¡Ay, la memoria! Your teacher will provide you and your partner with drawings of eight people you met at a party last weekend. You are both having difficulty remembering the names of all these people. Help each other identify each person by describing and comparing him or her with the others. You may ask each other questions, but do not look at each other's drawings until all eight persons have been identified.

EJEMPLO **Alicia no es muy alta pero es más alta que . . .**

Dramatizaciones

A. Mansiones y palacios. You are telling your partner about the governor's house that you saw yesterday. Role-play this situation.

Tú

- Tell your partner that the house is huge.
- Answer the question. Add that the piano in the living room is very ugly.
- Answer that there are only two and that the TV set in the bedroom is bigger than the one in the living room.
- Answer and then say what you liked most.

Compañero(a)

- Ask if it is also elegant.
- Ask how many TV sets there are in the house.
- Ask if the furniture is modern or old.
- Say that it's obviously a very interesting house.

¡No me digas!

Una invitación a cenar. Claudia arrived this morning in Barcelona from the United States. Her Spanish friend Silvia just picked her up at her hotel and is expaining what she has planned for the day. Read their conversation and then answer the question that follows.

Silvia: **¡Te va a encantar Barcelona! Esta mañana vamos a visitar el Museo de Picasso. ¡Es increíble! De allí vamos a las Ramblas a caminar un rato. Es hermoso caminar allí. Allí también podemos almorzar, si quieres.**

Claudia: **Bien. ¿Por qué no? ¿Y por la tarde? ¿Qué vamos a hacer?**

Silvia: **Bueno, debemos regresar a tu hotel a descansar un rato. Pero a eso de las cinco y media vamos a visitar a mi amiga Pilar. Sé que te va a gustar. Es muy simpática. Ella va a acompañarnos al Pueblo Español. Es un barrio muy especial con casas representativas de toda España. Podemos pasar horas y horas allí.**

Claudia: **¡Qué bien! Podemos cenar allí.**

Silvia: **No, porque mamá insiste en que regresemos a casa a las diez. Va a prepararte una zarzuela de mariscos riquísima.**

Claudia: **Ay, ya la puedo saborear. Pero, ¿a las diez de la noche?**

Why does Claudia seem dismayed by the dinner hour?

1. She thinks that Silvia is deliberately planning a late dinner to see how late she can stay up.

2. She thinks that Silvia's family is strange because they eat so late.

3. She thinks that Silvia made so many plans for the day that they won't be able to eat earlier.

❏ Check your answer on page 420.

Y ahora, ¡a leer!

Antes de empezar

1. When someone is invited to dinnner at 6:00 P.M., how late may he or she arrive and still be "on time"?
2. What do you think of a person who agrees to meet you for lunch at noon and then shows up at 12:45 P.M.?
3. What would you do if you had agreed to babysit your next-door neighbor's child and then received an invitation to a good friend's birthday party on the same evening?

¿Hora latina u hora americana?

La hora para levantarse, desayunar, almorzar, cenar, salir del trabajo, ir al teatro o llegar a una fiesta depende totalmente de la cultura. Tal vez por eso los alemanes al hablar de la hora dicen que el reloj vuela, los norteamericanos dicen que el reloj corre y los españoles que el reloj anda.

Desde el punto de vista de un hispano, en Estados Unidos almorzamos y cenamos demasiado temprano. ¿Por qué? Porque en la cultura hispana, el almuerzo simplemente no se sirve antes de la 1:30 o las 2:00 de la tarde, y la cena puede ser tan tarde como las 9:00 o 10:00 de la noche. Con frecuencia, al viajar en países hispanos, los norteamericanos se sorprenden al entrar en un restaurante al mediodía o a las seis de la tarde y encontrarlo casi vacío. Lo que no saben es que los camareros probablemente están pensando que los norteamericanos son un poco raros por querer almorzar o cenar tan temprano.

A propósito, el concepto de **mediodía** es también distinto. Generalmente en Estados Unidos cuando decimos "Te veo al mediodía" quiere decir que las dos personas

Verifiquemos

¿Sí o no? After you read the article below, indicate whether or not the following behavior would be appropriate if you were living in a Spanish-speaking country or Hispanic community. Explain your answer.

1. llegar media hora tarde a una cena
2. aceptar una invitación a una fiesta y luego llegar dos horas tarde
3. hacer una cita al mediodía para estudiar para un examen
4. invitar a un amigo a almorzar contigo a las 12:30
5. hacer una reservación para cenar a las 10:00 de la noche
6. llegar una hora tarde a almorzar con un(a) amigo(a)
7. no aceptar una invitación a una fiesta porque vas a tener que llegar dos horas tarde
8. llegar tres minutos temprano a una cena

se van a ver a las doce en punto. Cuando dos hispanos dicen esto, es que piensan verse entre las 12:00 y las 2:00 de la tarde. Para el hispano el mediodía consiste en un par de horas y no en las doce en punto.

El norteamericano es muy puntual desde el punto de vista de un hispano—quizás demasiado puntual. ¿Por qué? Porque el norteamericano casi siempre se presenta a la hora indicada cuando recibe una invitación a cenar o a una fiesta. Para el hispano es natural y hasta apropiado llegar media hora o hasta una hora tarde a una función social.

El llegar a la hora exacta es para el hispano llegar a la "hora americana". Si se llega a la hora indicada, lo más probable es que las personas que lo invitaron todavía no estén listos.

Cuando un hispano recibe una invitación a una fiesta, lo más importante es presentarse a celebrar con los amigos que lo invitaron. Por eso, si uno tiene otro compromiso, es preferible llegar tarde a la fiesta después de cumplir con el otro compromiso, que rechazar la invitación y no presentarse.

¡El cochinillo asado, por favor !

Menú del día

	Ptas.
Refresco, Sopa del día y Hamburguesa de pollo	700

Para acompañar

	Ptas.
Patatas fritas	200
Cebollas asadas	150

Sopas

	Ptas.
Sopa de la casa	250
Sopa del día	250

Dulces delicias

	Ptas.
Tarta de manzana	250
Tartaleta de fresa	250
Helados surtidos	275

Ensaladas

	Ptas.
Ensaladas de tu creación	350
Jumbo	200
Para acompañar	

Bebidas

	Ptas.
Refrescos	120
Refresco dietético	120
Naranjada/Limonada	120
Batidos/Malteadas	250
Café/Té	100

Hamburguesas

	Ptas.
Hamburguesa 90 grs.	350
Hamburguesa 125 grs.	400
Hamburguesa 175 grs.	450
Hamburguesa de pollo	400

Chazz

El Mesón de Cándido

Entremeses variados
Ensalada del tiempo
Tortilla Mesón de Cándido
Chorizo de la olla
Melón con jamón serrano
Menestra de verduras naturales

Sopa castellana siglo XV
Crema de espárrago
Gazpacho andaluz

Cochinillo asado
Faisán a la crema
Bistec a la parrilla
Paella valenciana

Flan al caramelo
Fruta del tiempo
Queso manchego en aceite

¿ Qué piensas tú ?

1. ¿Qué tipo de comida ofrecen los dos menús? ¿Cómo son diferentes los dos restaurantes que tienen estos menús? ¿Cómo lo sabes tú?

2. ¿Has comido cochinillo asado alguna vez? Si no, ¿crees que te gustaría? ¿Por qué?

3. ¿Qué tipo de comida crees que sirven en el restaurante en la foto? ¿Por qué crees eso?

4. En tu opinión, ¿cómo es la comida típica de España? ¿Por qué crees eso?

5. ¿De qué vas a poder hablar al final de la lección?

1

Bienvenidos a "Cocinando con Carlos", el programa favorito de toda España. Y ahora con ustedes, el famosísimo cocinero Carlos Sartén.

Tere: Ven, mamá. Mira, ya empezó "Cocinando con Carlos". ¡Es tan cómico! Tiene que ser el cocinero más cómico del mundo. ¿No crees, mamá?

2

Hoy vamos a preparar dos tapas, esos aperitivos tan típicamente españoles.

Mamá: Es algo desorganizado, pero sus recetas son realmente fabulosas. Ahora cállate, hija. Vamos a ver lo que hace.

3

Freí tres patatas cortadas así, una cebolla picada, seis huevos. Luego lo mezclo todo con los huevos, sal . . . al gusto. ¡Y nada de pimienta!

Tengo ya en marcha una riquísima tortilla española.

Luego se deja freír lentamente . . . y mientras tanto, preparamos la otra tapa.

4

| ¿Ya están listos? Bueno. ¡Sigamos con las albondiguitas! | Primero se corta la carne. Con cuidado, por favor. | ¡No se corten! | Luego se pica la carne. |

5

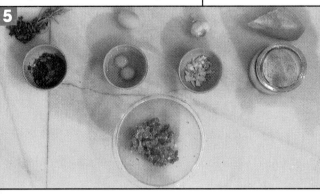

| *Ahora bien, se mezcla la carne con el pan, los huevos, el ajo y el perijil.* | *Todo bien mezclado, ¿eh?* |

6

| *Ahora se hacen bolitas con la mezcla.* | *Veinte a treinta bolitas. ¡Bolita!* | *Todas del mismo tamaño, ¿eh?* |

7

| *Ahora en una sartén se fríen lentamente las albóndigas con aceite de oliva.* | *Pero, ¡con cuidado! ¡Que no se queme la cocina!* |

8

¡Con calma, con calma! ¡Ay, la tortilla! Es importante no dejar freír la tortilla demasiado.

Cuando ya está hecha, se quita del fuego. Hay que darle la vuelta.

Finalmente, hay que pasarla a la sartén y luego al fuego unos minutos más.

9

¡Caramba! ¡Tengan cuidado de no quemar las albóndigas!

Y ahora la salsa, ¡y ya está!

Qué fácil es, ¿verdad?

10

Miren este plato y esta tortilla. ¡Qué maravilla! Claro, preparados con cuidado, tendrán una tortilla exquisita y unas albondiguitas fenomenales.

11

Bueno, hasta la próxima semana, Carlos Sartén les desea "¡Buen apetito!"

Tere: ¡Qué cómico! ¿verdad, mamá?

Mamá: Sí, es muy cómico, hija, pero qué desastre. Hoy todo le salió mal.

¿QUÉ DECIMOS...?

Al pedir la comida

1 Así trajeron el agua.

2 ¿Tienen una mesa reservada?

3 *Cochinillo asado para todos.*

A. En Segovia. Di si son ciertos o falsos estos comentarios sobre la excursión de la familia Molina a Segovia. Si son falsos, corrígelos.

1. El acueducto de Segovia es muy pequeño.
2. Los romanos construyeron el acueducto.
3. El acueducto sigue funcionando ahora.
4. La familia Molina no pudo comer en el Mesón de Cándido.
5. La familia no encontró mesa en el mesón.
6. La familia Molina pidió el cochinillo asado.
7. A Tere le encanta el jamón serrano.
8. Papá pidió los entremeses variados.
9. A papá más que nada le gustaron las tapas.
10. Tere quiere comer el cochinillo porque le está sonriendo.

B. ¿Te gusta? Pregúntale a tu compañero(a) si le gustan comer estas cosas.

MODELO Tú: **¿Te gustan los bocadillos?**
     Compañero(a): **Me encantan.** o
           Sí, me gustan. o
           No, no los como nunca.

MODELO

1.

2.

3.

4.

5.

6.

7.

8.

9.

C. Mesón. Acabas de entrar en el Mesón de Cándido. Completa la conversación con el camarero usando las siguientes frases.

Gracias, es perfecta la mesa.
Mélon y queso, por favor.
Sí, por favor. No conozco la comida aquí.
Sí, a nombre de . . .
Me trae la carne con patatas fritas, por favor.
¿Qué hay de postre?
Agua mineral, por favor.
Sí. La cuenta, por favor.
Sí, para empezar, el gazpacho y una ensalada mixta.
Buenas tardes.

Camarero: Buenas tardes, señor (señora, señorita).
Tú: . . .
Camarero: ¿Tiene una mesa reservada?
Tú: . . .
Camarero: Por aquí, por favor.
Tú: . . .
Camarero: ¿Desea ver la carta?
Tú: . . .
Camarero: ¿Está listo(a) para pedir?
Tú: . . .
Camarero: ¿Y de segundo plato?
Tú: . . .
Camarero: ¿Y para beber?
Tú: . . .
Camarero: ¿Quiere algo más?
Tú: . . .
Camarero: Fruta y queso o bizcocho.
Tú: . . .
Camarero: (*Más tarde.*) ¿Es todo?
Tú: . . .

CH. En el restaurante. Cuando tú y tu familia van a un restaurante elegante, ¿qué pasa?

EJEMPLO **Papá pide la sopa de ajo.**

papá	comer	restaurante
la camarera	pedir	comida
mis hermanos	servir	entremeses
yo	beber	mesa
el cocinero	entrar	ensalada
todos	traer	café
los camareros	buscar	postre
mamá	preparar	frutas
	recomendar	refrescos
		sopa de ajo

En un restaurante

Requesting a table:
Una mesa para tres personas, por favor.
Tenemos una reservación a nombre de . . . .

Taking an order:
¿Desean ver la carta?
¿Está listo(a) para pedir?

Ordering a meal:
Para ella, la paella.
Quiero el gazpacho, por favor.
¿Tienen queso manchego?

Present tense
A summary

There are three types of regular verbs: **-ar, -er, -ir.**

Some verbs undergo a change in the stem vowel:

e → ie	empezar	Ya **empieza** el partido.
o → ue	poder	Roberto no **puede** ir.
e → i	pedir	Papá **pide** un postre.

Some verbs have irregular **yo-**forms:

Salgo de casa a las siete. *(salir)*
Voy a levantarme tarde mañana. *(ir)*

See **¿Por qué se dice así?**, *page G119, section 8.6.*

Present progressive
A summary

Estar + -ndo form of the verb:

Carla **está estudiando** ahora.
No **estamos comiendo** en este momento.

Some verbs undergo a vowel spelling change in the **-ndo** form.

dormir: **durmiendo**
leer: **leyendo**

See **¿Por qué se dice así?**, *page G122, section 8.7.*

D. **En el extranjero.** ¿Qué contesta tu amigo(a) español(a) cuando le preguntas sobre su rutina diaria en España?

MODELO   levantarse: 7:00 A.M.
               Tú: **¿A qué hora te levantas?**
               Compañero(a): **Me levanto a las siete de la mañana.**

1. desayunar: 7:30 A.M.
2. irse a la escuela: 7:45 A.M.
3. tener el recreo: 11:00 A.M.
4. volver a casa: 1:30 P.M.
5. comer: 2:00 P.M.
6. descansar: 3:00 P.M.
7. salir con amigos: 4:15 P.M.
8. tomar un café: 5:30 P.M.
9. hacer la tarea: 6:30 P.M.
10. cenar: 9:00 P.M.
11. ver televisión: 10:00 P.M.
12. acostarse: 11:00 P.M.

E. **Ocupados.**   La familia Soler está muy ocupada esta tarde. ¿Qué están haciendo en cada cuarto?

MODELO   **La hija está viendo televisión en la sala.**

F. El verano pasado. ¿Con qué frecuencia hicieron ustedes estas actividades durante las vacaciones de verano? Pregúntale a tu compañero(a) y luego él o ella te lo va a preguntar a ti.

MODELO   ir de compras
      Tú: **¿Con qué frecuencia fuiste de compras el verano pasado?**
      Compañero(a): **Fui de compras todos los días.** o **No fui de compras nunca.**

```
todos los días        mucho          pocas veces          nunca
      ●─────────────────●──────────────────●──────────────────●
```

1. jugar tenis
2. tocar la guitarra
3. almorzar en el parque
4. dormir hasta mediodía
5. leer novelas
6. hacer la tarea
7. ir al cine
8. practicar deportes
9. tener una fiesta en casa
10. comer pizza

> **Preterite tense**
> A summary
>
> There are two sets of endings for regular verbs, one for **-ar** verbs and one for **-er** and **-ir** verbs.
>
> There are many irregular verbs in the preterite, such as **ir (fui), ser (fui),** and **dar (di);** and **tener (tuv-), poner (pus-),** etc.
>
> Some verbs undergo spelling changes in the preterite:
>
> c → qu   buscar: **busqu-**
> g → gu   llegar: **llegu-**
> z → c   comenzar: **comenc-**
>
> *See* **¿Por qué se dice así?,** *page G123, section 8.8.*

G. ¿Qué hicieron? Tú conoces bien a estas personas. ¿Qué hicieron durante el año?

MODELO   soñar con el cochinillo asado
      Tere soñó con el cochinillo asado.

1. hacer una excursión a Tlaquepaque
2. casarse en la iglesia de San Antonio de Padua
3. no poder entender su horario
4. tomar muchos helados
5. romperse la pierna
6. correr detrás del autobús
7. decir "¡Tere, tengo mucha prisa!"
8. hacer un video de Montebello High
9. ponerse el reloj antes de ir a correr
10. tener que trabajar en el restaurante de su padre
11. pedir direcciones a la oficina de correos
12. ir de compras a Plaza Universidad
13. encantarle su profesor de historia
14. no poder bailar con Julio

Tere **Pilar** **Carlos**

Carmen **Sara** **Alicia y Kati**

Riqui **Rafael y Betty** **Leslie**

Manolo **Mónica y Lilia** **Óscar** **José Luis** **Marta** **Andrés**

CHARLEMOS UN POCO MÁS

A. ¿Te gusta . . . ? Discover what your classmates' food tastes are like by finding someone who fits each description in the grid your instructor gives you. Have each person fitting a description sign the appropriate box. Remember that each person's signature may only appear once on the grid.

EJEMPLO   **¿Te gusta la tortilla española?** o
¿Te gustan las hamburguesas?

B. ¿Los reconoces? Pictured below are places you will recognize in Spanish-speaking countries. With your partner, prepare a list of what these places are, where they are, and everything you can recall about them without going back to the units where they are presented.

C. ¿Quién? ¿Qué? You and your partner are editors of the school yearbook. Using the list your teacher provides, write captions telling which activity each person did, for each person whose name appears. Your partner will be able to describe the pictures missing on your page, and you should be able to describe the pictures missing on your partner's page. Ask each other questions but don't look at each other's yearbook pages until you have written all your captions.

CH. ¡Riesgo! In groups of three or four, prepare to play **Riesgo** (*Jeopardy*) by writing five questions and answers for each of the categories listed below. Then play **Riesgo** with another group. They will select a category and point value, and you will give them the answer to the question you had written for that slot. They, in turn, must respond with the correct question in order to receive the points. Then repeat the process by having your group select a category and point value from their gameboard. Keep alternating until your teacher calls time.

Deportes	Cultura	Profesores	Salud	Rutina diaria
20	20	20	20	20
40	40	40	40	40
60	60	60	60	60
80	80	80	80	80
100	100	100	100	100

Dramatizaciones

A. ¡A cenar! You are traveling in Spain with several students from your Spanish class. This evening you are on your own for dinner. You and two friends decide to try a restaurant across the street from your hotel. With three classmates, role-play this situation from the moment you arrive at the restaurant until you pay the bill. One of you will play the role of the waiter.

B. ¡Premios! It is the end of the school year. The principal, a teacher, and two students are discussing the year's events and trying to decide who should receive the following awards. With three classmates, role-play this situation.

el premio deportivo	el premio dramático
el premio escolástico	el premio cómico
el premio de español	el premio de ciencias

C. ¡No metas la pata! With three classmates, create a skit in Spanish that shows a cultural misunderstanding or resolves a problem.

Reading strategy:
Reading for detailed information

A. Anticipemos.   ¿Qué comen ustedes en sus fiestas?

1. Haz una lista de los ingredientes que necesitas para preparar tu entremés favorito.
2. ¿Crees que ese entremés es popular en España también? ¿Por qué?

B. Detalles importantes. Certain types of readings require the reader to focus on the details. When reading for detailed information, you will need to read the selection more than once and pay close attention to the procedure being described, and perhaps make notes of details that you must remember. In the Spanish recipes that follow, for example, you cannot skim over the information. You must understand each step and follow it carefully to end up with a delicious dish instead of a disaster!

Look at the following recipes carefully and answer these questions.

1. ¿Qué ingredientes ya tienes en casa y qué necesitas comprar para el gazpacho ? ¿Y para la tortilla española?
2. ¿Cuántos pasos requiere cada receta? Descríbelos.

C. ¡Vamos a cocinar!   Read these authentic Spanish recipes; then answer the questions that follow. The **gazpacho,** which originated in southern Spain, is typically served during the summer months. The **tortilla** is usually served as a first course or an appetizer, throughout Spain.

Verifiquemos

1. El gazpacho es . . .
   - **a.** una sopa.
   - **b.** una ensalada.
   - **c.** una bebida.
   - **ch.** una caserola.

2. El ingrediente principal del gazpacho es . . .
   - **a.** el aceite de oliva.
   - **b.** el vinagre.
   - **c.** el tomate.
   - **ch.** el ajo.

3. El gazpacho se sirve . . .
   - **a.** frío.
   - **b.** con cebolla picada.
   - **c.** con vegetales picados.
   - **ch.** Todas estas respuestas.

Gazpacho andaluz

Ingredientes

12	tomates	1/2	taza de aceite de oliva
1	lata grande de jugo de tomate	6	cucharadas de vinagre
1	pimiento verde	4	cucharitas de sal pimienta al gusto
1	cebolla		
1	pepino		
4	dientes de ajo		

Preparación

En una licuadora se hace un puré con los tomates, el jugo, el pimiento, la cebolla, el pepino y los dientes de ajo.

Se combinan el aceite, el vinagre, la sal y la pimienta. Se agrega a la sopa y se pone en la nevera por 24 horas. Se sirve frío. Se acostumbra servirlo con cebolla, tomate, pimiento y pepino picados. Sirve a 20 personas, aproximadamente.

Tortilla española

Ingredientes

3-4	papas	aceite de oliva
5	huevos	sal y pimienta al gusto
1	cebolla	

Preparación

Se pelan y se pican las papas y se fríen en aceite de oliva hasta quedar doradas. Se agrega la cebolla picada por un minuto. En otro recipiente se baten los huevos y, poco a poco, se agregan las papas doradas. Se agregan sal y pimienta al gusto. Se fríe, muy despacio, con un poquito de aceite de oliva en una sartén. Cuando está bien firme, se quita del fuego y se le da la vuelta. Luego se pasa a la sartén de nuevo y se dora unos minutos más. Se sirve en un plato grande con ensalada y pan francés. Sirve de 3 a 5 personas.

4. Los ingredientes principales de la tortilla española son . . .
- **a.** papas y cebolla.
- **b.** aceite de oliva y huevos.
- **c.** cebolla y aceite de oliva.
- **ch.** huevos, papas y cebollas.

5. La preparación de la tortilla española requiere freír . . .
- **a.** todos los ingredientes.
- **b.** los huevos solamente.
- **c.** las papas solamente.
- **ch.** la cebolla y las papas solamente.

ESCRIBAMOS UN POCO

Writing strategy:
Retelling a story

A. Empezando. On the next page is a story from the American Hispanic Southwest. Read it and then discuss it. Does it remind you of other stories you have read? What do you think is the purpose of such stories? Describe the "form" of this story. How does the drawing enhance it?

B. Planeando. Now you will write a short story in the style of *El hombre, el burro y el perro.* You can retell a story such as the fable of the ant and the grasshopper, why the elephant has a trunk or how humans learned about fire. Or you may invent your own explanation for one of nature's mysteries. Possible beginning statements are:

"Cuando el mundo era muy joven . . ."

"En el momento en que nació el sol . . ."

"Cuando Dios se sentó a inventar el mundo, pensó . . ."

Decide what characters your story needs and how you will "set up" your surprise ending. Consider using dialog between the characters and a "twist" such as the repeated lines about *"días buenos y días malos."* Your ending should summarize the central idea:

"Y por eso, el sol sale todos los días".

"Y por eso, los pájaros pueden volar y los humanos no".

"Y por eso, los árboles son mucho más altos que el hombre."

"Y por eso, el hombre camina recto."

C. Organizando y escribiendo. Brainstorm vocabulary you may need to write your story. Then make a cluster diagram or an outline before you write. Identify the characters and their relationship to each other, and decide on the sequence of events or dialog exchanges. Now write your first draft!

CH. Compartiendo y revisando. Share your draft with two or three classmates. Is there anything they don't understand? Is there anything you need to add or change? Based on their suggestions, revise your story. Then share it with two other classmates and ask them to edit for grammar, spelling, and punctuation.

D. La versión final. Now write the final version. If you like, illustrate it with drawings or pictures cut out of magazines. Then turn it in for grading.

E. Publicación. When your stories have been returned, share them at an authors' reading and reception. Can you speak in Spanish the whole time?

El hombre, el burro y el perro

Cuando Dios creó la tierra, creó también al hombre, y le hizo dueño de la tierra. Luego Dios decidió darle unos compañeros al hombre, y creó un burro y un perro.

Dios le dijo al hombre: "Tú te llamas hombre. Eres dueño de la tierra y vas a vivir sesenta años. Vas a tener días buenos y días malos, pero vas a tener más días buenos que malos".

El hombre pensó: "Sesenta años no es mucho tiempo".

Luego Dios le dijo al burro: "Tú te llamas burro. El hombre es tu dueño. Tú vas a vivir treinta años. Vas a tener días buenos y días malos, pero vas a tener más días malos que buenos".

Y el burro le contestó a Dios: "Si mi vida va a ser tan difícil, no quiero vivir tantos años. No quiero vivir más de veinte años".

Entonces el hombre le dijo: "Dios, dame los diez años que el burro rechaza" y Dios le dio diez años más al hombre.

Al perro Dios le dijo: "Tú te llamas perro, y el hombre es tu dueño. Vas a vivir veinte años. Vas a tener días buenos y días malos, pero vas a tener más días malos que buenos".

El perro dijo: "Dios, si mi vida va a ser tan difícil, no quiero vivir tantos años. No quiero vivir más de diez años".

El hombre vio otra oportunidad para alargar su vida y dijo: "Dios, dame los diez años que el perro rechaza". Y Dios le dio diez años más.

Y por eso, los primeros sesenta años el hombre tiene una vida decente. De sesenta a setenta es vida de burro; y de setenta para arriba ya es vida de perro.

Adaptado de: *El hombre, el burro y el perro*
Anaya, Rodolfo A. and Maestas, José Gregoria
Museum of New Mexico Press, Santa Fe, 1980

UNIDAD 4: Lección 1   ¡Toda la familia!, página 164

1. Mary Ann did not know that most Hispanics include not only parents and children in their family, but also aunts, uncles, and grandparents, and sometimes even cousins. This is the correct answer.
2. Nothing in the dialogue indicates that Mary Ann thought about this. This is not the correct answer.
3. This is a possible answer. However, Mary Ann did not mention anything about the grandmother living alone. Try another response.

UNIDAD 4: Lección 2   ¡No está en la guía!, página 181

1. There is no evidence that Larry didn't spell **Chacón** correctly. Try again.
2. Larry says that the number is not listed, but Claudio says that he is certain it is. There must be another reason.
3. Larry is looking for the number of Jorge Salinas Chacón under **Chacón** and not under **Salinas.** He has forgotten that names are alphabetized by the father's last name, not the mother's maiden name. This is the correct answer.

UNIDAD 5: Lección 1   Madrid de noche, página 219

1. Tom doesn't realize that an evening stroll (**un paseo**) is customary in many Hispanic cities. Entire families can be seen on the streets, even late into the evening. This is the correct answer.
2. Nothing in the dialogue indicates that Tom is unaware that large families live in that part of town. Consider another answer.
3. Tom may consider the streets unsafe, but the dialogue gives no indication that this is why he is surprised. Try again.

UNIDAD 5: Lección 2   La planta baja, página 236

1. Rick may well think that Betty is trying to distract him, since he is confused about what floor he is on. Actually, Betty knows that they are on the wrong floor. Try another answer.
2. In Spain, as in all Spanish-speaking countries, the ground floor of multi-story buildings is the **planta baja.** On elevators, the button for the ground floor is marked **PB. La primera planta** is the first floor above the ground floor. This is why Betty suggests they have to go up one floor.
3. The shoes are on sale according to the advertisement in the window. This is not the cause for the confusion.

UNIDAD 6: Lección 1   *Te invito al ballet, página 270*

1. It is true that Javier knows that the **ballet folklórico** is famous; he says so himself. However, this does not guarantee that Paul will like it. Reread the conversation.
2. There is no indication that Paul has never seen a good ballet company, only that he hasn't enjoyed the ballet performances that he has seen. This is incorrect.
3. Javier understands that Paul doesn't like classical ballet. However, the **ballet folklórico** presents colorful and lively folk dances from all regions of Mexico and Javier feels quite certain that Paul will enjoy it. This is the correct answer.

UNIDAD 6: Lección 2   *¡Huy, qué caro!, página 285*

1. It is possible that Javier didn't like the cat. But if he didn't, he did not express this at all. He actually says he likes it.   Try another response.
2. Paul feels that he got a bargain when he paid 30,000 pesos less than the vendor originally wanted. Javier, on the other hand, thinks that 60,000 pesos is too much to pay for a papier-mâché figurine. He obviously thinks Paul should have offered less than he did.
3. There is no indication that Javier even thought about Paul buying him a gift. This is not the correct answer.

UNIDAD 7: Lección 1   *¿Béisbol en Latinoamérica?, página 321*

1. Cliff may consider baseball unsafe for children, but nothing in the dialogue indicates this. On the contrary, he congratulates Pepe for being the best batter among his friends. Try another answer.
2. Cliff never says this nor does he give any indication that he thinks this. He actually seems quite pleased that Pepe plays so well. This is not the correct answer.
3. Cliff is clearly surprised to see that both parent and child are interested in baseball. He seems to be unaware that baseball is rivaling soccer in popularity in several Latin American countries, in particular, in the Dominican Republic, Cuba, and Puerto Rico.

UNIDAD 7: Lección 2   ¿Cómo vamos?, página 337

1. Gabriel may notice some differences between his own pronunciation and that of Pedro's, but he doesn't say anything about it in the dialogue. Pronunciation differences occur as much in Spanish as they do in English and are all equally valid. This is not the correct answer. Try another response.
2. Just as pronunciation will vary from country to country or region to region, so will certain vocabulary items. A **guagua** is a *bus* in Caribbean countries and a *baby* in some South American countries. Gabriel did not recognize the word because it is not commonly used in Mexico. This is the reason for his comment.
3. All of us tend to think that the way we speak is the norm, since that is what we have heard most often. Gabriel most certainly has noted differences between his Spanish and Pedro's, but he probably accepts them readily. There certainly is no indication in the dialogue that he feels that his Spanish is superior. Try another answer.

UNIDAD 8: Lección 1   ¡Es una tortilla!, página 377

1. Luisa did say that she was very hungry, but she seemed to accept Julia's comment that the **tortillas** are nice and big. Her reaction does not seem to refer to the size of the omelet, but to the idea of the waiter's having brought an omelet. Try another response.
2. There is no indication that she doesn't like omelets. Try again.
3. She says that she likes **tortillas** which indicates that she does know what they are. However, Luisa is from Mexico, where **tortillas** are pancake-thin corn flour or wheat flour breads. In Spain, a **tortilla** is an omelet. A **tortilla española** is made of eggs, sliced potatoes, and onions. This is the correct answer.

UNIDAD 8: Lección 2   Una invitación a cenar, página 395

1. Claudia may think this, particularly if she is tired, but she doesn't say so. Try again.
2. Claudia is evidently unfamiliar with Spanish mealtimes. It is not unusual for a family to dine at 10:00 or 11:00 o'clock at night. Lunch is the main meal of the day and is usually eaten about 1:30 or 2:00. Although customs are changing in the larger cities, many businesses and schools still close for two or three hours for lunch and reopen about 5:00 for three or four more hours. Consequently, dinner is eaten late. The evening meal is usually lighter than the midday meal. This is the correct answer.
3. Claudia gives no evidence that she thinks this. Try another answer.

¿POR QUÉ SE DICE ASÍ?

Manual de gramática

L E C C I Ó N
P R E L I M I N A R

LP.1   GENDER OF NOUNS: INTRODUCTION
Naming Objects

Nouns name people, places, things, or concepts. In Spanish, nouns are either masculine or feminine. You must learn the gender of nouns as you learn their meaning, but there are some general rules. Most nouns that end in **-o** are masculine, and most nouns that end in **-a** are feminine.

Masculine Nouns		Feminine Nouns	
libro	*book*	mochila	*backpack*
cuaderno	*notebook*	carpeta	*folder*
lápiz	*pencil*	clase	*class*
papel	*paper*	pizarra	*chalkboard*
escritorio	*desk*	mesa	*table, desk*
borrador	*eraser*	silla	*chair*

LP.2   INDEFINITE AND DEFINITE ARTICLES
Talking about Nonspecific and Specific Things

■ The indefinite article, *a* or *an* in English, is used to refer to nonspecific things. The Spanish equivalent depends on whether the noun it refers to is masculine or feminine. Masculine nouns use the form **un;** feminine nouns use **una.**

Masculine Nouns		Feminine Nouns	
un libro	*a book*	una mochila	*a backpack*
un cuaderno	*a notebook*	una carpeta	*a folder*
un lápiz	*a pencil*	una clase	*a class*
un papel	*a paper*	una pizarra	*a chalkboard*
un escritorio	*a desk*	una mesa	*a table, desk*
un borrador	*an eraser*	una silla	*a chair*

- The definite article, *the* in English, is used to talk about specific things. The Spanish equivalent depends on the gender of the noun it refers to. Masculine nouns use **el**; feminine nouns use **la**.

Masculine Nouns		Feminine Nouns	
el libro	*the book*	la mochila	*the backpack*
el cuaderno	*the notebook*	la carpeta	*the folder*
el lápiz	*the pencil*	la clase	*the class*
el papel	*the paper*	la pizarra	*the chalkboard*
el escritorio	*the desk*	la mesa	*the table, desk*
el borrador	*the eraser*	la silla	*the chair*

Vamos a practicar

a. **¡Caramba!**   A puppy was left alone in this room for 15 minutes, and now everything is a mess. Which items listed below do *not* appear in the room? On a separate piece of paper, write down the items you could not find.

cuaderno	mochila	carpeta
lápiz	mesa	papel
bolígrafo	libro	escritorio

b. **¿Qué hay?**   List as many school items as you can find in the puppy's messy room above. Make sure to include **un** or **una** before each item.

c. **¿Qué hay aquí?**   A substitute teacher doesn't know where things are in your classroom, so she asks you. Complete her questions.

MODELO   ¿Dónde está **el** libro de español del profesor?

1. ¿Dónde está _el_ cuaderno del profesor?
2. ¿Dónde está _la_ silla del profesor?
3. ¿Dónde está _el_ bolígrafo del profesor?
4. ¿Dónde está _el_ papel del profesor?
5. ¿Dónde está _la_ carpeta del profesor?

LECCIÓN 1

1.1 SUBJECT PRONOUNS: SINGULAR FORMS
Referring to People

Subject pronouns are used to talk to and about other people. In Spanish, the subject pronouns have the following forms:

Singular Subject Pronouns	
yo	*I*
tú	*you (informal)*
usted	*you (formal)*
él	*he*
ella	*she*
—	*it*

Yo (*I*) refers to the person speaking, **tú** or **usted** (*you*) to the person spoken to, and **él** or **ella** (*he, she*) to the person spoken about. The subject pronoun *it* in English is NEVER expressed in Spanish.

Yo soy Miguel.	*I am Miguel.*
Ella no es la profesora.	*She is not the teacher.*
¿Quién eres **tú**?	*Who are you?*
¿Es **usted** el Sr. Ramos?	*Are you Mr. Ramos?*
¿Quién es **él**?	*Who is he?*
¿Qué es? Es un perro.	*What is it? It is a dog.*

- **Yo** is not capitalized unless it comes at the beginning of a sentence.

- **Tú** and **usted** both mean *you*. **Tú** is the familiar form of address usually used with children, family, and friends. **Usted** is used to show respect or to indicate a more formal relationship with the person addressed. Customarily, **usted** is used to address teachers and elderly people, as well as adults you don't know well.

- **Usted** is always used with anyone referred to by title:

Sr. (señor)	Prof. (profesor[a])
Sra. (señora)	Dr. (doctor)
Srta. (señorita)	Dra. (doctora)

Buenas tardes, Sra. Ramos. ¿Cómo está **usted**?
Muy bien, gracias, Dr. Sánchez. ¿Y **usted**?

■ When addressing someone directly, the definite article is not used with the title.

> Buenos días, Sr. Castillo.
> ¿Cómo está usted, Sra. Ramírez?

However, when talking *about* someone, the definite article **el / la / los / las** is always used in front of the title.

> ¿Cómo está **la** Sra. Castillo?
> **El** Sr. Romero es mi profesor de matemáticas.

Vamos a practicar _____

a. ¿Quién es?   Indicate which pronoun—**yo, tú, usted, ella, él**—you would use with the following people. Each pronoun may be used more than once.

1. your mother, when you are talking to her
2. your father, when you are talking about him
3. a male friend you are talking about
4. a close friend you are talking to
5. a female friend you are talking about
6. you, talking about yourself
7. a teacher you are talking to
8. your aunt, when you are talking about her

b. ¿Tú o usted?   Would you use **tú** or **usted** to address the following people?

1. your sister
2. the principal of your school
3. your Spanish teacher
4. your teenage cousin
5. the classmate who sits behind you
6. a clerk at the store
7. your best friend
8. the guidance counselor

c. Amigos y profesores.   Which pronoun would you use to refer to the following people?

MODELO   *Pablo* es mi amigo.
              Él **es mi amigo.**

1. *Diana* es mi amiga.
2. *La Srta. Montero* es mi profesora.
3. *El Sr. Whitaker* es mi profesor de historia.
4. *Alicia* es mi amiga.
5. *Juan* es mi amigo.
6. *El Sr. Pérez* es el director de la escuela.
7. *La Sra. Ramos* es mi profesora de matemáticas.
8. *José* es mi amigo.

ch. Fotos. A Mexican friend, Pilar, is showing you some photos she took at school. You are curious to know who the people in the photographs are. What would you ask her?

MODELO Tú: **¿Quién es él?**
        Pilar: Es mi amigo Pablo.

1. Tú: ¿ . . . ?
    Pilar: Es mi profesora de español.

2. Tú: ¿ . . . ?
    Pilar: Es el Sr. Morales.

3. Tú: ¿ . . . ?
    Pilar: Es mi amigo Rafael.

4. Tú: ¿ . . . ?
    Pilar: Es mi amiga Teresa.

5. Tú: ¿ . . . ?
    Pilar: Es el profesor de matemáticas.

6. Tú: ¿ . . . ?
    Pilar: Es mi amigo Samuel.

7. Tú: ¿ . . . ?
    Pilar: Es Luisa, mi buena amiga.

8. Tú: ¿ . . . ?
    Pilar: ¡Caramba! ¡Soy yo!

1.2 THE VERB *SER*: SINGULAR FORMS

The singular forms of the verb **ser** (*to be*) are as follows:

Ser		
yo	**soy**	*I am*
tú	**eres**	*you are*
usted	**es**	
él	**es**	*he is*
ella	**es**	*she is*
—	**es**	*it is*

■ **Ser** is used in the following ways:

To describe physical characteristics and personality traits
    Luis **es** alto y guapo.   *Luis is tall and good-looking.*
    No **es** muy modesto.   *He is not very modest.*
    Ana María **es** interesante.   *Ana María is interesting.*

To tell where someone is from
    Soy de California.   *I'm from California.*
    Usted **es** de Miami, ¿no?   *You're from Miami, aren't you?*

To identify someone or something
    Silvia **es** la nueva chica.   *Silvia is the new girl.*
    Es una escuela grande.   *It is a large school.*
    ¿**Eres** el amigo de Ricardo?   *Are you Ricardo's friend?*

Vamos a practicar

a. ¿Quién es?   Identify these people at your school by combining items from each column. Be sure to use the verb form that corresponds to the subject. There are many possible answers.

MODELO   **Tú eres mi amiga.**

| la Srta./Sra. . . .
tú
él
usted
yo
ella
el Sr. . . .
el (la) Prof. . . .
¿ . . . ? | soy
eres
es | el (la) profesor(a) de español
mi amiga
un (una) estudiante muy bueno(a)
mi amigo Andrés
un (una) profesor(a) excelente
el (la) director(a) de la escuela
un(a) buen(a) amigo(a) |

b. Una nueva estudiante.   Carlos and Alicia meet at school for the first time. Complete their conversation with the appropriate forms of **ser.**

Carlos: Buenos días. _Soy_ Carlos.
Alicia: Hola. Mi nombre _es_ Alicia.
Carlos: Tú _eres_ la nueva chica, ¿verdad?
Alicia: Sí. _Soy_ de Los Ángeles.
Carlos: Pues, ¡pobrecita! ¡El primer día de clases _es_ terrible!
Alicia: ¿Terrible? ¡No! ¡_es_ estupendo!

c. La primera semana.   Use the appropriate form of **ser** to see what this student can say after the first week of Spanish classes.

Mi nombre _soy_ Alicia. _es_ de California. La señora Pérez _es_ mi profesora de español. _es_ una profesora excelente. Ella _es_ puertorriqueña.

1.3 SUBJECT PRONOUNS: USE

In Spanish, the subject pronoun is not usually used because the verb ending indicates the subject. For example, **eres** means *you are.*

- All forms of **ser** are used without a subject pronoun when the subject is clearly understood from the context or when the English subject is *it.*

Soy el nuevo estudiante.	*I am the new student.*
Eres mi amigo.	*You are my friend.*
Es la profesora de español.	*She is the Spanish teacher.*
Es hora de clase.	*It is time for class.*

¿POR QUÉ SE DICE ASÍ?

G7

■ Subject pronouns are used in order to be very clear (that is, for clarification) or for emphasis.

Clarification:

¿Quién es **él**? ¿Beto o Toni?	*Who is he? Beto or Toni?*
Él es el señor Pérez y **ella** es la señorita Montero.	*He is Mr. Pérez and she is Miss Montero.*

Emphasis:

Yo soy de Bogotá; **él** es de Caracas.	*I am from Bogota; he is from Caracas.*

Vamos a practicar

a. No, ella es . . .   A new student is having difficulty identifying people in her Spanish class. How do her classmates respond to help her identify the right person?

MODELO   ¿Es Beto? (Juan)
          No. Es Juan. Él es Beto.

1. ¿Es Sara? (Gloria)
2. ¿Eres Ana? (Lisa)
3. ¿Es Carlos? (Roberto)
4. ¿Eres Arturo? (Rudy)

5. ¿Es Luisa? (Ana)
6. ¿Eres Alicia? (Elena)
7. ¿Es Andrés? (Samuel)
8. ¿Es Susana? (Marta)

b. ¿De quién hablas?   Find out who María, Samuel, and Teresa are talking about by selecting the correct subject pronoun for each verb.

María:	(1) soy María. ¿Quién eres (2) ?
Samuel:	(3) soy Samuel.
María:	¿ (4) eres el nuevo estudiante?
Samuel:	Sí. ¿Quién es tu amiga?
María:	(5) es Teresa.
Samuel:	Encantado. (6) soy Samuel Marín.
Teresa:	Mucho gusto.

L E C C I Ó N   2

1.4 ¿DE DÓNDE . . . ? AND SER DE . . .

Used to Talk about Where Someone Is From

In order to ask where someone is from, Spanish uses **¿De dónde . . . ?** and a form of **ser.**

¿De dónde es usted?	*Where are you from?*

In order to say where someone is from, Spanish uses

$$ser + de + place$$

Soy de San Francisco.   *I am from San Francisco.*
¿María? **Es de** México.   *María? She is from Mexico.*

- The names of countries in Spanish, as in English, are always capitalized.

- Sometimes the definite article is used with certain countries, although the tendency is to not use it. You should, however, recognize it if you hear or see it used with these countries.

  la Argentina   el Paraguay
  el Brasil   el Perú
  el Ecuador   el Uruguay
  los Estados Unidos

- The definite article is always used with El Salvador, because it is part of the country's name, and with la República Dominicana.

Vamos a practicar

a. ¡Sudamérica!   Tell where the following people are from.

MODELO   ¿De dónde es Carmen? (5)
         Carmen es de Bolivia.

1. ¿De dónde es Arturo? (4)
2. ¿De dónde es Enrique? (9)
3. ¿De dónde es Sara? (6)
4. ¿De dónde es Marta? (3)
5. ¿De dónde es Ana? (8)
6. ¿De dónde es Rafael? (1)
7. ¿De dónde es Mario? (5)
8. ¿De dónde es Lola? (10)
9. ¿De dónde cs Samucl? (2)
10. ¿De dónde es Luisa? (7)

b. Capitales sudamericanas.   Complete the following sentences.

MODELO   Caracas es la capital de **Venezuela**.

1. Asunción es la capital de _____.
2. Bogotá es la capital de _____.
3. Lima es la capital de _____.
4. Buenos Aires es la capital de _____.
5. Quito es la capital de _____.
6. Montevideo es la capital de _____.
7. Brasilia es la capital de _____.
8. La Paz es la capital de _____.
9. Santiago es la capital de _____.
10. Caracas es la capital de _____.

c. ¿De qué país? Tell which country these exchange students are from.

MODELO Ana es de San Juan.
Es de Puerto Rico.

1. Tina es de San Salvador.
2. Beto es de La Habana.
3. Tomás es de Managua.
4. Silvia es de San José.
5. Sara es de Santo Domingo.

6. Mario es de la Ciudad de México.
7. Luisa es de Tegucigalpa.
8. Eduardo es de la Ciudad de Guatemala.
9. Arturo es de San Juan.
10. María es de la Ciudad de Panamá.

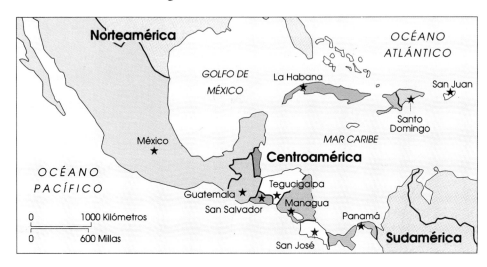

ch. ¿De dónde eres? What do these exchange students say when asked if they are from a particular country?

MODELO Elena, ¿eres de Colombia?
Sí, soy de Bogotá.

1. Bárbara, ¿eres de Chile?
2. Jorge, ¿eres de El Salvador?
3. Silvia, ¿eres de Costa Rica?
4. Carlos, ¿eres de Venezuela?
5. Marta, ¿eres de Cuba?

6. Víctor, ¿eres de Uruguay?
7. Beto, ¿eres de Puerto Rico?
8. Gloria, ¿eres de Paraguay?
9. Cristina, ¿eres de Nicaragua?
10. Ana, ¿eres de la República Dominicana?

L E C C I Ó N   3

1.5 GENDER OF NOUNS

In the **Lección preliminar,** you learned that a noun is a word that names a person, animal, place, thing, event, or concept. You also learned that in Spanish, all nouns have gender; they are either masculine or feminine. Most nouns that end in **-o** are masculine, and most nouns that end in **-a** are feminine.

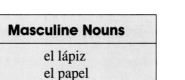

- The gender of nouns that do not end in **-o** or **-a** must be learned as you learn their meaning.

Feminine Nouns	Masculine Nouns
la clase	el lápiz
la capital	el papel

- Most nouns that refer to male people or animals are masculine; most nouns that refer to female people or animals are feminine.

Feminine Nouns		Masculine Nouns	
amiga	*friend*	amigo	*friend*
chica	*girl*	chico	*boy*
directora	*principal*	director	*principal*
mamá	*mom*	papá	*dad*
profesora	*teacher*	profesor	*teacher*
señora	*Mrs.*	señor	*Mr.*
gata	*cat*	gato	*cat*

- Some nouns may be either masculine or feminine. When this is the case, only the definite article changes.

la estudiante	**el** estudiante
la turista	**el** turista
la artista	**el** artista

Vamos a practicar _____

a. ¿Masculino o femenino? Indicate if the following words are masculine or feminine.

MODELO   chico   doctora
          masculino: el chico   **femenino: la doctora**

1. papá
2. profesora
3. amigo
4. chica

5. mamá
6. director
7. señor
8. amiga

9. señora
10. profesor
11. directora
12. doctor

b. ¿Quién es? Answer the question according to the model.

MODELO   ¿Quién es? (director)
          Es el director.

1. profesor
2. profesora
3. padre

4. señorita Téllez
5. señora Roque
6. directora

7. señor López
8. mamá
9. amigo de papá

1.6 GENDER OF ADJECTIVES
Used to Describe

Adjectives are words that describe nouns. For example, in the sentence **Anita es alta** (*Anita is tall*), **alta** is an adjective because it describes **Anita.** Other examples are:

Daniel es **delgado.**	*Daniel is thin.*
Tú eres **simpática.**	*You are nice.*
Soy **estudioso.**	*I am studious.*

In Spanish, an adjective that describes a masculine noun must also be masculine; one that describes a feminine noun must be feminine. In order to make adjectives masculine or feminine, you may have to change the ending.

■ Most adjectives in Spanish have a masculine ending **-o** and a feminine ending **-a.**

Adjective Endings		
Masculine	**-o**	estudios**o**
Feminine	**-a**	estudios**a**

Some adjectives with **-o/-a** endings are:

aburrido(a)	*boring*
alto(a)	*tall*
antipático(a)	*unpleasant*
atlético(a)	*athletic*
bajo(a)	*short*
bonito(a)	*pretty*
bueno(a)	*good*
cómico(a)	*funny*
delgado(a)	*slender, thin*
desorganizado(a)	*disorganized*
feo(a)	*ugly*
flaco(a)	*skinny*
generoso(a)	*generous*
gordo(a)	*fat, chubby*
guapo(a)	*good-looking, handsome*
mediano(a)	*average*
moreno(a)	*dark (hair, complexion)*
organizado(a)	*organized*
pelirrojo(a)	*red-haired, redheaded*
pequeño(a)	*small*
romántico(a)	*romantic*
rubio(a)	*blond*
serio(a)	*serious*
simpático(a)	*nice, pleasant*
tímido(a)	*timid*
tonto(a)	*silly, dumb*

- Other adjectives have only one ending for both masculine and feminine nouns. These adjectives end in **-e** or in a consonant. Some of the adjectives that belong to this group are:

difícil	*difficult*
elegante	*elegant*
exigente	*demanding*
fuerte	*strong*
grande	*big, large*
inteligente	*intelligent*
interesante	*interesting*
joven	*young*
popular	*popular*

- When you use more than one adjective, the last one is connected by **y** (*and*).

> Él es grande **y** fuerte.
> Ella es alta, delgada **y** elegante.

- The word **y** becomes **e** whenever it is followed by a word beginning with **i** or **hi.**

> Carlos **e** Isabel son guapos **e** inteligentes.

Vamos a practicar

a. **¡Ideales!**   Martín and Marta are going steady. Their friends say they are ideal for each other because they are so much alike. Describe them.

MODELO   Marta es alta y morena. (Martín)
      Martín también es alto y moreno.

1. Marta es modesta y muy generosa. (Martín)
2. Martín es alto y simpático. (Marta)
3. Martín es inteligente y estudioso. (Marta)
4. Marta es delgada y muy guapa. (Martín)
5. Martín es interesante y muy romántico. (Marta)
6. Marta es organizada y seria. (Martín)
7. Martín es atlético y popular. (Marta)

b. **¡Qué diferentes!**   Julio and Gloria are also going steady, but no one expects their relationship to last because they are total opposites. Can you describe them?

MODELO   Julio es alto. (Gloria)
      Gloria es baja.

1. Julio es rubio. (Gloria)
2. Gloria es interesante. (Julio)
3. Julio es gordo. (Gloria)
4. Gloria es organizada. (Julio)
5. Julio es simpático. (Gloria)
6. Julio es tonto. (Gloria)
7. Gloria es pequeña. (Julio)
8. Gloria es guapa. (Julio)

c. Mis amigos. How does Lisa describe her friends?

MODELO Ana / alto / moreno
Ana es alta y morena.

1. Pablo / organizado / muy generoso
2. Lola / simpático / elegante
3. Silvia / atlético / fuerte
4. Arturo / alto / pelirrojo
5. María / tímido / modesto
6. Jaime / estudioso / interesante
7. Luisa / gordo / bonito
8. Carlos / guapo / cómico
9. Lisa / popular / inteligente
10. José / desorganizado / romántico

ch. ¿Cómo eres tú? Choose five characteristics that describe you. Then do the same for your best male friend and your best female friend.

1. Yo soy . . .
2. Mi mejor amigo es . . .
3. Mi mejor amiga es . . .
4. Mi mejor amigo y yo somos similares porque él es . . . y yo soy . . .
5. Mi mejor amiga y yo somos diferentes porque ella es . . . y yo soy . . .

LECCIÓN 1

2.1 NUMBERS 0–30

0	cero	11	once	22	veintidós
1	uno	12	doce	23	veintitrés
2	dos	13	trece	24	veinticuatro
3	tres	14	catorce	25	veinticinco
4	cuatro	15	quince	26	veintiséis
5	cinco	16	dieciséis	27	veintisiete
6	seis	17	diecisiete	28	veintiocho
7	siete	18	dieciocho	29	veintinueve
8	ocho	19	diecinueve	30	treinta
9	nueve	20	veinte		
10	diez	21	veintiuno		

- In addition to counting and giving numbers, these numbers can be used to tell how many things there are.

  dos clases
  catorce libros
  veinte estudiantes

- The number **uno** (including **veintiuno, treinta y uno,** etc.) becomes **un** before masculine nouns and **una** before feminine nouns.

  Tengo **un** hermano y **una** hermana. *I have one brother and one sister.*
  El colegio tiene solamente *The school has only twenty-one*
    veinti**una** computadoras. *computers.*
  Hay veinti**ún** teléfonos. *There are twenty-one telephones.*

Vamos a practicar

a. **Seguro social.** Some new students want to enroll in Colegio San José, Puerto Rico. What are their Social Security numbers?

MODELO   314-25-0921
tres, uno, cuatro, dos, cinco, cero, nueve, dos, uno

1. 119-28-2016
2. 015-23-1402
3. 516-09-2706
4. 327-10-2729
5. 925-17-1424
6. 021-21-1315
7. 525-19-2226
8. 319-11-3013
9. 517-12-2311

b. Códigos postales. Practice saying the following ZIP codes.

MODELO   Los Angeles, CA 90078
nueve, cero, cero, siete, ocho

Madison, WI	53706
Ann Arbor, MI	48104
Sacramento, CA	95827
Las Cruces, NM	88001
Fort Worth, TX	79116
Lexington, MA	02173
Atlanta, GA	30327

c. ¿Cuántos hay?   Tell how many of the following items Carolina can see in her Spanish classroom.

1. 30 libros de español
2. 3 diccionarios
3. 21 cuadernos
4. 7 lápices
5. 15 bolígrafos

6. 9 mochilas
7. 20 chicas
8. 14 chicos
9. 1 profesora
10. 8 carpetas

2.2 NOUNS AND ARTICLES: SINGULAR AND PLURAL FORMS

In the **Lección preliminar,** you learned that a noun is a word that names a person, animal, place, thing, event, or concept. You also learned that nouns are either masculine or feminine. Nouns may also be either singular or plural.

Formation of Plural Nouns	
Add **-s** to nouns that end in a vowel.	
SINGULAR	PLURAL
chico	chico**s**
estudiante	estudiante**s**
Add **-es** to nouns that end in a consonant.	
SINGULAR	PLURAL
profesor	profesor**es**
capital	capital**es**

▪ Nouns that end in **-z** change the **-z** to **-c** in the plural.

Hay un lápi**z**.   Hay cuatro lápi**ces**.

In the **Lección preliminar,** you learned that the definite article **el** is used before singular masculine nouns and **la** before singular feminine nouns. Articles, like nouns, have singular and plural forms.

Definite Articles	
Singular	Plural
el	los
la	las

el libro   los libros
la carpeta   las carpetas

Vamos a practicar

a) ¡Muchos! Make the following expressions plural.

MODELO la señora
las señoras

1. la escuela
2. la profesora
3. la amiga
4. el profesor
5. la clase
6. el estudiante
7. el lápiz
8. la estudiante
9. la carpeta
10. el papel

b. Yo tengo más. María always insists that she has more of anything than anyone else. How does she respond when her friends say they have these things?

MODELO Tengo un cuaderno. (3)
Yo tengo tres cuadernos.

1. Tengo un bolígrafo. (5)
2. Tengo una carpeta. (2)
3. Tengo un diccionario. (2)
4. Tengo un libro. (4)
5. Tengo un borrador. (3)
6. Tengo un profesor muy guapo. (2)
7. Tengo un mapa. (2)
8. Tengo un lápiz. (7)
9. Tengo un amigo en España. (4)
10. Tengo una mochila. (2)

c. ¿Cuántos hay? Tell how many people there are in each of these categories at the assembly.

MODELO señorita (6)
Hay seis señoritas.

1. amigo (22)
2. profesor (19)
3. director (2)
4. chica (11)
5. profesora (13)
6. señor (17)
7. chico (18)
8. estudiante (29)
9. señora (7)

ch. **¿Por favor?** Your younger brother always borrows your things. Tell what he wants to borrow now.

MODELO   libro   o   libros
           el libro   **los libros**

1. mochila   3. lápices   5. bolígrafo   7. diccionario
2. cuadernos   4. carpetas   6. video   8. papeles

2.3 TELLING TIME

The hour, quarter hour, and half hour in Spanish are given as follows:

On the hour	Quarter hour	Half hour
Son las cinco.	**Son las nueve y cuarto.**	**Son las doce y media.**

The following expressions are used when telling time in Spanish:

Up to the half hour, add minutes to the hour using **y.**

     Son las [*hour*] **y** [*minutes*]**.**
      3:20   Son las tres y veinte.
     11:05   Son las once y cinco.

After the half hour, subtract minutes from the next hour using **menos.**

     Son las [*next hour*] **menos** [*minutes*]**.**
      9:49   Son las diez menos once.
     4:35   Son las cinco menos veinticinco.

■ When talking about 1:00 (between 12:30 and 1:30), **es** is used instead of **son.**

        1:14   **Es** la una y catorce.
       12:35   **Es** la una menos veinticinco.

■ *Noon* and *midnight* are expressed as **(el) mediodía** and **(la) medianoche.**

| La clase es **a mediodía.** | *The class is at 12:00 noon.* |
| El programa es **a medianoche.** | *The program is at midnight.* |

■ In Spanish, A.M. = **de la mañana,** and P.M. = **de la tarde** (from 12:00 noon to dark) and **de la noche** (after dark).

      9:15 A.M.   las nueve y cuarto **de la mañana**
      4:50 P.M.   las cinco menos diez **de la tarde**
     11:00 P.M.   las once **de la noche**

- When no specific hour is mentioned, the expressions **por la mañana, por la tarde,** and **por la noche** are used.

Tengo matemáticas **por la mañana,** historia **por la tarde** y computación **por la noche.**   *I have math in the morning, history in the afternoon, and computer class in the evening.*

- Be careful to distinguish between *what* time it is and *at* what time something occurs.

¿Qué hora es?   *What time is it?*
Son las dos y cuarto.   *It's two-fifteen.*

¿A qué hora es la clase?   *At what time is the class?*
A las dos y media.   *At two-thirty.*

- Many schedules—buses, trains, planes, theaters, museums—use a twenty-four-hour clock. In other words, after 12:00 noon, the hours are **13,00 h.** through **24,00 h.** (*1:00 P.M.–12:00 midnight*). Note: **h. = horas.**

15,00 h.   =   las tres de la tarde.
20,30 h.   =   las ocho y media de la noche.

In order to convert back to twelve-hour time, you must subtract twelve from the hour.

18,00 h.   (18 minus 12 =)   *6:00 P.M.*
22,30 h.   (22,30 minus 12 =)   *10:30 P.M.*

Vamos a practicar _____

a. ¿Qué hora es?   Give the time according to the following clocks.

MODELO   **Son las nueve y cuarto de la mañana.**

1.

2.

3.

4.

5.

6.

7.

8.

b. **¿A qué hora?**   At what time of day do you do the following things?

MODELO   brush your teeth
A las siete y cuarto de la mañana.

1. get up in the morning
2. leave for school
3. eat lunch
4. go home from school
5. eat dinner
6. do your homework
7. watch TV
8. go to bed

c. **En punto.**   At what times do planes leave San Juan bound for New York?

MODELO   7,30 h.
A las siete y media de la mañana.

1. 9,00 h.
2. 10,35 h.
3. 12,00 h.
4. 13,30 h.
5. 15,15 h.
6. 17,20 h.
7. 21,45 h.
8. 23,00 h.

ch. **¿Cuándo es?**   Julio is a very precise person. Pablo tends not to worry about details. How does each respond to the following questions?

MODELO   ¿Cuándo es tu clase de matemáticas? (9,10 h.)
Julio: **A las nueve y diez de la mañana.**
Pablo: **Por la mañana.**

1. ¿Cuándo es tu clase de computación? (8,00 h.)
2. ¿Cuándo tienes educación física? (14,15 h.)
3. ¿Cuándo es tu clase de ciencias? (12,45 h.)
4. ¿Cuándo tienes español? (15,00 h.)
5. ¿Cuándo es tu clase de historia? (10,15 h.)
6. ¿Cuándo tienes música? (13,10 h.)
7. ¿Cuándo es tu clase de baile? (16,45 h.)
8. ¿Cuándo tienes inglés? (11,00 h.)

2.4 THE VERB *TENER*: SINGULAR FORMS

The verb **tener** (*to have*) is used to talk about things or activities that you have.

Tener	
yo	**tengo**
tú	**tienes**
usted	**tiene**
él, ella	**tiene**

Tienes español en la sala 22.   *You have Spanish in room 22.*
Eva **tiene** cinco clases hoy.   *Eva has five classes today.*
Tengo un problema.   *I have a problem.*

Vamos a practicar

a. Mi casillero. Students always store a variety of things in their lockers. Following the cues, tell what you have in *your* locker.

MODELO   cuaderno
Tengo (cinco) cuadernos. o
No tengo cuadernos.

1. lápiz
2. carpeta
3. bolígrafo
4. libro

5. mochila
6. foto
7. diccionario
8. mapa

b. Horarios. José, Julia, and Elvira are discussing their class schedules. Find out how these compare by completing the conversation with the appropriate forms of the verb **tener.**

MODELO   José **tiene** educación física a las tres.

Julia: Yo _____ tengo _____ matemáticas a las nueve.

Elvira: ¿Ah, sí? José también. José, ¿no _____ tienes _____ tú matemáticas a las nueve?

José: Sí. Y a las dos Julia _____ tiene _____ biología conmigo.

Elvira: Julia, ¿ _____ tienes _____ clase con la Srta. Gómez?

Julia: Sí, _____ tengo _____ inglés con ella. ¡Es mi profesora favorita!

c. ¿Cuál es tu horario? Compare your schedule with the following students' schedules.

MODELO   Miguel **tiene** educación física a la una.
         Yo **tengo** educación física a las _____.

1. Sara _____ matemáticas a las nueve menos cuarto.
   Yo _____ matemáticas a las _____.

2. Ramón _____ historia a las nueve y media.
   Yo _____ historia a las _____.

3. Gloria _____ ciencias a las diez y cuarto.
   Yo _____ ciencias a las _____.

4. Estela _____ inglés a las once.
   Yo _____ inglés a las _____.

5. Carlos _____ español a las dos menos cuarto.
   Yo _____ español a las _____.

6. Martín _____ educación física a las dos y media.
   Yo _____ educación física a las _____.

LECCIÓN 2

2.5 ADJECTIVES: SINGULAR AND PLURAL FORMS
Used to Describe People and Things

Adjectives, like nouns, have both singular and plural forms.

Formation of Plural Adjectives

If the singular form of an adjective ends in a vowel, add -s.

SINGULAR	PLURAL
buen**o**	buenos
perfeccionist**a**	perfeccionistas
excelent**e**	excelentes

If the singular form of an adjective ends in a consonant, add -es.

SINGULAR	PLURAL
popula**r**	populares
fata**l**	fatales
difíci**l**	difíciles

- In Spanish, adjectives must agree in number (*singular / plural*) and in gender (*masculine / feminine*) with the noun they modify. Note that adjectives usually follow the noun.

   Él es mi profes**or** favorit**o.**   *He is my favorite teacher.*
   Las clas**es** son estupend**as.**   *The classes are fabulous.*

- When one adjective describes two or more nouns, one of which is masculine, the masculine form of the adjective is used.

   La profesora y el director son alt**os.**
   El patio y la cafetería son fantástic**os.**

- Words ending in **-ista** are either masculine or feminine.

   el artista
   la artista   *the artist*

   el pianista
   la pianista   *the pianist*

a. Descripciones. Choosing from the list of adjectives, tell how Sara describes her parents and her friends. There may be more than one correct answer in some instances.

Mi amiga Daniela es _____ .   desorganizadas
Mi mamá y mi papá son _____ .   simpáticas
Rafael es _____ .   guapos
Susana y Victoria son _____ .   tímida
Mi papá y yo somos _____ .   inteligentes
Tú y Carlos son _____ .   perfeccionistas
Mis amigas son _____ .   alto

b. Me gusta mi nueva escuela. Help Elena complete this letter to her friend by providing the correct form of the adjective corresponding to each blank space.

1. excelente   **3.** bueno   **5.** fácil   **7.** divertido
2. exigente   **4.** interesante **6.** simpático   **8.** aburrido

> Querida Carolina,
>
>   ¡Hola! Mi nueva escuela es _1_. Me gustan
> mucho los profesores. Son _2_ pero son _3_
> también. Mis clases son _4_ pero no son _5_. Los
> estudiantes son _6_. Hay muchos chicos. Son _7_.
> No son _8_.
>   ¿Cómo está todo en tu escuela? Escríbeme.
> Hasta pronto.
>   Tu amiga
>   Elena

c. ¿Cómo son? Combine the following into complete sentences to tell how some students describe your school.

MODELO   Los profesores son _____ (bueno).
         Los profesores son **buenos.**

1. El colegio es _____ (estupendo).
2. La profesora de español es _____ (organizado).
3. Unos estudiantes son _____ (regular).
4. Otros estudiantes son _____ (estudioso).
5. Unas clases son _____ (fantástico).
6. Otras clases son _____ (aburrido).
7. Los profesores de matemáticas son _____ (exigente).
8. Las clases de educación física son _____ (bueno).

2.6 SUBJECT PRONOUNS: SINGULAR AND PLURAL FORMS

You know that **yo, tú, usted, él,** and **ella** are *singular subject pronouns* used to identify people without using or repeating their names. *Plural subject pronouns* are used when the subject of the sentence refers to two or more persons, places, or things.

Subject Pronouns			
	Singular	Plural	
I	**yo**	**nosotros** **nosotras**	*we* (masculine) *we* (feminine)
you (familiar) *you* (formal)	**tú** **usted**	**vosotros(as)** **ustedes**	*you*
he, it (masculine) *she, it* (feminine)	**él** **ella**	**ellos** **ellas**	*they* (masculine) *they* (feminine)

- **Yo** and **nosotros(as)** refer to the persons speaking, **tú, usted, vosotros(as),** and **ustedes** to the persons spoken to, and **él, ella,** and **ellos(as)** to the persons or things spoken about.

- **Nosotras** and **ellas** refer to groups of all females. **Nosotros** and **ellos** are used for mixed groups or groups of all males.

- As with singular pronouns, plural pronouns are used only for clarification or for emphasis.

  Clarification:
    No son **ellos**, son **ellas**.

  Emphasis:
    Nosotros somos inteligentes, **ellos** no.

- In Spain, **vosotros(as)** is used as the plural of **tú;** in Latin America, **ustedes** is used as the plural of both **tú** and **usted.**

Vamos a practicar _____

a. ¿Quiénes?   What subject pronouns would you use to talk about the following people?

MODELO   Carlos y yo
nosotros

1. Carlota y María
2. mi amiga y yo
3. Manuel y Andrés
4. tú y tú
5. ustedes y el profesor
6. usted y yo
7. tú y Juan
8. tú y yo
9. tú y ella

b. **¿Uno o más?** Make the singular pronouns plural and the plural pronouns singular.

MODELO ustedes
usted

1. yo	**4.** él	**7.** ustedes
2. nosotros	**5.** usted	**8.** ellos
3. tú	**6.** ellas	**9.** nosotras

2.7 THE VERB SER

In **Unidad 1** (section 1.2), you learned the singular forms of the verb **ser** (*to be*). Here are both the singular and plural forms.

Ser			
yo	**soy**	nosotros(as)	**somos**
tú	**eres**	vosotros(as)	**sois***
usted	**es**	ustedes	**son**
él, ella	**es**	ellos, ellas	**son**

Somos muy simpáticos, ¿no?
Ustedes **son** norteamericanos, ¿verdad?
Mis clases no **son** fáciles.

Vamos a practicar

a. **¿Cómo son?** Find out what Anita says about the people in her school by completing the blanks with the proper form of the verb **ser.**

MODELO Antonia y Andrea **son** rubias.

1. Carlota y yo _____ inteligentes.
2. Elena _____ muy bonita.
3. Roberto y Laura _____ antipáticos.
4. Tú _____ desorganizada.
5. La profesora Estrada _____ exigente.
6. Nosotras _____ delgadas.
7. Ustedes _____ altos.
8. Yo _____ guapa.
9. El Sr. Nogales _____ interesante.

*The **vosotros(as)** form is presented in the verb charts of the *Gramática* section for awareness and recognition. The form does not appear in the exercises, and therefore students will not be expected to produce it.

b. **Compañeros de clase.** How does Mario describe the people in his Spanish class? There may be more than one correct answer in some instances.

MODELO **María es atlética.** o **Ellos son altos.**

ustedes	inteligente
Carlos	bonitas
yo	altos
tú y tu amigo	tímido
nosotros	interesantes
tú	guapos
María	fatal
Clara y Raúl	atlética
Marta y yo	simpático
el Sr. Nogales	romántica

c. **¡Somos fantásticos!** You are teasing a friend from a rival school. What do you say?

MODELO fantástico / fatal
Nosotros somos fantásticos; ustedes son fatales.

1. divertido / aburrido
2. simpático / antipático
3. organizado / desorganizado
4. guapo / feo
5. inteligente / tonto
6. bueno / malo

ch. **Mis amigos.** Carmen is describing people in her neighborhood. What does she say?

MODELO el Sr. González / alto
El señor González es alto.

1. Alicia / simpático
2. Raúl y Ernesto / alto
3. Paco y yo / delgado
4. la Sra. Álvarez / gordo
5. yo / moreno
6. ustedes / guapo
7. tú / pequeño
8. ellas / rubio

2.8 THE VERB **ESTAR**

The verb **estar** (*to be*) has the following forms:

Estar			
yo	**estoy**	nosotros(as)	**estamos**
tú	**estás**	vosotros(as)	**estáis**
usted	**está**	ustedes	**están**
él, ella	**está**	ellos, ellas	**están**

- You already know that the verb **estar** is used in greetings and to talk about how people feel.

¿Cómo **está** usted?	*How are you?*
¿**Estás** bien?	*Are you OK?*
Sí, **estoy** bien.	*Yes, I'm fine.*

- **Estar** is also used to tell the location of people and things.

¿Dónde **está** Lima?
Pedro **está** en la biblioteca.
¿Por qué **están** ustedes aquí?
Ellas **están** en México.

Vamos a practicar

a. **¿Dónde están todos?**   Use the proper forms of the verb **estar** to help the school secretary locate the following people.

1. ¿Dónde _está_ Marcos?
   Marcos _está_ en la clase de biología.

2. Y Alfredo, ¿dónde _está_ él?
   Está en la clase de historia.

3. Y, ¿dónde _están_ Tomás y Mario?
   Están en el gimnasio.

4. Y el otro profesor de educación física, ¿dónde _está_?
   está en la biblioteca.

5. Y, ¿dónde _está_ tu amigo?
   _____ en la clase de matemáticas.

b. **¿Dónde estamos?**   Susana and Clara are trying to find their way around their new high school. How would they ask someone where the following people and places are?

MODELO   la cafetería
          ¿Dónde está la cafetería?

1. el gimnasio
2. los profesores de matemáticas
3. las computadoras
4. el teatro
5. la directora
6. nosotras
7. la oficina del director
8. las salas de música
9. la biblioteca
10. los baños

c. **¿Dónde?** When the principal tries to locate various people over the PA system, the teachers respond. What do they tell him?

MODELO el profesor Martínez / patio
El profesor Martínez está en el patio.

1. la Sra. Valdez / cafetería
2. Alicia y Daniel / clase de álgebra
3. el Sr. García / gimnasio
4. María Hernández / teatro
5. las profesoras Gómez y Durán / oficina
6. el profesor Fernández / clase de biología
7. Guillermo y Margarita Lozano / sala 21
8. los profesores de química / laboratorio

ch. **El Agente 006.** Agent 006 is in a meeting with his division chief. Complete their conversation with the appropriate forms of **estar.**

Jefe: ¿Dónde _____ el Agente 003?
Agente 006: El 003 _____ en Bolivia.
Jefe: ¿Dónde _____ los Agentes 014 y 002?
Agente 006: _____ en Panamá.
Jefe: ¿Dónde _____ el Agente 006?
Agente 006: ¿El 006? Yo _____ aquí con usted.
Jefe: ¿Y dónde _____ nosotros?
Agente 006: Es un secreto.

L E C C I Ó N 3

2.9 INFINITIVES

The basic form of the verb used to name an action is called the *infinitive*. This is the form that appears in Spanish dictionaries. In English, infinitives begin with *to*: *to work, to run, to write.* In Spanish, the infinitive always ends in **-ar, -er,** or **-ir: trabaj*ar*, corr*er*, escrib*ir*.**

Some common infinitives are:

-ar verbs			
alquilar	*to rent*	**mirar**	*to look at*
calificar	*to grade*	**participar**	*to participate*
estar	*to be*	**pasear**	*to take a walk, ride*
estudiar	*to study*	**practicar**	*to practice*
hablar	*to talk, speak*	**preparar**	*to prepare*
jugar	*to play* (a game)	**trabajar**	*to work*
limpiar	*to clean*	**viajar**	*to travel*

-er verbs	
comer	to eat
correr	to run
hacer	to do, make
leer	to read
ser	to be
tener	to have
ver	to see, watch

-ir verbs	
escribir	to write
ir	to go
salir	to go out, leave
subir	to go up, climb;
	to get into (a vehicle)

- The infinitive is used to name activities. Notice that in English we often use the *-ing* form where Spanish uses the infinitive.

Mis pasatiempos favoritos son **jugar** fútbol, **ver** la tele y **leer.**	*My favorite pastimes are playing soccer, watching TV, and reading.*
Siempre **estar** en casa es aburrido.	*Always being at home is boring.*

Vamos a practicar

a. **¡Pasatiempos!** What are your favorite pastimes? Select five from the list below.

MODELO   **Mis pasatiempos favoritos son . . .**

alquilar videos	comer	ver la tele
hacer la comida	jugar fútbol	hablar por teléfono
pasear en bicicleta	leer	limpiar la casa
estudiar	ir al teatro	escribir composiciones

b. **Probablemente . . .**   List five things you will probably do today after school.

c. **¿Y usted?**   List five things you think your teacher will do today.

2.10   THE VERB IR AND IR A + INFINITIVE

The verb **ir** (*to go*) is irregular. It has the following forms:

Ir			
yo	**voy**	nosotros(as)	**vamos**
tú	**vas**	vosotros(as)	**vais**
usted	**va**	ustedes	**van**
él, ella	**va**	ellos, ellas	**van**

■ To talk about what you are going to do, you can use:

ir + a + *infinitive*

¿Qué **vas a hacer**?   *What are you going to do?*
Voy a limpiar la casa.   *I'm going to clean the house.*
Van a jugar fútbol.   *They're going to play soccer.*

Vamos a practicar

a. **¿Qué van a hacer?**   What are you and your friends planning to do after school today? Some may be planning to do more than one thing.

EJEMPLO   **Ramón y Eva van a ver televisión.**

Carlos y yo   va a alquilar un video
Arturo   van a preparar la comida
Ramón y Eva   voy a estudiar para un examen
tú y Julio   vamos a trabajar en el restaurante
tú y yo   van a salir con Mario y Ricardo
Natalia y Yolanda   van a ver televisión
yo   vamos a comer algo

b. **Por la noche . . .**   Complete the sentences with the correct form of **ir** to find out what this family is going to do this evening.

1. Mamá _____ a hacer la comida.
2. Nosotros _____ a comer.
3. Yo _____ a hacer la tarea.
4. Jaime y Marta _____ a alquilar una película.
5. Papá _____ a hablar con sus amigos.
6. Papá y mamá _____ a leer.
7. Tú _____ a jugar fútbol.
8. Ustedes _____ a hablar por teléfono.

c. **¿Y los profesores?**   Complete the sentences to see what the principal says she and her staff are going to do after school today.

MODELO   la Sra. Estrada / ver televisión
          La señora Estrada va a ver televisión.

1. la Srta. Rivera / limpiar / casa
2. la Sra.Estrada / hacer / comida
3. yo / leer / libro
4. el Sr. Arenas y un amigo / alquilar / video
5. mi secretaria y yo / escribir / carta
6. la Srta. Rivera y la Sra. Estrada / calificar exámenes
7. mi secretaria y yo / jugar tenis
8. el Sr. Arenas / correr un rato

2.11 THE VERB TENER AND TENER QUE + INFINITIVE
Used to Talk about Possessions and Obligations

The verb **tener** (*to have*) has the following forms:

Tener			
yo	**tengo**	nosotros(as)	**tenemos**
tú	**tienes**	vosotros(as)	**tenéis**
usted	**tiene**	ustedes	**tienen**
él, ella	**tiene**	ellos, ellas	**tienen**

You already know that the verb **tener** is used to talk about things you have.

¿**Tienen** ustedes el video? *Do you have the video?*
Tengo matemáticas a las 9:00. *I have math at 9:00.*
No **tenemos** clase hoy. *We do not have class today.*

■ To talk about what you are obligated to do, you can use:

tener que + *infinitive*

Tengo que limpiar mi cuarto. *I have to clean my room.*
Tienes que trabajar. *You have to work.*
Tenemos que estudiar. *We have to study.*

Vamos a practicar _____

a. **¡Qué desorganizados!** The Spanish teacher always finds that some students do not have the books or supplies they need. What did the following people forget today?

MODELO Alicia no **tiene** bolígrafo.

1. Delia no _____ papel.

2. Yo no _____ lápiz.

3. Beatriz y Magdalena no _____ cuaderno.

4. Nosotras no _____ el libro.

5. Alejandro no _____ borrador.

6. Ustedes no _____ carpeta.

7. Raimundo y yo no _____ mochila.

8. Tú no _____ bolígrafo.

b. **¡Qué noche!** Tell what everyone has to do tonight by completing the sentences with the correct form of **tener.**

MODELO   Estela / hablar con el director
Estela tiene que hablar con el director.

1. Román / estudiar para un examen de biología
2. Francisca y Luisa / escribir una composición
3. yo / limpiar la casa
4. tú / estudiar para la clase de historia
5. nosotros / trabajar mucho
6. tú y yo / hacer la comida
7. ellos / ir a una clase
8. ustedes / practicar el piano

c. **¿Qué hacen el sábado?** What do you and your friends have to do this Saturday?

MODELO   Ana y Eva / hacer la comida
Ana y Eva tienen que hacer la comida.

1. Alicia / limpiar la casa
2. Mónica y yo / ir a la clase de baile
3. Roberto y Antonio / estudiar en la biblioteca
4. tú / practicar el piano
5. yo / estudiar para un examen
6. Paula / trabajar en el restaurante de su papá
7. ustedes / hacer la tarea
8. tú y yo / hablar por teléfono

ch. **Tengo que . . .** At what time do you have to do the following?

MODELO   comer: 6:00 P.M.
Tengo que comer a las seis de la tarde.

1. ir a trabajar: 4:00 P.M.
2. practicar karate: 5:30 P.M.
3. estar en la escuela: 7:00 A.M.
4. salir de la escuela: 2:45 P.M.
5. hacer la tarea: 7:30 P.M.
6. hablar con el profesor: 10:50 A.M.
7. limpiar mi cuarto: 3:45 P.M.
8. estudiar español: 8:15 P.M.

L E C C I Ó N 1

3.1 IR A

Used to Talk about Destination

In **Unidad 2,** you learned that **ir a** is used with an infinitive to talk about what you are going to do.

Vamos a correr esta tarde.

Ir a is also used to talk about where you are going.

> **ir a** + *place*

Voy a mi clase de baile.   *I am going to my dance lesson.*
¿**Vamos a** la biblioteca hoy?   *Are we going to the library today?*

■ Note that when **a** is followed by **el,** the contraction **al** is formed.

> **a + el = al**

Mi familia va **al** parque los   *My family goes to the park*
   domingos.   *on Sundays.*
¿Qué tal si vamos **al** cine?   *How about if we go to the movies?*

■ **Vamos,** the **nosotros** form, can also mean *let's.*

Vamos a alquilar un video.   *Let's rent a video.*
Vamos al cine.   *Let's go to the movies.*
¡**Vamos!**   *Let's go!*

Vamos a practicar

a. **¿Adónde van?** Tell where the following people are going.

MODELO   Juanita **va** al Colegio San Martín.

1. María _____ al Colegio San Martín también.
2. Lisa y tú _____ al parque.
3. Felipe y yo _____ al gimnasio.
4. Yo _____ al cine.
5. Tú _____ a la clase de matemáticas.
6. Juanita _____ a la cafetería.
7. Hernán y Soledad _____ a la biblioteca.
8. Nosotros _____ al salón 21.
9. Enrique _____ al Lago Chapultepec.
10. Ustedes _____ al restaurante.

el parque más grande

The Island

b. ¡Por fin, es viernes! It's finally Friday, and you and some friends are discussing your plans for the weekend. Where is everyone going?

MODELO Pancho y Ricardo van **al** cine.

1. Lupe y María van _____ centro comercial.
2. Voy _____ Café Toluca.
3. Antonio y yo vamos _____ tienda.
4. Yolanda va _____ parque.
5. Vas _____ cafetería.
6. Vamos _____ zoológico.
7. Daniel va _____ gimnasio.
8. Voy _____ museo.
9. Tú y Carlos Javier van _____ fiesta.
10. Rosa María va _____ biblioteca municipal.

c. ¡Qué fin de semana! Tell where these people are going on the weekend.

MODELO Carlos / clase de karate
Carlos va a la clase de karate.

1. papá / restaurante
2. Tina y Luisa / biblioteca
3. mamá / clase de baile
4. tú / gimnasio
5. yo / cine
6. usted / centro comercial
7. Carlos y tú / museo
8. usted y yo / zoológico
9. la profesora Pérez / parque
10. ustedes / fiesta de un amigo

ch. ¿Qué hacemos? Suggest that you and your friend do the following activities. Your friend will agree.

MODELO ¿Alquilamos un video?
Sí, vamos a alquilar un video.

1. ¿Jugamos fútbol?
2. ¿Leemos libros?
3. ¿Vemos televisión?
4. ¿Compramos ropa?
5. ¿Hacemos ejercicio?
6. ¿Escuchamos música?
7. ¿Comemos pizza?
8. ¿Paseamos ahora?
9. ¿Hablamos español?

3.2 THE INDEFINITE ARTICLE AND *HAY*

The indefinite article has four forms in Spanish.

Indefinite Articles		
	Singular	Plural
Masculine	**un** (*a, an*)	**unos** (*some*)
Feminine	**una** (*a, an*)	**unas** (*some*)

Ella tiene **un** libro nuevo.	*She has a new book.*
Es **una** profesora muy exigente.	*She's a very demanding teacher.*
Hay **unas** tiendas interesantes allí.	*There are some interesting stores there.*

Hay, a form of the verb **haber,** means both *there is* and *there are.* In a question, ¿**Hay?** means *Is there?* or *Are there?*

Hay un museo en el parque.   *There is a museum in the park.*
Hay unos refrescos aquí.   *There are some soft drinks here.*
¿**Hay** discos en oferta?   *Are there records on sale?*

■ The indefinite article is usually omitted when **hay** is used in the negative.

No hay cines en esta ciudad.   *There are no movie theaters in this city.*
¿**No hay** centros comerciales?   *Aren't there any shopping centers?*

Vamos a practicar

a. En mi ciudad. Form sentences to indicate that the following are found in your town.

MODELO   restaurantes excelentes
      Hay unos restaurantes excelentes.

1. cines buenos
2. tiendas de computadoras
3. gimnasio grande
4. restaurante mexicano
5. biblioteca
6. cafetería
7. tiendas de discos para jóvenes
8. laboratorios de ciencia
9. clases de karate
10. tiendas elegantes

b. ¡Muchas cosas! ¿Qué hay en tu mochila?

MODELO   3 libros
      Hay tres libros.

1. 1 diccionario
2. 1 calculadora
3. 3 lápices
4. 2 carpetas
5. 2 cuadernos
6. 1 examen
7. 4 bolígrafos
8. muchos papeles

c. ¿Quiénes son? As you have lunch in the school cafeteria, your best friend is sitting with her back to the door and can't see who is walking into the cafeteria. What do you tell her?

MODELO   profesores   chica
      Son unos profesores.   **Es una chica.**

1. chicas
2. amigo
3. señor
4. señoras
5. chico
6. señores
7. profesor
8. profesoras

ch. Cerca de mi casa. Tell if there are any of the following near your house.

MODELO   ¿Hay una tienda de discos?
      Sí, hay una tienda de discos. o No, no hay tiendas de discos.

1. ¿Hay una escuela?
2. ¿Hay un gimnasio?
3. ¿Hay un cine?
4. ¿Hay una biblioteca?
5. ¿Hay una cafetería?
6. ¿Hay un parque grande?
7. ¿Hay un café?
8. ¿Hay un museo?
9. ¿Hay un restaurante?

3.3 THE VERBS GUSTAR AND ENCANTAR
Used to Express Likes and Dislikes

The verb **gustar** (*to like*) is used to express likes and dislikes. It is always preceded by **me, te,** or **le** to state that *I, you,* or *she* or *he* likes something.

Gustar		
I	(no) **me** gusta	(a mí)
you	(no) **te** gusta	(a ti)
	(no) **le** gusta	(a usted)
he	(no) **le** gusta	(a él)
she		(a ella)

¿**Te gusta** la profesora?	*Do you like the teacher?*
Me gusta mucho pero **no me gusta** la tarea.	*I like her a lot, but I don't like the homework.*
A Carlos **le gusta** bailar.	*Carlos likes to dance.*

■ **A + mí / ti / usted / él / ella** is frequently used to emphasize or clarify who is doing the liking or disliking.

A ella no le gustan.	*She doesn't like them.*
A mí me encanta el chocolate.	*I love chocolate.*
¿Le gusta **a usted**?	*Do **you** like it?*

Encantar (*to really like, love*) is used to talk about things you really like or love. Like **gustar**, **encantar** is always preceded by **me, te,** or **le** when stating that *I, you,* or *she* or *he* really likes something.

Gustar		Encantar
If one thing is liked:	*If one thing is disliked:*	*If one thing is really liked:*
me gusta	no **me** gusta	**me** encanta
te gusta	no **te** gusta	**te** encanta
le gusta	no **le** gusta	**le** encanta
If more than one thing is liked:	*If more than one thing is disliked:*	*If more than one thing is really liked:*
me gustan	no **me** gustan	**me** encantan
te gustan	no **te** gustan	**te** encantan
le gustan	no **le** gustan	**le** encantan

■ The verb ending for **gustar** and **encantar** always agrees with the thing or things that are liked. For this reason, these verbs are used mostly in the third-person singular and plural.

Profesor, ¿qué clase **le gusta** más?	*Professor, which class do you like better?*
¿Te gustan tus clases?	*Do you like your classes?*
Me encant**an.**	*I love them.*
Me encant**a** pasear en bicicleta.	*I love to go bike riding.*

- If what is liked or disliked is expressed by an infinitive, then the third-person singular form of **gustar** or **encantar** is used:

¿Te gust**a** correr?	*Do you like to run?*
No, pero me encant**a** ir de compras.	*No, but I love to go shopping.*
Le gust**a** leer y escribir cartas.	*She likes to read and to write letters.*

- **Gustaría** and **encantaría** are used to soften a request or to respond to a request. Their English equivalents are *would like* and *would love.*

¿Te gustaría ir conmigo?	*Would you like to go with me?*
No **me gustaría** ir a La Cueva pero **me encantaría** ir a La Posta.	*I wouldn't like to go to La Cueva, but I would love to go to La Posta.*

Vamos a practicar _____

a. ¡Me gusta! Tell how you feel about each item listed below.

MODELO   recreo
          Me gusta el recreo. o No me gusta el recreo.

1. fútbol	4. teatro	7. música rock
2. tarea	5. español	8. televisión
3. pizza	6. cafetería de la escuela	9. literatura

b. ¿Y a tu mamá? Tell if your mother (or another adult) likes the following.

MODELO   fiestas
          Sí, le gustan las fiestas. o No, no le gustan las fiestas.

1. videos	4. computadoras	7. tiendas de discos
2. películas	5. parques	8. casas grandes
3. restaurantes	6. centros comerciales	9. novelas románticas

c. ¿Te gusta? Answer the questions to indicate if you like to do the following.

MODELO   ¿Te gusta ir al cine?
          Sí, me gusta. o No, no me gusta.

1. ¿Te gusta ir de compras?	6. ¿Te gusta hacer la tarea?
2. ¿Te gusta preparar la comida?	7. ¿Te gusta correr?
3. ¿Te gusta bailar?	8. ¿Te gusta mirar videos?
4. ¿Te gusta estudiar en la biblioteca?	9. ¿Te gusta escuchar música?
5. ¿Te gusta leer en casa?	10. ¿Te gusta hablar por teléfono?

ch. ¡Le encanta! Tina is a very cheerful person who loves everything. How does she describe her feelings about the following?

MODELO las clases   leer novelas
Me encantan las clases.   **Me encanta leer novelas.**

1. los animales
2. la escuela
3. los centros comerciales
4. escribir cartas
5. estudiar español

6. las tiendas
7. ir de compras
8. el cine
9. los bailes folklóricos
10. hablar por teléfono

d. Preferencias. Tell how much you like the following things.

MODELO los exámenes
No me gustan los exámenes. o
Me gustan los exámenes. o
Me encantan los exámenes.

1. los restaurantes buenos
2. hablar con mis amigos
3. las personas divertidas
4. hacer la comida
5. alquilar videos

6. comer pizza
7. ver la tele
8. leer
9. pasear en bicicleta
10. las clases fáciles

L E C C I Ó N 2

3.4 *PRESENT TENSE: SINGULAR FORMS*

In **Unidad 2,** you learned that infinitives in Spanish end in **-ar, -er,** or **-ir.** To tell who performs an action, you must conjugate the infinitive. This means you replace the infinitive ending with the ending corresponding to the subject. The following chart shows the singular endings.

Singular Present-Tense Endings		
Subject Pronoun	Verb Endings	
	-ar	**-er/-ir**
yo	**-o**	**-o**
tú	**-as**	**-es**
usted	**-a**	**-e**
él, ella	**-a**	**-e**

Below are sample singular conjugations for **-ar, -er,** and **-ir** verbs.

	-ar bail**ar**	**-er** com**er**	**-ir** escrib**ir**
yo	bail**o**	com**o**	escrib**o**
tú	bail**as**	com**es**	escrib**es**
usted	bail**a**	com**e**	escrib**e**
él, ella	bail**a**	com**e**	escrib**e**

Como a las siete.   *I eat at seven o'clock.*
¿**Bailas** bien?   *Do you dance well?*
Ana **escribe** muchas cartas.   *Ana writes lots of letters.*

■ The present tense of any Spanish verb has three possible English equivalents:

Corro en el parque.
$$\begin{cases} \textit{I run in the park.} \\ \textit{I am running in the park.} \\ \textit{I do run in the park.} \end{cases}$$

Vamos a practicar _____

a. Después de clase.   What do you do after class?

MODELO   tomar un helado
           Después de clase tomo un helado.

1. tomar un refresco   **4.** escribir cartas   **7.** leer un libro
2. correr veinte minutos   **5.** hablar por teléfono   **8.** tomar un helado
3. ver televisión   **6.** pasear en coche   **9.** comer un sándwich

b. ¿Qué haces?   What questions was this person asked in a survey?

MODELO   ¿ . . . ?   No, no canto muy bien.
           ¿Cantas bien?

1. ¿ . . . ? Sí, bailo muy bien.   **5.** ¿ . . . ? No, no leo muchos libros.
2. ¿ . . . ? No, no veo mucha televisión.   **6.** ¿ . . . ? No, no preparo la comida.
3. ¿ . . . ? Sí, corro todos los días.   **7.** ¿ . . . ? Sí, tomo mucho helado.
4. ¿ . . . ? Sí, hablo español un poco.   **8.** ¿ . . . ? Sí, estudio por la noche.

c. Todos los días.   Complete the following paragraph with the appropriate form of the verbs listed below to find out what José does every day after school.

1. salir   **3.** escuchar   **5.** hacer   **7.** estudiar
2. practicar   **4.** comer   **6.** escribir   **8.** ver

José __1__ de clase a las 3:00 de la tarde. Él __2__ karate dos horas hasta las 5:00.
Luego él va a casa y __3__ sus discos compactos por media hora. __4__ entre las
5:30 y las 6:00 de la tarde. Después de comer, __5__ su tarea, __6__ composiciones
o __7__ para exámenes. Por la noche, José __8__ televisión.

ch. **¿Qué hacen?**   What do the following people do in their free time?

> MODELO   Enrique / escribir cartas
> **Enrique escribe cartas.**

1. usted / escuchar música
2. él / trabajar en una tienda
3. yo / leer una novela romántica
4. María / ver televisión
5. tú / tomar refrescos
6. Roberto / escuchar sus discos compactos
7. ella / salir con sus amigos
8. José / correr en el parque
9. yo / mirar películas en la tele
10. tú / comer mucho

3.5   THE SEASONS AND WEATHER EXPRESSIONS

The four seasons in Spanish are:

el verano	*summer*	**el invierno**	*winter*
el otoño	*fall*	**la primavera**	*spring*

Es **otoño** ahora.	*It is fall now.*
No vamos al parque en **invierno.**	*We don't go to the park in the winter.*
La **primavera** es mi estación favorita.	*Spring is my favorite season.*

When talking about the weather in Spanish, the third-person singular of the verb **hacer** is frequently used.

¿Qué tiempo **hace**?	*What's the weather like?*
Hace buen tiempo.	*The weather is good.*
Hace mal tiempo.	*The weather is bad.*
Hace (mucho) sol.	*It's (very) sunny.*
Hace (mucho) viento.	*It's (very) windy.*
Hace (mucho) calor.	*It's (very) hot.*
Hace (mucho) frío.	*It's (very) cold.*
Hace fresco.	*It's cool.*

To indicate that it's raining or snowing, say **Está lloviendo** or **Está nevando.**

¿**Está nevando** ahora?	*Is it snowing now?*
No, pero **está lloviendo.**	*No, but it's raining.*

To make a general statement, however, use the third-person singular of the verbs **llover** and **nevar.**

Llueve mucho por aquí.	*It rains a lot around here.*
Nieva muy poco.	*It snows very little.*

Vamos a practicar

a. ¿Qué estación es?   The seasons in parts of South America are opposite those in the United States. What season is it in the cities followed by a question mark?

MODELO   Chicago, Illinois: verano .... Santiago, Chile: ?
Es invierno en Santiago.

1. Miami, Florida: invierno .... Asunción, Paraguay: ?
2. Phoenix, Arizona: primavera .... La Paz, Bolivia: ?
3. Raleigh, North Carolina: otoño .... Lima, Perú: ?
4. Little Rock, Arkansas: verano .... Buenos Aires, Argentina: ?
5. Wichita, Kansas: ? .... Bogotá, Colombia: primavera
6. Norfolk, Virginia: ? .... Quito, Ecuador: otoño
7. Syracuse, New York: ? .... Montevideo, Uruguay: verano

b. ¿Qué tiempo hace?   Select the weather expression that most logically completes each sentence.

MODELO   En verano (hace calor / hace frío).
En verano hace calor.

1. En primavera (hace buen tiempo / nieva).
2. En otoño (hace fresco / hace calor).
3. En verano (hace frío / hace mucho sol).
4. En invierno (nieva / hace fresco).
5. En verano (hace frío / hace buen tiempo).
6. En invierno (hace viento / hace mal tiempo).
7. En primavera (hace mucho frío / llueve).
8. En otoño (nieva / hace viento).

c. Las cuatro estaciones.   Pepe lives in Bolivia. How does he describe the weather during the various seasons?

MODELO   invierno / frío
En invierno hace frío.

1. verano / calor
2. primavera / fresco
3. invierno / mal tiempo
4. verano / buen tiempo
5. primavera / buen tiempo
6. otoño / llueve
7. verano / sol
8. primavera / viento
9. invierno / nieva

ch. El inverso.   What season is it and what is the weather probably like in the following United States and South American cities on the same day?

MODELO   En Washington, D.C., es invierno. Nieva y hace mucho frío.
              ¿Y en Buenos Aires?
              En Buenos Aires es verano. Hace sol y hace mucho calor.

1. En El Paso, Texas, es verano. Hace mucho sol y hace mucho calor. ¿Y en Santiago de Chile?
2. En Boston, Massachusetts, es primavera y hace fresco. ¿Y en Lima?
3. En Des Moines, Iowa, es otoño. Hace viento y hace fresco. ¿Y en Montevideo?
4. En Portland, Oregon, es invierno. Llueve y hace frío. ¿Y en Quito?

LECCIÓN 3

3.6 PRESENT TENSE: PLURAL FORMS

The plural endings for present-tense **-ar, -er,** and **-ir** verbs are shown in the chart below.

Plural Present-Tense Endings			
Subject Pronouns	Verb Endings		
	-ar	**-er**	**-ir**
nosotros(as)	**-amos**	**-emos**	**-imos**
vosotros(as)	**-áis**	**-éis**	**-ís**
ustedes	**-an**	**-en**	**-en**
ellas, ellos	**-an**	**-en**	**-en**

The following chart gives sample plural conjugations for **-ar, -er,** and **-ir** verbs.

	-ar bail**ar**	**-er** com**er**	**-ir** escrib**ir**
nosotros(as)	bail**amos**	com**emos**	escrib**imos**
vosotros(as)	bail**áis**	com**éis**	escrib**ís**
ustedes	bail**an**	com**en**	escrib**en**
ellas, ellos	bail**an**	com**en**	escrib**en**

Comemos en la cafetería de la escuela todos los días.

We eat in the school cafeteria every day.

¿**Escriben** muchas cartas?

Do you write a lot of letters?

Bailamos en la discoteca los fines de semana.

We dance at the discotheque on weekends.

Remember that present-tense verbs in Spanish have three English equivalents, as follows:

Escriben muchas cartas.

{
They write many letters.
They are writing many letters.
They do write many letters.

Vamos a practicar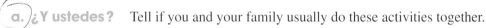

a. **¿Y ustedes?** Tell if you and your family usually do these activities together.

MODELO bailar
Bailamos juntos. o **No bailamos juntos.**

1. comer
2. leer
3. escuchar música
4. ver la tele
5. preparar la comida
6. pasear en bicicleta
7. salir a comer
8. alquilar videos
9. limpiar la casa

b. Profesionales. Use the expressions on the right to tell how these dedicated professionals usually spend their weekends.

MODELO **Los atletas practican horas y horas.**

pianistas	calificar exámenes
atletas	trabajar en su oficina
estudiantes	practicar horas y horas
profesores	tocar el piano
secretarias	escribir cartas
directores	estudiar

c. ¿Qué hacen todos? Tell what you and your friends do on weekends.

MODELO mi amiga y yo / tomar / refresco
Mi amiga y yo tomamos refrescos.

1. mis amigos y yo / practicar / karate
2. Elena y yo / mirar / película
3. mi amigo y yo / correr / parque
4. nosotros / comer / restaurante
5. mis amigos / ver / tele / noche
6. nosotros / leer / libro interesante
7. mamá y papá / alquilar / video
8. mis amigas / escuchar / discos

ch. Los sábados. You receive a letter from María, a pen pal in Guatemala, telling you a little about her weekends. To find out what she says, complete María's letter with the appropriate form of the verbs listed below.

1. trabajar
2. limpiar
3. practicar
4. estudiar
5. salir
6. ir
7. visitar
8. comer
9. ver
10. estudiar
11. hacer
12. esperar

Los sábados por la mañana mi papá _1_ en su oficina y mi mamá y yo _2_
la casa. Elena _3_ el piano y Roberto _4_ con un amigo. Por la tarde, toda
la familia _5_ al parque. Todos nosotros _6_ al parque de diversions y
Roberto _7_ el zoológico. Por la noche, nosotros _8_ juntos y _9_ la tele.
Los domingos Roberto y yo _10_ para las clases del lunes. ¿Qué _11_ tú
los fines de semana? Yo _12_ tu carta.

Un abrazo muy fuerte de
María

3.7 INDEFINITE AND NEGATIVE WORDS

In **Unidad 1,** you learned that the most common way to make a Spanish sentence negative is to put the word **no** before the verb.

No es verdad.	*It's not true.*
¿Por qué **no** vas con nosotros?	*Why don't you go with us?*
No es mi clase.	*It's not my class.*

Indefinite words are words that do not refer to anything or anyone specific. Certain indefinite words have contrasting negative forms.

Indefinite and Negative Words			
Affirmative Forms		**Negative Forms**	
algo	*something*	**nada**	*nothing, not anything*
alguien	*somebody*	**nadie**	*nobody, not anybody*
siempre	*always*	**nunca**	*never*
a veces	*sometimes*	**raras veces**	*seldom*

¿Van a comer **algo**?	*Are you going to eat something?*
Siempre como en casa.	*I always eat at home.*
Nunca estudio en la biblioteca.	*I never study at the library.*

■ In negative sentences, a negative word must always precede the verb. Note that when **no** precedes the verb, any other negative word follows it.

No hay **nadie** en el parque.	*There's nobody in the park.*
No vamos a comer **nada.**	*We're not going to eat anything.*
Nadie canta como ellos.	*Nobody sings like them.*
Nunca vamos a entrar.	*We're never going to get in.*

Vamos a practicar _____

a. ¡Qué ridículo!   Eduardo likes to get on his sister's nerves by contradicting everything she says. What does Eduardo say when she makes these comments?

MODELO   Papá nunca ve la tele por la noche.
Papá siempre ve la tele por la noche.

1. Los señores Romano nunca están en casa.
2. Los profesores nunca califican exámenes.
3. Carmen no come nada.
4. Ramón no estudia nunca.
5. Nadie tiene computación los miércoles.
6. Tú y yo nunca caminamos juntos.
7. La profesora no habla con nadie.
8. Elena nunca escribe cartas.

b. ¡Llueve! What do you do and what do you observe other people doing when it rains? Answer all the questions in the negative.

MODELO ¿Escribes algo cuando llueve?
No, cuando llueve no escribo nada.

1. ¿Alguien escucha la radio cuando llueve?
2. ¿Haces algo para comer cuando llueve?
3. ¿Siempre vas al zoológico cuando llueve?
4. ¿Lees algo en casa a veces cuando llueve?
5. ¿Alguien corre en el parque cuando llueve?
6. ¿Tomas helado a veces cuando llueve?
7. ¿Siempre subes a las lanchas cuando llueve?
8. ¿Juegas fútbol con alguien cuando llueve?

c. ¡Qué confusión! Enrique always gets everything backward. Help straighten him out by making his negative statements affirmative and vice versa.

MODELO Nadie come en el restaurante.
Alguien come en el restaurante.

1. A veces escriben cartas en clase.
2. Alguien espera el autobús.
3. María y Carmen siempre caminan a casa.
4. Nunca compra nada.
5. Francisca no come nada.
6. Los profesores nunca califican exámenes.
7. Nunca paseamos por el parque.
8. Le gusta escuchar algo.
9. Nadie visita los museos.
10. Alguien lee un libro.

ch. Editor. As an editor for the school newspaper, you are always having to find ways to shorten the articles you are editing. How would you shorten these sentences?

MODELO Elena no limpia la casa nunca.
Elena nunca limpia la casa.

1. No voy al parque nunca los viernes.
2. No estudia nadie los viernes.
3. No habla nadie como ella.
4. No me gusta nada.
5. No está nadie aquí.
6. Martín no sube a la montaña rusa nunca.
7. No come pizza nadie.
8. No pasa nada aquí.

LECCIÓN 1

4.1 POSSESSIVE ADJECTIVES

Possessive adjectives are used to indicate that something belongs to someone or to establish a relationship between people or things.

Éste es **mi** libro, ¿verdad?	*This is my book, isn't it?*
¿Gregorio es **tu** primo?	*Gregorio is your cousin?*

Possessive Adjectives					
	Singular	Plural	Singular	Plural	
my	**mi**	**mis**	**nuestro(a)**	**nuestros(as)**	*our*
your	**tu** / **su**	**tus** / **sus**	**vuestro(a)** / **su**	**vuestros(as)** / **sus**	*your*
his / *her* / *its*	**su**	**sus**	**su**	**sus**	*their*

- Possessive adjectives are placed before the noun they modify.

Ustedes ya conocen a **su** novia.	*You already know his fiancée.*
Nuestra casa es muy grande.	*Our house is very large.*

- Unlike English, Spanish possessive adjectives agree with what is possessed and not with the possessor. Like other adjectives, possessive adjectives agree in number and gender with the noun they modify.

Él trabaja con **sus** hijos.	*He works with **his** sons.*
Ella estudia con **tus** hijos.	*She studies with **your** children.*
Ellos salen con **su** hijo.	*They go out with **their** son.*

- Another common way of expressing possession in the third person is with the preposition **de.** This construction is especially useful if the meaning of **su/sus** is not clear from the context.

Su libro está en la mesa.	*His book is on the table.*
El libro **de David** está en la mesa.	*David's book is on the table.*

Sus primos son simpáticos.	*Her cousins are nice.*
Los primos **de ella** son simpáticos.	

Su boda es el sábado.	*Their wedding is on Saturday.*
La boda **de ellos** es el sábado.	

Vamos a practicar _____

a. Álbum. Who are the people in the family album, according to Silvia?

MODELO prima Anita
Es mi prima Anita.

1. abuela Sara
2. tíos Miguel y Patricia
3. primo Enrique
4. primos Beto y Raúl
5. tíos Leopoldo y Nora
6. abuelos Pablo y Dolores
7. hermano Pablito
8. papás
9. hermanas Anita y Tina
10. tía Paula

b. ¿Dónde están? Where are the things these people misplaced?

MODELO los libros de Sara: gimnasio
Sus libros están en el gimnasio.

1. las carpetas de Fernando y Pilar: cafetería
2. el bolígrafo de Ramón: clase de inglés
3. los lápices de Felipe: salón 23
4. la mochila de Anita: laboratorio de química
5. el libro de inglés de Betina: salón de español
6. los cuadernos de Elena y Clara: teatro
7. el reloj de Paco: biblioteca
8. el disco de Jorge y Sara: clase de computación

c. Nuestra familia. You and your sister are describing your family to a friend. What do you say?

MODELO tía / rico / generoso
Nuestra tía es rica y generosa.

1. abuelo / exigente / antipático
2. primas / joven / bonito
3. mamá / inteligente / modesto
4. primos / atlético / fuerte
5. hermanos / alto / guapo
6. abuela / simpático / divertido
7. hermanas / rubio / delgado
8. padre / generoso / honesto

ch. ¡Incendio! During a fire drill at school, everyone dashes out into the hallway with what they have in their hands. What does Luisa say that she and her friends have with them?

MODELO yo
Yo tengo mis cuadernos.

1. David
2. Sara y Anita
3. tú
4. Raúl y yo

5. mis amigas
6. tú y Antonio
7. Alicia
8. yo

d. ¡Todos hablan a la vez! At a Fourth of July community picnic, everyone seems to be talking with a relative. Can you tell who is talking to whom?

MODELO   Lupe habla con __su__ prima Anita.

1. Enrique habla con ____ tío Joaquín.
2. Nora habla con ____ esposo Miguel.
3. Antonia habla con ____ sobrinos Beto y Raúl.
4. Lupe y yo hablamos con ____ tía Patricia.
5. Tú hablas con ____ prima Anita.
6. Julia habla con ____ tíos Leopoldo y Miguel.
7. Yo hablo con ____ abuela.
8. Nora y yo hablamos con ____ primos Paco y Angelita.

e. ¿Es verdad? At the same picnic, how does Julia confirm the following relationships?

MODELO   ¿Son sus padres? (David)
Sí, son los padres de David.

1. ¿Es su tía? (Carlos)
2. ¿Es su padre? (Ramón y Paloma)
3. ¿Es su hermana? (Pepe y Teresa)
4. ¿Son sus tíos? (Enrique y Lupe)
5. ¿Son sus primos? (Norma)
6. ¿Es su esposo? (Patricia)
7. ¿Son sus tías? (Lisa)
8. ¿Son sus abuelos? (Alberto)

4.2   NUMBERS FROM 30 TO 100

30	treinta	60	sesenta
31	treinta y uno	66	sesenta y seis
32	treinta y dos	70	setenta
33	treinta y tres	77	setenta y siete
34	treinta y cuatro	80	ochenta
40	cuarenta	88	ochenta y ocho
44	cuarenta y cuatro	90	noventa
50	cincuenta	99	noventa y nueve
55	cincuenta y cinco	100	cien

Tengo **noventa** dólares en el banco.
I have ninety dollars in the bank.

Mi abuelo tiene **setenta y ocho** años.
My grandfather is seventy-eight years old.

▪ When a number ending in **uno** is followed by a masculine noun, **uno** becomes **un;** when it is followed by a feminine noun, **uno** becomes **una.**

Papá va a cumplir **cuarenta y un** años.
Dad is going to be forty-one years old.

Hay **sesenta y una** bicicletas.
There are sixty-one bicycles.

Vamos a practicar

a. **¿Cuántos cumplen hoy?** A Hispanic radio announcer is wishing a happy birthday to anyone over thirty celebrating a birthday today. How old are the people who receive birthday greetings?

MODELO Lilia Sánchez / 55
Lilia Sánchez cumple cincuenta y cinco años.

1. Gloria Lara / 89
2. Francisco Granados / 45
3. Santiago Rojas / 72
4. Adela Guzmán / 38

5. Cristina Cordero / 57
6. Estela Espinosa / 66
7. Juan Gutiérrez / 93
8. Manuel Puentes / 100

b. **¿Cuál es su número?** You are helping a friend phone the guests who are being invited to your teacher's surprise birthday party. Read the phone numbers to your friend.

MODELO Rafael Méndez / 922-7405
El número de Rafael Méndez es el nueve, veintidós, setenta y cuatro, cero cinco.

1. Eduardo Cordero / 757-9107
2. Linda Estévez / 444-7484
3. Humberto Ortiz / 235-7166
4. Amalia Montenegro / 941-5551

5. Samuel Caballero / 687-4690
6. María Inés Alarcón / 877-5775
7. Amanda Chávez / 278-6286
8. Ramón Lara / 898-0508

c. **¿Cuánto debemos?** María González, treasurer of the Spanish Club, is writing out checks to pay for the last club party. What amount does she write on each check?

MODELO Florería Chávez: $38
treinta y ocho dólares

1. Heladería Montero: $67
2. Bebidas Quitased: $84
3. Mercado Véguez: $46
4. Pizzería Colón: $52

5. Banda Juventud: $95
6. Discos Fabia: $41
7. Papelería Lara: $39
8. Restaurante Tito: $53

ch. **¡Ganamos!** The school basketball team is doing very well this season. What does Kevin say as he reports the scores for several games?

MODELO 46–40
Nuestro equipo, cuarenta y seis; su equipo, cuarenta.

1. 72–53
2. 48–37
3. 51–50
4. 43–38

5. 85–69
6. 94–56
7. 76–68
8. 97–89

4.3 THE MONTHS OF THE YEAR

enero	**abril**	**julio**	**octubre**
febrero	**mayo**	**agosto**	**noviembre**
marzo	**junio**	**septiembre**	**diciembre**

- The months of the year are not capitalized in Spanish.
- To ask for today's date, use one of these questions:

¿Cuál es la fecha de hoy?
¿Qué fecha es hoy? *What is today's date?*

- To give dates in Spanish, follow this formula.

> **el + (*número*) + de + (*mes*)**

Hoy es **el cuatro de diciembre.** *Today is December fourth.*
Mi cumpleaños es **el diecisiete
   de julio.** *My birthday is July seventeenth.*

- The first day of the month is always expressed as **el primero.**

Mi cumpleaños es **el primero** *My birthday is the first of May.*
   de mayo.

- In Spanish, when dates are written in numbers, the day comes before the month. The month may be written in Roman numerals.

el cinco de julio	**5-7**	o	**5-VII**
el veintitrés de mayo	**23-5**	o	**23-V**
el treinta de enero	**30-1**	o	**30-I**

Vamos a practicar

a. ¿En qué mes?   In what month do we celebrate the following holidays in the United States?

MODELO   el Día de la Raza (*Columbus Day*)
         Celebramos el Día de la Raza en octubre.

1. la Independencia de Estados Unidos
2. el Día de San Patricio
3. el Día de los Enamorados / el Día de San Valentín
4. el Día de los Inocentes (*April Fools' Day*)
5. el Día de Acción de Gracias (*Thanksgiving*)
6. la Navidad (*Christmas*)
7. los cumpleaños de George Washington y Abraham Lincoln
8. el Día del Trabajador (*Labor Day*)
9. Año Nuevo
10. la Noche Vieja (*New Year's Eve*)

b. **¿Cuándo cumplen años?**   When does Anita say her relatives celebrate their birthdays?

MODELO   tía Josefina: 4-V
       El cumpleaños de mi tía Josefina es el cuatro de mayo.

1. abuelita: 30-I
2. mamá: 26-XI
3. hermano Carlos: 28-II
4. tío Alfredo: 8-IV

5. papá: 12-VIII
6. tía Elena: 13-X
7. abuelito: 15-III
8. hermana Cristina: 23-VII

c. **¿Cuántos días?**   Which months have 30, 31, and 28 days?

1. 30 días (4 meses)   2. 31 días (7 meses)   3. 28 días (1 mes)

ch. **¿Cuántos años cumples?**   Elena is telling the ages and birthdays of her family members. What does she say?

MODELO   mamá: 63, 4-X
       Mi mamá cumple sesenta y tres años el cuatro de octubre.

1. hermano: 37, 5-VI
2. hija: 16, 23-IX
3. abuela: 81, 31-V
4. sobrino: 15, 20-XII

5. tía: 55, 15-II
6. papá: 61, 8-VIII
7. hermana: 39, 12-X
8. prima: 14, 1-VI

L E C C I Ó N   2

4.4   PERSONAL A

The direct object is the word that answers the questions *whom?* or *what?* after the verb.

Pepe is reading *the newspaper.*
What is Pepe reading?   *The newspaper* is the direct object.

I see *María.*
Who(m) do I see?   *María* is the direct object.

In Spanish, the direct object of a sentence determines whether the personal **a** is necessary. If the direct object is a person, an animal, or a group of people, it is preceded by the preposition **a,** commonly referred to as the personal **a.**

Saluda **a** tu tía.	*Greet your aunt.*
¿Por qué no llamas **a** Lupe?	*Why don't you call Lupe?*
¿Invitamos **al** profesor?	*Shall we invite the professor?*
Veo **a** María y **a** su perro.	*I see María and her dog.*

■ If the direct object is not a person, a pet, or a group of people, the personal **a** is not used.

Veo la tele todos los días.   *I watch TV every day.*
Pepe está leyendo el periódico.   *Pepe is reading the newspaper.*

■ When **alguien** and **nadie** are direct objects, they are preceded by the personal **a.**

¿Ves **a** alguien?   *Do you see anybody?*
No veo **a** nadie.   *I don't see anybody.*
Inés no invita **a** nadie.   *Inés is not inviting anybody.*

Vamos a practicar

a. ¡Celebramos!   How does the Gómez family celebrate the children's birthdays? Use the personal **a** when necessary.

MODELO   Los tíos visitan __a__ la familia Gómez.
              Elena compra ____ invitaciones.

1. Mamá invita _____ mis amigos.
2. María llama _____ sus abuelos.
3. Los niños rompen _____ la piñata.
4. Todos comen _____ helado.
5. Paco y Patricio sacan _____ fotos.
6. Papá mira _____ los niños.
7. Todos escuchan _____ la música.
8. Los jóvenes toman _____ refrescos.

b. ¿Qué ves?   Paquito, who is not very tall, is asking his friend Julio to tell him what he sees. How does Julio respond?

MODELO   novio   coche de la novia
            Veo al novio.   **Veo el coche de la novia.**

1. novia
2. fotógrafo
3. mucha comida
4. padres del novio
5. piano
6. pastel
7. Kevin
8. mi abuela

4.5   THE VERB *CONOCER*

The verb **conocer** (*to know, be familiar or acquainted with*) is a regular **-er** verb in all forms except the first person singular.

Conocer	
conozco	conocemos
conoces	conocéis
conoce	conocen
conoce	conocen

Ustedes **conocen** a mi novia, ¿verdad?	*You know my fiancée, don't you?*
¿**Conoces** San Antonio?	*Do you know San Antonio?*
No **conozco** ese libro.	*I am not familiar with that book.*

- Note that you can be acquainted with a city or town, a book, a theory, someone's work, museums, and other sites, not just people. Remember, however, that the personal **a** is used *only* with people.

Vamos a practicar

a. ¿Conoces a mi tío José? Tell what family members you know as you look at a friend's family album.

MODELO   tío José (no)
No conozco a tu tío José.

1. abuela (no)
2. tía Carmen (sí)
3. hermano Toño (sí)
4. perro Tulón (sí)

5. primas (no)
6. primo Carlos (sí)
7. hermanas (no)
8. padres (sí)

b. Es nueva. Marta has just moved to town, and Rosalinda wants to help her get acquainted with the town. What does Rosalinda ask Marta?

MODELO   el colegio
¿Conoces el colegio?

1. la librería
2. el centro comercial
3. mi perro Yo-yo
4. el parque de diversiones

5. el profesor de español
6. la calle principal
7. la directora del colegio
8. el cine Cortez

c. En la escuela. Your parents are visiting your school with you. What do they say when you ask them if they know the following people and places?

MODELO   Francisco / Ana
Conocemos a Francisco pero no conocemos a Ana.

1. Gerardo / Gloria
2. el profesor Díaz / su esposa
3. la biblioteca / la cafetería
4. Francisco / Rita
5. la directora / su esposo
6. la oficina de la directora / el laboratorio de ciencias
7. Paco / su prima
8. el teatro / la sala de computación
9. el gimnasio / el laboratorio de lenguas

ch. **¿Todos se conocen?**   While preparing the list of wedding guests, the bride's parents are trying to make sure each person knows at least one other guest. What do they say?

MODELO   Lourdes / Paco
Lourdes conoce a Paco.

1. Estela / novia
2. yo / abuelos del novio
3. tía Angelita / Gerardo
4. mis padres / tío Gustavo
5. tú / Mariluz
6. nosotros / todos

4.6 *THE VERBS QUERER AND VENIR*

Querer (*to want*) and **venir** (*to come*) belong to a group of verbs called stem-changing verbs (**e→ie**). In this group of verbs, the **e** in the stem becomes **ie** in all but the **nosotros** and **vosotros** forms in the present tense. Look at the charts below.

Querer	
quiero	queremos
quieres	queréis
quiere	quieren
quiere	quieren

Venir	
vengo	venimos
vienes	venís
viene	vienen
viene	vienen

Note that in the **yo** form, **venir** has an irregular **-go** ending and has no change in the stem vowel.

Ellos **quieren** un coche nuevo.   *They want a new car.*
Todos **queremos** helado.   *We all want ice cream.*
¿**Vienes** mucho al parque?   *Do you come to the park much?*
Vengo todos los domingos.   *I come every Sunday.*

■ The verb **querer** may be followed by an infinitive.

¿Quieres **ser** abogado?   *Do you want to be a lawyer?*
Ella no quiere **ir.**   *She does not want to go.*

Vamos a practicar

a. **¿Qué quieren?**   What do the following people want for their birthdays?

MODELO   Paula: fiesta
Paula quiere una fiesta.

1. Rafael: radio
2. Teresa y yo: discos
3. Carlos: computadora
4. José y David: libros
5. yo: bicicleta
6. ellos: guitarra
7. ustedes: coche
8. tú: piano
9. Juanito: perro

b. ¿Qué quieren hacer?   What do the following people want to do on Sunday afternoon?

MODELO   mis papás / escribir una carta
Mis papás quieren escribir una carta.

1. Rosa / subir a las lanchas
2. tú / leer
3. Ana y yo / tocar la guitarra
4. Teresa y José / escuchar música
5. yo / ir al cine
6. ustedes / visitar a unos amigos
7. los novios / hablar por teléfono

c. ¿Qué quieres ser?   What do the following students want to be?

MODELO   Clara **quiere ser** profesora.

1. Rafael y Teresa _____ cocineros.
2. Susana _____ abogada.
3. Julio y yo _____ mecánicos.
4. Claudia y Alicia _____ ingenieras.
5. Tomás _____ bombero.
6. Y tú, ¿qué _____?

ch. ¿Y ahora, qué?   What do these people want to do at the wedding reception?

MODELO   Adela / ver / fotos
Adela quiere ver las fotos.

1. Luisa / preparar / comida
2. Jaime / sacar / fotos
3. tú / conocer a / novios
4. mis padres / saludar a / gente
5. Pedro y yo / escuchar / música
6. Paquito / comer / pastel
7. yo / bailar con / novio
8. Marta / beber / refresco

d. Todos los domingos.   How often do the following people come to your house?

MODELO   **María viene todos los domingos.**

nunca	todos los días	domingos
verano	cuando hace sol	cuando hace buen tiempo
fines de semana	otoño	primavera

1. mi familia
2. David
3. mis primos
4. tú
5. tus hermanos
6. mis abuelos

e. Mi casa es tu casa.   Why are the following people unable to come to your new neighbors' open house?

MODELO   Felipe / trabajar
Felipe no viene porque tiene que trabajar.

1. Alicia / limpiar la casa
2. ustedes / estudiar
3. yo / escribir una composición
4. Graciela y Roberto / correr
5. señora Ríos / calificar exámenes
6. tú / practicar el piano
7. José y yo / hacer ejercicios
8. Mamá y Marta / ir de compras

Spanish has three types of questions: tag questions, *yes/no* questions, and information questions.

■ Tag questions ask the listener to agree or disagree with what the speaker is saying. They are formed by adding **¿no?** or **¿verdad?** to the end of a statement. When the sentence is negative, only **¿verdad?** may be used.

Eres de Ecuador, **¿no?**	*You're from Ecuador, aren't you?*
Este libro es muy interesante, **¿verdad?**	*This book is very interesting, isn't it?*
Él no es muy fuerte, **¿verdad?**	*He is not very strong, is he?*

■ *Yes/no* questions can be answered with **sí** or **no.** These questions usually begin with a verb. The subject, if expressed, often comes at the end of the sentence.

¿Está bien usted?	*Are you all right?*
¿Te gusta la clase de inglés?	*Do you like English class?*
¿Conoce Julio a Paquito?	*Does Julio know Paquito?*
¿Ya están listos todos?	*Is everybody ready?*

■ The third type are questions that request information. These questions begin with a question word.

Question Words				
¿Quién(es)?	*Who?*	**¿Cuánto(a)?**	*How much?*	
		¿Cuántos(as)?	*How many?*	
¿Qué?	*What?*			
¿Cuál(es)?	*Which? What?*	**¿Cuándo?**	*When?*	
		¿Cómo?	*How? What?*	
¿Dónde?	*Where?*	**¿Por qué?**	*Why?*	

 ■ Note that all question words have written accents.

■ While most question words have only one form, **quién** and **cuál** have two: singular and plural.

¿Quién es tu tía favorita?	*Who is your favorite aunt?*
¿Quiénes son esas chicas?	*Who are those girls?*
¿Cuál es tu abuelo?	*Which (one) is your grandfather?*
¿Cuáles son tus clases favoritas?	*What are your favorite classes?*

■ When **cuánto** modifies a noun, it must agree in number and gender with that noun. It has four forms: **cuánto, cuánta, cuántos,** and **cuántas.**

¿Cuánto helado quieres?	*How much ice cream do you want?*
¿Cuánta tarea tienes?	*How much homework do you have?*
¿Cuántos estudiantes hay?	*How many students are there?*
¿Cuántas horas practicas?	*How many hours do you practice?*

- When **cuánto** does not modify a noun, it has only one form.

¿**Cuánto** es?	*How much is it?*
¿**Cuánto** cuesta?	*How much does it cost?*

- Both **qué** and **cuál** correspond to the English word *what*. They are not always interchangeable, however.

Qué asks for a definition or an explanation.

¿**Qué** es un "mariachi"?	*What is a **mariachi**?*
¿**Qué** está haciendo ahora?	*What is he doing now?*

Cuál asks for a selection.

¿**Cuál** es la capital de Venezuela?	*What (which city) is the capital of Venezuela?*
¿**Cuál** es tu primo?	*Which (one) is your cousin?*

- **¿Cómo?** is used by itself to indicate disbelief or that the listener didn't hear what was said and wants it repeated. English usually uses *What?* in these instances.

¿**Cómo?** ¡Pero sólo tiene catorce años!	*What? But he's only fourteen years old!*
¿**Cómo?** Perdón, pero la música está muy fuerte.	*What? I'm sorry, but the music is too loud.*

Vamos a practicar _____

a. ¿No es verdad?   What can you say to get a friend to agree or disagree with you as you make the following statements?

MODELO   La fiesta es divertida.
          La fiesta es divertida, ¿verdad? o
          La fiesta es divertida, ¿no?

1. El profesor es muy inteligente.
2. Conchita es de la República Dominicana.
3. Hace calor.
4. Te gusta el helado.
5. Conoce a la señora Alba.
6. Tienes quince años.
7. Hace buen tiempo hoy.
8. Su cumpleaños es mañana.

b. La nueva escuela.   What does the new student in school want to know?

MODELO   La clase de álgebra es a las ocho.
          ¿Es a las ocho la clase de álgebra?

1. La señora Martínez es la profesora.
2. El gimnasio está cerca de la cafetería.
3. El almuerzo es al mediodía.
4. La clase de español es por la tarde.
5. La clase de computación es difícil.
6. Roberto está en la clase de español.
7. Sara trabaja después del colegio.
8. Los estudiantes escriben muchas composiciones.

c. ¿Qué le pregunta? You are at your friend's house and overhear only her part of a telephone conversation. Decide what she was asked by selecting the correct question word.

MODELO ¿*Qué*/**Cómo** estás? .... Bien, gracias, ¿y tú?

1. ¿*Dónde/Adónde* estás? .... Estoy en mi cuarto.

2. ¿*Cómo/Cuál* está tu mamá? .... ¿Mamá? Bien, muy bien. Pero no es posible hablar con ella ahora.

3. ¿*Qué/Por qué*? .... Porque ella y papá no están aquí.

4. ¿*Quién/Quiénes* están en casa? .... Mis hermanos, Julio, Manuel y yo.

5. ¿*Cómo/Cuáles* están todos? .... Todos están bien pero Julio está un poco enfermo.

6. ¿*Qué/Cuál* tiene? .... Tiene indigestión. No es serio.

7. ¿*Cuánto/Cuándo* regresan tus padres? ..... A las 9:30 o las 10:00 de la noche.

ch. ¿Una boda? Someone is trying to get more information about an upcoming wedding. Read the answers on the right, then complete that person's questions.

1. ¿ _____ es la boda?   Es el sábado por la tarde.

2. ¿ _____ es?   En casa de la novia.

3. ¿ _____ es la dirección?   Es 733 Camino del Rey.

4. ¿ _____ se llama la novia?   Cristina Salas.

5. ¿ _____ es el novio?   Gustavo Díaz Ortiz.

6. ¿ _____ invitados van a la boda?   Más de cien.

7. ¿ _____ van a servir?   Mucha comida y bebidas.

8. ¿ _____ van a la boda?   Todos los amigos de los novios.

9. ¿ _____ es el baile?   A las ocho y media.

10. ¿ _____ van los novios después de la boda?   Al Caribe.

d. Un nuevo amigo. You just met a new student. What do you ask him or her? Complete the questions.

MODELO ¿ **Cómo** te llamas?

1. ¿ _____ vives?
2. ¿ _____ años tienes?
3. ¿ _____ hermanos tienes?
4. ¿ _____ clases tienes, seis o siete?
5. ¿ _____ tienes inglés, por la mañana o por la tarde?
6. ¿ _____ es tu profesor de español, el señor Moreno o la señorita Fowler?
7. ¿ _____ vas a hacer después de las clases?
8. ¿ _____ vas a estudiar, en casa o en la biblioteca?

e. **¿Qué escuchas?** Riding the bus, you hear bits of conversation. Match the questions with the answers.

MODELO ¿Cuál es tu número de teléfono?
Es el 7-32-75-46.

1. ¿Dónde está Manuel?
2. ¿Cuántos hermanos tienes?
3. ¿Qué es eso?
4. ¿Quién es esa mujer?
5. ¿Cuándo quieres ir?
6. ¿Cómo se llama ese chico?
7. ¿Por qué no comes pizza?
8. ¿Cuánto cuesta ese libro?
9. ¿Cuál es tu número de teléfono?
10. ¿Adónde va José?
11. ¿Cuáles son los meses de invierno?
12. ¿Por qué estudias?

a. No me gusta.
b. Ernesto.
c. Tengo un examen mañana.
ch. Es el 7-32-75-46.
d. En la clase de historia.
e. Va a casa.
f. Catorce dólares.
g. Tengo tres hermanos.
h. Mañana a las ocho.
i. Un lápiz.
j. Es mi madrastra.
k. Son enero, febrero y marzo.

L E C C I Ó N 3

4.8 ESTAR WITH ADJECTIVES

You have been using the verb **estar** to tell where people and things are located.

Colombia **está** en Sudamérica.
Elena **está** en el gimnasio.

You have also used **estar** to talk about how someone is doing.

¿Cómo **está** usted?
Todos **estamos** bien.

■ **Estar** is also used with adjectives to describe people's emotional and physical condition.

Paquito **está** muy contento.	*Paquito is very happy.*
Estoy furiosa.	*I am furious.*
¿**Estás** triste?	*Are you sad?*

■ **Estar** can also be used to describe tastes or appearances or to tell how something "seems" to the speaker.

La comida **está** rica.	*The food is delicious.*
¡**Estás** muy elegante!	*You look very elegant.*
El chocolate **está** delicioso.	*The hot chocolate is delicious.*

■ Some adjectives frequently used with **estar** are:

aburrido	*bored*
cansado	*tired*
contento	*happy*
delicioso	*delicious*
emocionado	*excited, moved*
furioso	*furious*
listo	*ready*
nervioso	*nervous*
ocupado	*busy*
preocupado	*worried*
rico	*delicious* (food)
tranquilo	*calm*
triste	*sad*

Vamos a practicar

a. ¿Cómo están?   Judging from these situations, how might the people feel?

MODELO   Luisa está en una boda. ¿Está tranquila o emocionada?
Está emocionada.

1. Ernesto tiene un examen en media hora y no está bien preparado.
   ¿Está tranquilo o nervioso?
2. Son las 11:00 de la noche y Julia todavía tiene que escribir una
   composición. ¿Está muy emocionada o muy cansada?
3. Antonio no tiene clases hoy. ¿Está contento o preocupado?
4. Tu mejor amiga vive en otra ciudad ahora. ¿Estás furiosa o triste?
5. No hay programas en la tele para tu hermanito. ¿Está tranquilo
   o aburrido?
6. Tenemos el examen final hoy. ¿Estamos tranquilos o preocupados?
7. Son las 5:00 y el campeonato de fútbol es a las 5:30. ¿Están todos
   emocionados o aburridos?
8. Estás en una boda. ¿Estás triste o aburrido?

b. Hoy hay examen.   Today there is a Spanish test. Tell how everyone feels.

MODELO   Juanita / nervioso
Juanita está nerviosa.

1. la profesora / tranquilo
2. Elena / aburrido
3. Mario / furioso
4. José y Manuel / triste
5. yo / contento
6. nosotros / cansado
7. tú / preparado
8. Pablo y Anita / preocupado

c. ¿Cómo están todos?   Tell how these people feel at the wedding rehearsal.

MODELO   novia: nervioso y cansado
La novia está nerviosa y cansada.

1. los padres de la novia: tranquilo y contento
2. el fotógrafo: contento y ocupado
3. mi hermano y yo: aburrido y cansado
4. la hermana de la novia: emocionado y triste
5. el novio: nervioso y preocupado
6. las primas del novio: tranquilo y contento

ch. En el café.   After the game everyone goes for a bite to eat at their favorite hangout. What do various people say about the food?

MODELO   la comida / deliciosa
La comida está deliciosa.

1. tacos / bueno
2. pizza / fatal
3. café / terrible
4. pastel / sabroso
5. sándwiches / delicioso
6. chocolate / rico
7. helado / excelente
8. comida / malo

d. La boda.   Silvia is writing a note to her best friend describing her cousin's wedding reception. What does she say? Complete the note with the correct forms of **estar.**

Querida Ana,

¿Cómo (1) ? Yo (2) muy contenta. (3) en la boda de mi prima Sofía. Toda mi familia (4) aquí. Mi hermanito (5) aburrido, pero mis papás y yo (6) muy contentos. Mamá (7) muy emocionada. Los novios (8) nerviosos y también (9) cansados. ¡Ay! ¡Van a cortar el pastel! Te escribo más la semana próxima.

Pero tú, ¿por qué no me escribes? ¿(10) muy ocupada? ¿(11) contenta?

Recibe un abrazo de tu amiga
Silvia

4.9 *THE PRESENT PROGRESSIVE AND* **-NDO** *VERB FORMS*
Describing Actions in Progress

In English, the present progressive is formed with the verb *to be* plus the *-ing* form of another verb.

> *I am watching TV.*
> *We are studying.*

In Spanish, the present progressive is formed with the verb **estar** plus the **-ndo** form of another verb.

Estoy pensando.	*I'm thinking.*
¿Qué **están haciendo**?	*What are you doing?*
Estamos bailando.	*We are dancing.*

-ndo Verb Forms
-ar verbs:
Drop the **-ar** ending and add **-ando** to the stem of the verb.
bail~~ar~~   bail**ando**   estudi~~ar~~   estudi**ando**
-er and **-ir** verbs:
Drop the **-er/-ir** ending and add **-iendo** to the stem of the verb.
com~~er~~   com**iendo**   escrib~~ir~~   escrib**iendo**   beb~~er~~   beb**iendo**   sal~~ir~~   sal**iendo**
When the stem of an **-er/-ir** verb ends in a vowel, **-iendo** changes to **-yendo.**
le~~er~~   le**yendo**   *reading*   cre~~er~~   cre**yendo**   *believing*

■ In Spanish, the present progressive is used only to describe an action that is taking place *right at the moment.*

¿Qué **estás haciendo**?	*What are you doing?*
Estoy leyendo.	*I'm reading.*

An *-ing* expression in English does not automatically signal a progressive tense in Spanish. Consider the following examples:

Lola **sale** a las 8:00.	*Lola is leaving at 8:00.*
Vamos a estudiar juntos esta noche.	*We're going to study together tonight.*
Tienen una fiesta hoy.	*They're having a party today.*

■ The verbs *come* and *go* are not ordinarily used in the progressive in Spanish.

Vamos a clase.	*We're going to class.*
Pablo **viene** a las cinco.	*Pablo is coming at 5:00.*

Vamos a practicar _____

a. ¿Cómo están pasando la tarde? How are these people spending their afternoon? What are they doing right now?

MODELO   Joaquín / jugar fútbol
           Joaquín está jugando fútbol.

1. Gregorio / estudiar
2. tú / jugar con los niños
3. Marcos / practicar el piano
4. Dolores y yo / ver la tele
5. Paco y Rafael / escuchar música
6. Clara / escribir cartas
7. Papá / preparar la comida
8. mi primo / leer una novela
9. Inés / pasear en bicicleta
10. nosotros / correr en el parque

b. ¿Qué están haciendo todos? Your grandmother called and wants to know what everyone is doing. What do you tell her?

MODELO   Mi hermano **está escuchando** (escuchar) discos.

1. Mi hermano _____ (practicar) el piano.
2. Mi hermanita Elena _____ (escribir) una carta.
3. Mi hermana _____ (hacer) gimnasia.
4. Mi padrastro _____ (limpiar) la casa.
5. Mis primos, Javier y Jorge, _____ (ver) la tele.
6. Mi mamá _____ (leer) una novela.
7. Mi tía Isabel _____ (preparar) la comida.
8. Yo _____ (hablar) con usted.

c. ¿Qué están haciendo? You are watching people in the park. Describe what everyone is doing.

MODELO   Nora / cantar
           Nora está cantando.

1. tú / sacar / fotos
2. un señor / hacer / gimnasia
3. dos muchachas / comer / sándwiches
4. una señorita / escribir / una carta
5. unos niños / correr
6. mis amigos / escuchar / la radio
7. una policía / caminar por el parque
8. mamá y yo / mirar / la gente
9. una señora / leer / un libro
10. un muchacho / jugar con / su perro

ch. Todos están ocupados. Son las 7:00 de la tarde. ¿Qué está haciendo la familia de Raúl Romano?

EJEMPLO   sus hermanos
Sus hermanos están escuchando música.

1. su mamá

2. sus hermanos

3. su primo

4. su hermana y él

5. sus abuelos

6. su tío Paco

7. su papá

8. sus primos

d. En la escuela. Mario is on his way to the principal's office. What does he see happening as he walks down the hall?

MODELO   profesor / biología / escribir / pizarra
El profesor de biología está escribiendo en la pizarra.

1. profesora / matemáticas / explicar / problema
2. clase / español / mirar / video
3. estudiantes / inglés / leer / lección
4. clase / educación física / hacer ejercicio
5. estudiantes / economía doméstica / preparar / comida
6. estudiantes / computación / trabajar / mucho
7. estudiantes / francés / aprender / mucho
8. secretaria / hablar por teléfono

LECCIÓN 1

5.1 AFFIRMATIVE *TÚ* COMMANDS: REGULAR FORMS
Used When Giving Directions or Ordering People to Do Something

To tell someone to do something, we use commands. Spanish uses special verb endings to give affirmative commands to anyone you would address as **tú.**

Affirmative *Tú* Commands		
estudi**ar**	**-a**	estudi**a**
com**er**	**-e**	com**e**
escrib**ir**	**-e**	escrib**e**

Escribe la carta.	*Write the letter.*
Cruza la calle allí.	*Cross the street there.*
¡Corre!	*Run!*

■ Note that the affirmative **tú** command form is the same as the present-tense form for **usted, él, ella.**

usted / él / ella form:	Ella **trabaja** muy poco.
affirmative **tú** command:	¡**Trabaja** más!

Vamos a practicar

a. **¡Qué mandón!**   ¿Qué le dice Esteban a su hermanita?

MODELO   (tomar) el metro
         Toma el metro.

1. (escribir) una carta
2. (leer) el mapa
3. (limpiar) tu cuarto
4. (preguntar) dónde podemos comprar sellos
5. (regresar) antes de las cinco
6. (cambiar) un cheque de viajero
7. (escribir) "correo aéreo" en las cartas
8. (comprar) las tarjetas

b. **¡Atención, por favor!**   ¿Qué mandatos te dan tus profesores?

1. (abrir) el libro
2. (sacar) un lápiz
3. (escribir) con cuidado
4. (llegar) a clase temprano
5. (trabajar) más
6. (pasar) a la pizarra
7. (escuchar) por favor
8. (estudiar) para el examen

c. ¿Adónde? Lorenzo quiere saber cómo llegar a la casa de Carlota. ¿Qué le dice Carlota?

1. cruzar	**3.** doblar	**5.** caminar	**7.** doblar	**9.** abrir
2. caminar	**4.** pasar	**6.** cruzar	**8.** caminar	

Primero _1_ la Avenida Méndez y _2_ una cuadra hasta llegar a la biblioteca. _3_ a la izquierda en la Avenida Ibarra. _4_ la iglesia y _5_ media cuadra más. _6_ la Calle Sotelo. _7_ a la derecha y _8_ media cuadra más. _9_ la puerta y ¡estás en mi casa!

5.2 NUMBERS: 100–1,000,000
Counting

Números: 100–1.000.000

100	cien
101	ciento uno
102	ciento dos
200	doscientos
300	trescientos
400	cuatrocientos
500	quinientos
600	seiscientos
700	setecientos
800	ochocientos
900	novecientos
1.000	mil
2.001	dos mil uno
3.020	tres mil veinte
4.300	cuatro mil trescientos
5.400	cinco mil cuatrocientos
10.600	diez mil seiscientos
50.700	cincuenta mil setecientos
75.800	setenta y cinco mil ochocientos
100.999	cien mil novecientos noventa y nueve
1.000.000	un millón

- The use of the comma and the period in Spanish numbers is exactly the opposite of their use in English numbers. In Spanish, a period is used to separate hundreds, thousands, and millions. A comma divides whole numbers from decimals.

106	ciento seis
1.998	mil novecientos noventa y ocho
1.600.500	un millón seiscientos mil quinientos
510,25 ptas.	quinientas diez pesetas y veinticinco céntimos
6.320,80 ptas.	seis mil trescientas veinte pesetas y ochenta céntimos

- The numbers between 200 and 900 agree in gender with the noun they modify.

  205 mesas   doscient**as** cinco mes**as**
  1.700 pesos   mil setecient**os** pesos

- When speaking of 1,000, the article **un** is never used.

  Gasté **mil doscientos** dólares.   *I spent one thousand two hundred dollars.*

- When **millón** is used before a noun, **de** precedes the noun.

  Un millón de personas.   *A million people.*
  En la aduana, declaré **dos**   *In customs, I declared two*
    millones de pesos.   *million pesos.*

cincen

Vamos a practicar _____

a. Orden cronológico.   Pon los exploradores en orden cronológico.

Hernán Cortés .... mil cuatrocientos ochenta y cinco
Vasco Núñez de Balboa .... mil cuatrocientos setenta y cinco
Juan Ponce de León .... mil cuatrocientos sesenta
Francisco Vásquez de Coronado........ mil quinientos diez
Hernando de Soto .... mil cuatrocientos noventa y seis
Francisco de Orellana .... mil cuatrocientos noventa
Francisco Pizarro .... mil cuatrocientos setenta y cinco

quiniente

b. ¿Cuánto gastaron?   Las siguientes personas tienen que declarar sus gastos
en la aduana. ¿Qué dicen?

MODELO   Manuel Ledesma 7.500 ptas.
          Yo gasté siete mil quinientas pesetas.

1. Amalia Acuña	29.645 ptas.	**5.** Isabel Valenzuela	17.415 ptas.
2. Santiago Gallegos	9.235 ptas.	**6.** Jorge Ledesma	64.525 ptas.
3. Dolores Pérez	44.815 ptas.	**7.** Evita Ramírez	15.110 ptas.
4. Cecilia Torres	31.975 ptas.	**8.** Mario Cabezas	52.700 ptas.

c. ¡Lotería!   ¿Cuánto ganaron estas personas en la lotería nacional de España?

MODELO   María Huerta 65.000 ptas.
          María Huerta ganó sesenta y cinco mil pesetas.

1. Pancho Gómez   7.500 ptas.
2. Lucila Rey   14.750 ptas.
3. Tomás Leñero   823.000 ptas.
4. Victoria Covarrubias   950.250 ptas.
5. Demetrio de la Arena   1.475.335 ptas.
6. Sara Pacheco   10.645.475 ptas.
7. Miguel Suárez   15.000 ptas.
8. Pilar Fuentes   250.000 ptas.

Some Spanish verbs are regular in all but the **yo** form of the present tense. Three common verbs that fit this category are **saber** (*to know facts* or *to know how to do something*), **salir** (*to go out*), and **dar** (*to give*).

Saber		Salir		Dar	
sé	sabemos	**salgo**	salimos	**doy**	damos
sabes	sabéis	sales	salís	das	dais
sabe	saben	sale	salen	da	dan
sabe	saben	sale	salen	da	dan

No **sé** dónde está.	*I don't know where it is.*
¿**Salgo** por esta puerta?	*Do I go out this door?*
¿Cuánto le **doy**?	*How much do I give him?*

■ Other verbs with an irregular **yo** form include:

hacer	**hago**	*I do, make*
traer	**traigo**	*I bring*
poner	**pongo**	*I put*

■ **Saber** followed by an infinitive means *to know how to do something.*

¿**Sabes hablar** español?	*Do you know how to speak Spanish?*
José **sabe bailar** muy bien.	*José knows how to dance very well.*

Vamos a practicar

a. Sabemos mucho. ¿Qué saben estos estudiantes de los hispanos en Estados Unidos?

MODELO   Elena: Hay mucha influencia hispana en todo el país.
Elena sabe que hay mucha influencia hispana en todo el país.

1. Roberto y Carlos: El inglés incorpora muchas palabras directamente del español.
2. nosotros: Los hispanos en Estados Unidos viven en California, Texas y Florida y muchos otros estados.
3. yo: Muchos hispanos vienen de México pero muchos vienen de otros países.
4. Beto: Hay siete estados que llevan nombres hispanos.
5. Mariela y yo: La mayoría de los hispanos en Estados Unidos viven en el suroeste del país.

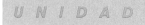

b. **¡Qué talento!** La profesora quiere saber qué talento tienen sus estudiantes. ¿Qué dicen los estudiantes que saben hacer?

MODELO   Antonia / tocar / piano
          Antonia sabe tocar el piano.

1. Ernesto y yo / hacer / tortillas españolas
2. tú y ella / bailar / tango
3. Román / dibujar / bien
4. Laura y su hermana / preparar / pastel
5. yo / tocar / guitarra
6. Enrique y Teresa / cantar / bien
7. tú / sacar / fotos
8. nosotros / leer / español
9. Conchita / hablar / francés
10. ustedes / jugar fútbol / bien

c. **¿Vamos a salir?** Hoy es el último día de clases para unos estudiantes de intercambio en Madrid. ¿Cuándo salen para Estados Unidos?

MODELO   Norberto / viernes / 20:30
          Norberto sale el viernes a las ocho y media de la noche.

1. yo / sábado / 15:00
2. Ricardo y Patricio / viernes / 7:00
3. Humberto / miércoles / 8:15
4. tú / martes / 5:30
5. Verónica y Hugo / jueves / 18:30
6. Rosa María / domingo / 2:00
7. nosotros / viernes / 7:45
8. ustedes / lunes / 14:15
9. ellos / sábado / 9:00
10. Bárbara / martes / 20:30

ch. **El cumpleaños de Joaquín.** Hoy es el cumpleaños de Joaquín. ¿Qué le dan su familia y sus amigos?

1. Sus padres le __ dinero.
2. Yo le __ un video.
3. Nosotros le __ una fiesta.
4. Tú y Ramona le __ un pastel.
5. Su tío le __ un libro.
6. Anita le __ un reloj.
7. Sus abuelos le __ una guitarra.
8. Tú le __ un radio.
9. Pablo le __ una cámara.
10. Nosotras le __ un disco compacto.

LECCIÓN 2

5.4 *THE VERBS **GUSTAR** AND **ENCANTAR**: A SUMMARY*

You already know that the verb **gustar** is used to express likes and dislikes and that the verb **encantar** is used to talk about things you really like or love. Remember that both verbs are preceded by **me, te,** or **le** when stating that *I, you,* or *he or she* likes something.

> **Me** gusta correr.
> **Me encanta** el helado.
> **¿Te gusta?**
> **Le gustan** las camisetas.
> **¿Le encanta** la ciudad?

When stating that *we, you* (plural), or *they* like something, **gustar** and **encantar** are preceded by **nos, os,** or **les.**

Gustar	Encantar
If one thing is liked: me te le nos os les } gusta	*If one thing is really liked:* me te le nos os les } encanta
If more than one thing is liked: me te le nos os les } gustan	*If more than one thing is really liked:* me te le nos os les } encantan

Nos encanta bailar.	*We love to dance.*
Les encanta el tenis.	*They love tennis.*
Les gustan estas camisetas.	*They like these T-shirts.*
No **nos** gustan los calcetines.	*We don't like the socks.*

Vamos a practicar

a. **¡Qué exageradas!**   A Bárbara y a Susana siempre les encanta todo. ¿Cómo contestan estas preguntas?

MODELO   ¿Les gusta ver televisión?
         ¡Nos encanta ver televisión!

1. ¿Les gusta comer pizza?
2. ¿Les gusta correr?
3. ¿Les gusta leer el periódico?

4. ¿Les gusta pasear en bicicleta?
5. ¿Les gusta bailar?
6. ¿Les gusta beber limonada?

b. **Encuesta.**   Contesten estas preguntas sobre los gustos culinarios.

MODELO   ¿Les gusta el helado a tus padres?
         No, no les gusta. o **Les gusta mucho.** o **¡Les encanta!**

1. ¿Le gusta el pastel de chocolate a tu papá?
2. ¿Les gustan los refrescos a ti y a tus amigos?
3. ¿Te gusta la pizza?
4. ¿Le gusta el chocolate a tu madre?
5. ¿Les gusta el café a los profesores?
6. ¿Les gustan las hamburguesas a tus amigos?

5.5   STEM-CHANGING VERBS: E → IE AND O → UE

Some verbs in Spanish have an irregular stem. (The stem is the infinitive minus the **-ar, -er,** or **-ir** ending.) In these verbs, the final vowel of the stem changes from **e** to **ie** or from **o** to **ue** in all forms except **nosotros** and **vosotros.** You should learn which verbs are stem-changing verbs.

Stem-Changing Verbs			
e → ie		**o → ue**	
recomendar (*to recommend*)		**poder** (*to be able, can*)	
recom**ie**ndo	recomendamos	p**ue**do	podemos
recom**ie**ndas	recomendáis	p**ue**des	podéis
recom**ie**nda	recom**ie**ndan	p**ue**de	p**ue**den
recom**ie**nda	recom**ie**ndan	p**ue**de	p**ue**den

¿Qué me recom**ie**nda usted?	*What do you recommend?*
¿Qué p**ie**nsas de él?	*What do you think of him?*
¿Cuánto c**ue**sta?	*How much does it cost?*
¿En qué p**ue**do servirles?	*How can I help you?*

Note that in many dictionaries and in the Spanish-English glossary at the end of this book, stem-changing verbs are listed with their vowel change in parentheses: **recomendar (ie), poder (ue).**

■ The following is a list of some commonly used **e → ie** and **o → ue** stem-changing verbs.

e → ie		o → ue	
comenzar (ie)	*to begin*	contar (ue)	*to count*
empezar (ie)	*to begin*	costar (ue)	*to cost*
entender (ie)	*to understand*	encontrar (ue)	*to find*
pensar (ie)	*to think*	poder (ue)	*to be able, can*
preferir (ie)	*to prefer*	recordar (ue)	*to remember*
querer (ie)	*to want*		
recomendar (ie)	*to recommend*		

u → ue	
jugar* (ue)	*to play*

■ The affirmative **tú** command form also undergoes this stem change.

Cuenta el dinero, por favor.   *Count the money, please.*
Re**cue**rda la dirección.   *Remember the address.*

Vamos a practicar _____

a. ¿Qué quieres tú?   Tú y tus amigos van de compras hoy. ¿Qué quieren comprar?

MODELO   Gregorio **quiere** una camiseta.

1. Lisa __ unos lápices.
2. Mario y Hugo __ camisetas moradas.
3. Daniela y yo __ sudaderas anaranjadas.
4. Todos nosotros __ helado de chocolate.
5. Yo __ un teléfono negro.
6. Tú __ unos pantalones nuevos.
7. David __ zapatos.
8. Tú y Alejandra __ blusas bonitas.

b. ¿Qué prefieren?   Según Jorge, ¿cómo prefieren vestirse estas personas durante el fin de semana?

MODELO   mi hermano / camisa / rojo
           Mi hermano prefiere llevar una camisa roja.

1. mamá / pantalones / negro
2. mis hermanas / camisetas / amarillo
3. mi padre / camisa / blanco
4. tú / camiseta / rojo
5. yo / jeans / azul
6. tú y yo / sudaderas / anaranjado
7. mi abuelo / suéter / negro
8. mi tía Evita / vestido / verde

*Like the stem change **o → ue,** the stem vowel **u** of the verb **jugar** changes to **ue.**

c. ¡Qué familia!   La familia de Hugo tiene mucho talento. ¿Qué pueden hacer?

MODELO   escribir en italiano: abuela
Su abuela puede escribir en italiano.

1. bailar el tango: hermanas
2. preparar la comida: todos nosotros
3. correr tres millas: papá
4. usar la computadora: hermano

5. cantar en italiano: mamá
6. hacer pizza: mamá y papá
7. tocar el piano: yo
8. hablar italiano: abuelos y mamá

ch. ¿Qué juegas?   Di qué deportes juegan tú y tus amigos todos los domingos en el parque.

MODELO   Isabel / volibol
Isabel juega volibol.

1. yo / tenis
2. Arcelia / béisbol
3. Armando y Lucía / fútbol
4. tú / básquetbol
5. mis primos y yo / volibol

d. De compras.   Completa el diálogo con la forma correcta de los verbos indicados para descubrir qué están haciendo Andrea y Verónica.

1. encontrar
2. querer
3. costar
4. tener (tú)
5. tener
6. querer (tú)

7. preferir (yo)
8. encontrar (nosotras)
9. querer
10. probar
11. poder
12. poder

13. costar
14. contar
15. preferir
16. entender
17. poder
18. preferir

En una tienda
Andrea: Yo no _1_ nada, ¿y tú?
Verónica: Yo tampoco. _2_ comprar algo especial para Silvia
                   pero todo _3_ demasiado.
Andrea: Sí, _4_ razón. Y nosotras no _5_ mucho dinero.
                   ¿Dónde _6_ buscar ahora?
Verónica: _7_ ir a la sección de mujeres.
Andrea: ¡Qué buena idea! Probablemente _8_ algo allí.

Más tarde
Verónica: Ay, Andrea, mira. Yo _9_ esos pantalones verdes.
Andrea: ¿Por qué no te los _10_ ?
Dependiente: ¿En qué _11_ servirles, señoritas?
Verónica: ¿ _12_ decirme cuánto _13_ estos pantalones?
Dependiente: Cuestan 8.500 pesetas.
Verónica: Andrea, _14_ todo el dinero. Yo _15_ no comer.
Andrea: Ay , Verónica. Yo no _16_ cómo tú _17_ comprar
                   pantalones y no comer. ¡Yo siempre _18_ comer!

5.6 ORDINAL NUMBERS
Used to Establish Order

Ordinal numbers specify the order of things in a series. In Spanish, the most frequently used ordinal numbers are those between one and ten.

Ordinal Numbers	
primero(a)	*first*
segundo(a)	*second*
tercero(a)	*third*
cuarto(a)	*fourth*
quinto(a)	*fifth*
sexto(a)	*sixth*
séptimo(a)	*seventh*
octavo(a)	*eighth*
noveno(a)	*ninth*
décimo(a)	*tenth*

Primero, deben ir a correos. *First, you should go to the post office.*
Está en el **segundo** piso. *It is on the second floor.*

- Ordinal numbers agree in number and gender with the nouns they modify.

los **primeros** tres meses *the first three months*
la **séptima** semana *the seventh week*
el **cuarto** capítulo *the fourth chapter*

- **Primero** and **tercero** are shortened to **primer** and **tercer** before masculine singular nouns.

Está en el **tercer** piso *It's on the third floor*
  del nuevo edificio.   *of the new building.*
Es el **primer** presidente *He's the first Hispanic*
  hispano.   *president.*

Vamos a practicar

a. **¿Qué grado?** ¿En qué grado están estos estudiantes?

MODELO Federico (4)
  Federico está en el cuarto grado.

1. Gloria (6)   **6.** Héctor (9)
2. Lupe (10)   **7.** Juanita (1)
3. Timoteo (3)   **8.** Pepe (2)
4. Rolando (7)   **9.** Luisa (8)
5. Roberto (5)   **10.** Carlos (4)

b. Familia numerosa. Tere es la hija más pequeña de una familia muy grande. ¿Cómo se llaman sus hermanos?

MODELO   Tere (10)   Julio (5)
          La décima hija se llama Tere.   El quinto hijo se llama Julio.

Paco	**Benita**	**Daniela**	**Carmen**	**Julio**	**Pepe**	**Alicia**	**Beto**	**Nena**	**Tere**
(1)	**(2)**	**(3)**	**(4)**	**(5)**	**(6)**	**(7)**	**(8)**	**(9)**	**(10)**

a. Daniela   c. Paco   d. Carmen   f. Benita   h. Alicia
b. Nena   ch. Tere   e. Julio   g. Pepe   i. Beto

L E C C I Ó N   3

5.7 *STEM-CHANGING VERBS:* **E → I**

Besides the stem-changing verbs you know, there is another group of stem-changing **-ir** verbs. In this group, the final vowel of the stem changes from **e** to **i** in all forms except **nosotros** and **vosotros.** Learn which **-ir** verbs have this stem change.

Stem-Changing Verbs: e → i			
pedir (*to order, ask for*)	**servir** (*to serve*)	**decir** (*to say, tell*)	**seguir** (*to follow, continue*)
pido	sirvo	digo	sigo
pides	sirves	dices	sigues
pide	sirve	dice	sigue
pedimos	servimos	decimos	seguimos
pedís	servís	decís	seguís
piden	sirven	dicen	siguen

¿Qué fruta fresca s**i**rven?   *What fresh fruit do you serve?*
Yo siempre p**i**do melón.   *I always order melon.*

■ The verbs **decir** and **seguir** also have an irregular ending in the **yo** form: **digo** and **sigo.**

Siempre **digo** la verdad.   *I always tell the truth.*
Sigo derecho, ¿verdad?   *I continue straight ahead, right?*

■ Here are some frequently used **e → i** stem-changing verbs. Note that they are listed with the vowel change in parentheses.

conseguir (i)   *to get, obtain*
decir (i)   *to say, tell*
pedir (i)   *to order, ask for*
repetir (i)   *to repeat*
seguir (i)   *to continue, follow*
servir (i)   *to serve*
vestir (i)   *to dress*

■ The affirmative **tú** command form and the present participle also undergo this stem change.

Pide algo para beber.   *Ask for something to drink.*
Sigue media cuadra más.   *Go another half block.*
Te estoy **diciendo** la verdad.   *I am telling you the truth.*
Ya están **sirviendo** el almuerzo. *They are already serving lunch.*

Vamos a practicar

a. **¿Que sí o que no?** ¿Qué dicen los miembros de la familia Quiroga? ¿Quieren ir al cine o no?

MODELO   Mamá __**dice**__ que no.

1. Yo __ que sí.
2. Alicia y yo __ que sí también.
3. Pues, yo __ que no.
4. Y tú, mamá, ¿qué __?
5. Los niños __ que sí.
6. Papá __ que sí.
7. Yo también __ que sí.
8. ¿Tú también __ que sí?

b. **¿Qué pedir?** Completa la conversación de Conchita y Lupita en el restaurante.

1. pedir   3. pedir   5. pedir   7. pedir
2. servir   4. pedir   6. pedir   8. pedir

Conchita: ¿Qué vas a _1_ ?
Lupita: No sé. ¿Qué me recomiendas?
Conchita: _2_ muy buenos sándwiches aquí. Yo siempre _3_ el de jamón y queso.
Lupita: ¿Cómo puedes decir que tú siempre _4_ jamón y queso? Cuando salimos, tú y yo siempre _5_ hamburguesas.
Conchita: No tienes razón. Tú y Ramón siempre _6_ hamburguesas. Yo _7_ papas fritas. Pero aquí yo siempre _8_ el sándwich de jamón y queso.

c. **¡Al hacer cola!**   ¿Quién sigue a quién al subir al autobús escolar?

MODELO   Mariela
   Mariela sigue a José.

| **José** | **Carmen** | **tú** | **Esteban** | **yo** | **Inés** | **Silvia** |

| **Mariela** | **María** | **Mateo** | **Luis** | **Isabel** | **Roberto** |

1. tú   **3.** María y tú   **5.** Esteban   **7.** Roberto y Silvia
2. yo   **4.** Luis y yo   **6.** Isabel y yo   **8.** Carmen

ch. **¡Voy a cambiar!**   Rubén López y su hermana Raquel están en un café.
Completa su conversación.

1. servir (ellos)   **3.** pedir   **5.** pedir   **7.** pedir   **9.** pedir
2. servir   **4.** decir   **6.** pedir   **8.** decir

Al entrar
Rubén: ¿Qué _1_ aquí, Raquel?
Raquel: _2_ unas papas fritas fantásticas. Yo siempre _3_ las papas
         y un refresco.
Rubén: Mamá _4_ que los sándwiches son muy ricos aquí.
Raquel: Pues, ¿por qué no _5_ tú por mí?
Rubén: Bueno. Si yo _6_ un sándwich y tú _7_ las papas fritas,
         puedo probar de todo.
Raquel: Sí, pero creo que hoy prefiero un bizcocho.
Rubén: Pero . . . ¿no _8_ que siempre _9_ las papas fritas?
Raquel: Sí, pero hoy voy a cambiar.

d. **¡Casa Botín!**   Para descubrir algo de este famoso restaurante madrileño,
completa el párrafo con la forma correcta de los verbos indicados.

1. decir   **3.** pedir   **5.** pedir   **7.** servir   **9.** seguir
2. servir   **4.** decir   **6.** decir   **8.** seguir

Mis amigos _1_ que uno de los restaurantes más populares de Madrid es la Casa
Botín. Está en la calle de Cuchilleros. _2_ de todo allí pero la especialidad de la
casa es el cochinillo asado.° Ellos siempre lo _3_ cuando van allí. Mi amiga
Teresa _4_ que ella nunca _5_ el cochinillo. ¿Por qué no? Porque _6_ que allí
también _7_ un cordero° asado muy sabroso. Yo pienso comer en Casa Botín esta
tarde. Me dicen que es fácil llegar allí si yo _8_ por esta calle a la Plaza Mayor.
De la Plaza Mayor _9_ por el Arco de Cuchilleros, y ¡allí está!

cochinillo asado *roast suckling pig*   **cordero** *lamb*

5.8 *TENER* IDIOMS

An idiom is an expression that makes sense in one language but does not make sense when translated word for word into another language. The verb **tener** is used in several idiomatic expressions.

Tener Idioms	
tener hambre	*to be hungry*
tener sed	*to be thirsty*
tener calor	*to be hot*
tener frío	*to be cold*
tener prisa	*to be in a hurry*
tener razón	*to be right*

Tengo hambre pero no **tengo sed.**	*I am hungry but I am not thirsty.*
¿Tienes frío?	*Are you cold?*
Al contrario, **tengo calor.**	*On the contrary, I'm hot.*
Tienes razón, no **tenemos prisa.**	*You are right, we are not in a hurry.*

■ To express *very,* use **mucho(a).** Note that **hambre, sed, razón,** and **prisa** are all feminine. **Calor** and **frío** are masculine.

Tengo **mucha** hambre.	*I'm very hungry.*
Tenemos **mucha** prisa hoy.	*We are in a big hurry today.*
Dicen que tienen **mucho** frío.	*They say they are very cold.*

Vamos a practicar

a. ¿Qué tienes? Completa estas oraciones con una expresión idiomática.

MODELO Cuando tengo **prisa**, camino muy rápido.

1. Cuando tengo ___, voy a la cafetería.
2. Los profesores creen que siempre tienen ___.
3. Perdón, tengo ___. Mi clase empieza en dos minutos.
4. Tú no tienes ___; 4 + 44 no son 49.
5. En julio y agosto todos tenemos ___.
6. Voy a comer algo. Tengo mucha ___.
7. Cuando tengo ___, bebo agua.
8. Con permiso, tengo mucha ___. Mi autobús llega en dos minutos.
9. Tienes ___. No todos los hispanos en Estados Unidos son de México.
10. En invierno, tengo ___.

b. **¿Qué les pasa?**   ¿Por qué estas personas dicen esto?

MODELO   Elena: 10 + 11 son 22.
   Porque no tiene razón.

1. Juanito: Quiero comer.
2. Norman: Quiero un refresco grande.
3. Anita: Son las nueve menos dos y mi clase
   es a las nueve.
4. Tomás: Quiero un sándwich de jamón y un sándwich
   de queso y patatas fritas.
5. Diana: Primero quiero dos vasos de agua y luego
   un café con leche.
6. Raúl: ¡Adiós! ¡Adiós! Ya viene mi autobús.
7. Joaquín: 5 + 6 son 11.
8. Amanda: Necesito mi chaqueta.
9. Carlos: No necesito toda esta ropa.
10. Bárbara: Granada es la capital de España.

5.9 INDIRECT OBJECT PRONOUNS

Indirect object nouns and pronouns answer the questions *to whom?* or *for whom?*
something is done. Note in the following examples that *to* and *for* are often omitted
in English.

What are you going to buy *David?*
Give *us* the money. We'll get it *for him.*
Don't forget to write *me.*

Object pronouns, like subject pronouns, are words that allow you to identify people
without using or repeating their names. You are already familiar with the Spanish
forms of indirect object pronouns from using the verbs **gustar** and **encantar.**

Indirect Object Pronouns			
a mí	**me**	**nos**	a nosotros(as)
a ti	**te**	**os**	a vosotros(as)
a usted	**le**	**les**	a ustedes
a él, a ella	**le**	**les**	a ellos, a ellas

Abuelita **nos** escribe mucho.   *Grandmother writes us a lot.*
¿**Te** sirvo más café?   *May I serve you more coffee?*
¿**Le** compro este disco?   *Shall I buy you this record?*
¿**Les** doy el dinero a ellos?   *Do I give them the money?*

■ Indirect object pronouns can be *clarified* or *emphasized* by using
a + [a name or pronoun].

> ***To clarify:***
> ¿Les escribes **a Mónica** y **a Alicia** con frecuencia?
>
> *Do you write Mónica and Alicia often?*
>
> Yo voy a decirles **a ellos** la verdad.
>
> *I am going to tell them the truth.*

> ***To emphasize:***
> ¡El problema es que **a mí** no me gustan las papas!
>
> *The problem is that I don't like potatoes!*
>
> Pues, ¡**a nosotros** nos encantan!
>
> *Well, we love them!*

■ Usually the indirect object pronoun comes before the verb.

> A ver si **le** encontramos una camiseta.
>
> *Let's see if we can find him a T-shirt.*
>
> ¿**Te** traigo un café?
>
> *Shall I bring you a cup of coffee?*
>
> **Me** gustan mucho las películas de aventuras.
>
> *I like adventure movies a lot.*

■ In sentences where there is an infinitive or **-ndo** form, the indirect object pronoun
may be placed either before the conjugated verb *or* after and attached to the infinitive
or **-ndo** verb form.

> **Te** voy a traer el periódico.
> Voy a traer**te** el periódico.
>
> *I'm going to bring you the newspaper.*

> **Le** estoy escribiendo una carta.
> Estoy escribiéndo**le** una carta.
>
> *I'm writing her a letter.*

■ With an affirmative command, the indirect object pronoun is always placed after and
attached to the command form.

> Sírve**me** el melón primero.
>
> *Serve me the melon first.*
>
> Carmen, tráe**me** el periódico, por favor.
>
> *Carmen, bring me the newspaper, please.*
>
> Silvia, cuénta**nos** de tu viaje por Europa.
>
> *Silvia, tell us about your trip around Europe.*

■ In writing, when a pronoun is attached to the **-ndo** verb form or to command forms
with two or more syllables, a written accent is always required.

> Estamos **preparándole** una comida especial.
>
> *We're preparing her a special meal.*
>
> ¡**Escríbeme** pronto!
>
> *Write me soon!*
>
> ¡**Dímelo** ahora!
>
> *Tell it to me now!*

Vamos a practicar _____

a. ¿Les gusta o no?   ¿Qué les gusta o no les gusta a estas personas?

MODELO   **<u>Les</u> encantan las papas fritas a mis hermanos.**

1. A ella _____ encantan los centros comerciales.
2. ¿A ti _____ gustan los almacenes grandes?
3. No _____ gusta ir de compras a mamá.
4. No _____ gusta a mí tampoco.
5. A mis hermanos _____ gusta escuchar la radio.
6. Las tiendas de discos _____ encantan a nosotros.
7. ¿Qué pasa? ¿No _____ gusta a usted la música?
8. A nadie _____ gusta.

b. ¿Qué les sirvo?   Dile al camarero qué debe servirles a estas personas.

MODELO   leche / a mí
         Sírveme leche, por favor.

1. un bizcocho / a él
2. unas hamburguesas / a ellos
3. un refresco / al Sr. Duarte
4. helado / a ellas y a mí
5. leche de chocolate / a los niños
6. un sándwich de queso / a la Sra. Duarte
7. papas fritas / a nosotros
8. un café / a mí

c. ¡Llegan pronto!   Los abuelos van a visitar a sus nietos en una semana.
¿Qué preguntas les hacen sus nietos cuando les hablan por teléfono?

MODELO   traer regalos
         ¿Van a traernos regalos? o
         ¿Nos van a traer regalos?

1. comprar ropa nueva
2. dar dinero
3. preparar comida especial
4. cantar algo todos los días
5. llevar al cine
6. traer fotos
7. leer un libro
8. llevar al zoológico
9. comprar videos
10. dar dulces

ch. **¿Qué están haciendo?**   Es sábado por la tarde y todos están ocupados en la familia de Alberto. ¿Qué están haciendo?

MODELO   Juanita / servir / café / a sus abuelos
Juanita está sirviéndoles café a sus abuelos. o
Juanita les está sirviendo café a sus abuelos.

1. papá / leer / el periódico / a Paquito
2. yo / preparar / la comida / a todos
3. Anita / pedir / un disco / a mí
4. mis primos / servir / un refresco / a los invitados
5. Julio y Cruz / dar / clases de baile / a los niños
6. mamá / escribir / cartas / a sus amigos
7. Paquito / decir / algo interesante / a nosotros
8. mi tío / dar / dinero / a mi prima

d. **¡Qué familia!**   ¿Qué hace esta familia durante la Navidad (*Christmas*)? Para saberlo, completa este párrafo con los complementos indirectos apropiados.

Mis padres siempre (1) dan un regalo interesante y especial para la Navidad. Generalmente, yo (2) compro una cosa a mi padre y otra a mi madre. Pero si no tengo mucho dinero, (3) doy algo a los dos. También (4) compro algo a mis abuelos. Ellos siempre (5) traen regalos a todos nosotros. Mis padres (6) dan dinero a mis abuelos. A mí (7) gusta eso mucho porque con frecuencia mis abuelos usan el dinero para comprar (8) más regalos a mí y a mis hermanos. ¿Y tú? ¿ (9) compras regalos a todos tus parientes? Y ellos, ¿ (10) dan muchos regalos a ti?

LECCIÓN 1

6.1 PRETERITE TENSE: REGULAR VERBS
Describing What You Did

Up until now, you have been talking in Spanish about events happening in the present. In this unit, you will learn to use the preterite tense to talk about events that happened in the past.

Preterite-Tense Verb Endings		
Subject	**-ar** verbs	**-er** and **-ir** verbs
yo	**-é**	**-í**
tú usted	**-aste** **-ó**	**-iste** **-ió**
él / ella	**-ó**	**-ió**
nosotros(as)	**-amos**	**-imos**
vosotros(as) ustedes	**-asteis** **-aron**	**-isteis** **-ieron**
ellos / ellas	**-aron**	**-ieron**

Below are examples of the three kinds of verbs in the preterite tense.

Bailar (-ar)	Correr (-er)	Salir (-ir)
bail**é**	corr**í**	sal**í**
bail**aste**	corr**iste**	sal**iste**
bail**ó**	corr**ió**	sal**ió**
bail**amos**	corr**imos**	sal**imos**
bail**asteis**	corr**isteis**	sal**isteis**
bail**aron**	corr**ieron**	sal**ieron**

Bailamos y **bailamos.**   *We danced and danced.*
Salí de la casa y **corrí**   *I left the house and ran*
   tras el autobús.   *after the bus.*

■ Note that the preterite tense has two sets of endings: one for **-ar** verbs and the other for **-er** and **-ir** verbs.

■ Also notice that the **yo** form and the **usted / él / ella** forms require a written accent.

Adela **salió** primero.	*Adela left first.*
Yo no **estudié** anoche.	*I didn't study last night.*

■ The **nosotros** form of **-ar** and **-ir** verbs is the same in the present and preterite tenses. The context will help you decide which meaning is intended.

Cantamos todos los días.	*We sing every day.*
Cantamos mucho ayer.	*We sang a lot yesterday.*
Vivimos en Texas ahora.	*We live in Texas now.*
Vivimos allí tres años.	*We lived there three years.*

Vamos a practicar

a. ¡Qué horario!   Leticia siempre está muy ocupada. Completa su carta a Amalia. ¿Qué le dice que hizo ayer?

1. preparar	**4.** recibir	**7.** ayudar	**10.** salir
2. comer	**5.** decidir	**8.** estudiar	**11.** correr
3. descansar	**6.** escribir	**9.** preparar	**12.** regresar

> Querida Amalia,
>
> ¡Qué día pasé ayer! A las doce le _1_ un sándwich a Pepita. Ella y
> yo _2_ en casa. Después yo _3_ por media hora. A las dos _4_ una carta de
> mi tía Julia. Después de leerla, _5_ contestar su carta inmediatamente.
> Le _6_ más de tres páginas. Después _7_ a mi mamá a limpiar la casa.
> Luego _8_ por dos horas. _9_ todas mis clases para el lunes. Entonces
> _10_ a correr. _11_ una milla. _12_ a casa a la hora de comer. ¡Uf!
> ¡Qué día!
>
> > Un abrazo fuerte de
> > Leticia

b. ¡Fuiste a México!   Un(a) amigo(a) pasó sus vacaciones en México. ¿Qué le preguntas cuando regresa?

MODELO   visitar muchos museos
> **¿Visitaste muchos museos?**

1. cambiar mucho dinero	**6.** comprar regalos
2. mandar tarjetas postales	**7.** caminar mucho
3. escribir cartas	**8.** recibir muchos regalos
4. comer mucho	**9.** conocer a muchas personas
5. escuchar música	**10.** regresar ayer

c. **¿Quién lo hizo?** Identifica a las personas que hicieron las cosas mencionadas. (Todas las personas están en tu libro de español.)

Manolo y Víctor	el papá de Manolo y Víctor
Carlos y Raúl	Víctor, Manolo y sus padres
Mónica	Lupe y su abuelo
Pedro Solís	Martín, Daniel y Riqui
Rafael y Betty	David, Martín, Kati y Alicia
Srta. Rivera	

MODELO dejar una propina
El papá de Manolo y Víctor dejó una propina.

1. celebrar sus cumpleaños
2. cambiar un cheque de viajero
3. calificar exámenes
4. estudiar computación
5. pasar el verano en México
6. comer pizza en la Zona Rosa
7. hablar con la gente en Chapultepec
8. subir a los juegos en el parque de diversiones
9. comer en un restaurante en Madrid
10. bailar en su boda

ch. **Línea ocupada.** Todos hablaron mucho por teléfono anoche. ¿Cuánto tiempo hablaron?

MODELO Paquita **habló** media hora.

1. Juan y yo __ 45 minutos.
2. Mi mamá y mi tía __ 15 minutos.
3. Tú __ una hora.
4. Manuel __ 10 minutos.
5. Yo __ una hora y 15 minutos.
6. Tú y Anita __ 20 minutos.
7. Mi papá __ 50 minutos.
8. Mario y yo __ más de media hora.

d. **Vivieron en México.** Esperanza y muchos de sus amigos vivieron en México por un tiempo. ¿Cuánto tiempo vivieron allí?

MODELO Jorge: 2 años
Jorge vivió en México dos años.

1. Andrés y Matilde: 1 año
2. tú: 6 meses
3. Lidia: 5 años
4. yo: 3 años
5. mi prima: 2 años
6. ustedes: 7 años
7. Eduardo: 10 años
8. mi familia y yo: 3 años

e. **Mucha hambre.** Ayer después de jugar fútbol, todos decidieron ir a comer algo. ¿Qué comieron y qué bebieron?

MODELO Ángel: pizza   Tina y yo: leche
Ángel comió pizza.   **Tina y yo bebimos leche.**

1. Martina y yo: hamburguesas
2. Esteban y Roberto: mucha agua
3. tú: dos refrescos
4. Roberto y Tina: pastel
5. yo: limonada
6. Esteban: melón
7. tú y Tina: papas fritas
8. Martina y Tina: mucha leche

f. ¡Noticias! Luisa está de vacaciones en Guadalajara. Ahora le escribe una carta a su amiga Natacha. ¿Qué le dice?

1. visitar
2. pasar
3. prepararnos
4. comer
5. beber
6. beber

7. salir
8. llevar
9. escuchar
10. mirar
11. decidir

¡Hola, Natacha!

   ¿Cómo estás? Nosotros estamos muy contentos aquí. Ayer mamá y yo _1_ el Parque Agua Azul. ¡Es hermoso y tan tranquilo! _2_ toda la tarde allí. Para el almuerzo, el hotel _3_ unos sándwiches muy ricos. Pero mamá sólo _4_ fruta. Yo _5_ limonada, mamá no _6_ nada. Por la noche mi hermano Pascual y yo _7_ a pasear por el centro. Él me _8_ a la Plaza de los Mariachis donde _9_ la música alegre y _10_ a la gente pasar. Mis padres _11_ ir a un espectáculo de ballet folklórico. Todo fue muy divertido.

Tu amiga
Luisa

6.2 PRETERITE OF IR

Some verbs, like **ir**, have irregular preterite forms.

Ir	
fui	fuimos
fuiste	fuisteis
fue	fueron
fue	fueron

Fuimos al Patio Iglesias.	*We went to the Patio Iglesias.*
¿**Fuiste** al concierto?	*Did you go to the concert?*
Fueron a Madrid.	*They went to Madrid.*
No **fui** a la biblioteca.	*I didn't go to the library.*

Vamos a practicar

a. ¡Vacaciones! Ayer empezaron las vacaciones y muchas personas ya salieron de la ciudad. ¿Adónde fueron?

EJEMPLO **Anita fue a San Antonio, Texas.**

Anita	fuiste a Los Ángeles
José y Pedro	fue a Las Vegas, Nevada
ustedes	fuimos a Miami, Florida
yo	fui a Chicago, Illinois
el profesor García	fueron a Boston, Massachusetts
tú	fueron a Nueva York, Nueva York
Martín y yo	fue a San Antonio, Texas

b. Un día típico. Ayer fue un día típico en el Colegio Dos Robles. ¿Adónde fueron estos estudiantes a las 11:10?

MODELO José: la biblioteca
José fue a la biblioteca.

1. Sara y Maité: cafetería

2. tú y tu hermana: gimnasio

3. yo: sala de música

4. mi amigo Pepe: clase de francés

5. Martín: laboratorio de química

6. Carmen y yo: patio

7. Marcos y Ana: sala de computación

8. ellas: clase de español

L E C C I Ó N 2

6.3 PRETERITE OF *HACER, SER, DAR, AND VER*

The verbs **hacer, ser, dar,** and **ver** are irregular in the preterite tense.

Hacer	Ser	Dar	Ver
hice	fui	di	vi
hiciste	fuiste	diste	viste
hizo	fue	dio	vio
hicimos	fuimos	dimos	vimos
hicisteis	fuisteis	disteis	visteis
hicieron	fueron	dieron	vieron

¿Qué **hiciste** ayer?	*What did you do yesterday?*
Fui el primero en llegar.	*I was the first to arrive.*
Me **dieron** un regalo muy caro.	*They gave me a very expensive gift.*
Isabel no **vio** a Marcos.	*Isabel didn't see Marcos.*

LECCIÓN 1

7.1 DEMONSTRATIVES
Used to Point Out Things and People

Demonstratives tell where objects or people are in relation to the person speaking:
This book is mine. *Do you want* **that** *blouse or* **that one over there?**

Spanish has three sets of demonstratives: one to point out someone or something *near the speaker*, another to point out someone or something *farther away*, and a third one used to refer to someone or something *a considerable distance* from both the speaker and the listener.

Demonstratives						
	CERCA		LEJOS		MÁS LEJOS	
	m.	f.	m.	f.	m.	f.
singular	este	esta	ese	esa	aquel	aquella
plural	estos	estas	esos	esas	aquellos	aquellas

■ Demonstratives may be used as adjectives or as pronouns. As adjectives, they agree in number and gender with the noun they modify and always go before the noun.

Esta semana no hay clases.	*This week there are no classes.*
¿Quién es **ese** señor?	*Who is that man?*
¡**Aquellas** chicas son gran deportistas!	*Those girls* (over there) *are great athletes.*

■ When demonstratives are used as pronouns, they reflect the number and gender of the noun they replace and require a written accent.

No me gustan esos pantalones. Prefiero **éstos.**	*I don't like those pants. I prefer these.*
Estas blusas son bonitas, pero creo que **ésas** son más bonitas.	*These blouses are pretty, but I believe those are prettier.*
Tienes razón, pero **aquéllas** no son tan caras.	*You're right, but those over there are not as expensive.*

■ **Esto** and **eso** are used to refer to concepts, ideas, and situations and to things unknown to the speaker. They never require a written accent.

Esto es imposible.	*This* (situation) *is impossible.*
¿Qué es **eso**?	*What is that?*

Vamos a practicar _____

a. ¡Ropa nueva! Para su cumpleaños, la mamá de Alma la lleva a comprar ropa nueva. ¿Qué le pregunta la madre a su hija cada vez que ve algo interesante?

MODELO   blusa

¿Te gusta esta blusa?

1. pantalones   **3.** zapatos   **5.** camisetas   **7.** sombrero
2. falda   **4.** suéter   **6.** chaqueta   **8.** botas

b. ¿De quién son estos lápices? Tú y un amigo fueron de compras. La dependiente puso todas sus compras en una bolsa. Ahora están decidiendo quién compró qué. ¿Qué dices al separar las cosas?

MODELO   **Éstos** son mis lápices.

1. _____ son mis carpetas.
2. _____ son tus cuadernos.
3. _____ es mi borrador.
4. _____ son mis libros.
5. _____ es tu regla.
6. _____ son tus bolígrafos.
7. _____ es mi diccionario.
8. _____ es mi mochila.

c. Mi familia.   Invitaste a un amigo a una reunión familiar. ¿Qué le dices al identificar a los miembros de la familia?

MODELO   mis tíos

Esos señores son mis tíos.

1. mi tío   **5.** mis tías
2. mi mamá   **6.** mi tía de Nueva York
3. mis abuelos paternos   **7.** mi papá
4. mi primo cubano   **8.** mi abuela materna

ch. ¡Al agua!   Diana invitó a algunos amigos a nadar en la piscina de su casa. Mientras todos nadaban, Pepito, el hermano menor de Diana, puso toda la ropa en un cuarto. Ahora Diana y su mamá les ayudan a todos a encontrar su ropa. ¿Qué dicen?

MODELO   camisa / Mario
         Tú: **¿De quién es esta camisa?**
         Compañero(a):   **Ésa es de Mario.**

1. zapatos / Manuel   **5.** calcetines / Lorenzo
2. sombrero / Óscar   **6.** falda / Josefina
3. sudadera / Susana   **7.** camiseta / Gregorio
4. chaqueta / Enriqueta   **8.** pantalones / Patricio

d. **¡Me encantan!**   ¿Qué opinas de estas cosas?

MODELO   **Me gustan esos zapatos negros pero me encantan aquéllos marrones.**

1.

2.

3.

4.

5.

6.

7.2   SPELLING CHANGES IN THE PRETERITE

Some verbs require a spelling change in the preterite. These verbs are *not* irregular. Spelling changes occur only to maintain pronunciation.

Spelling changes that occur in preterite tense verbs follow some very specific rules. The spelling change rules listed below apply at all times.

- An unaccented **i** between two vowels changes to **y.**

Leer	Oír	Creer
leí	oí	creí
leíste	oíste	creíste
leyó	**oyó**	**creyó**
leímos	oímos	creímos
leísteis	oísteis	creísteis
leyeron	**oyeron**	**creyeron**
leyendo	**oyendo**	**creyendo**

Note that this rule affects the **usted / él / ella** and **ustedes / ellos / ellas** forms of the preterite as well as the **-ndo** form of the verb.

The following three rules affect the **yo** form of the preterite in certain verbs to preserve the consonant sound of their infinitive ending: **-car, -gar,** and **-zar.**

- The letter **c** changes to **qu** before **e** or **i.**

    bus**car:** bus**qué,** buscaste, buscó, buscamos . . .
    to**car:** to**qué,** tocaste, tocó, tocamos . . .

    Other verbs of this type are:

calificar	criticar	dedicar	practicar
comunicar	chocar (*to collide*)	explicar	sacar

- The letter **g** changes to **gu** before **e** or **i.**

  pa**gar:** pa**gué,** pagaste, pagó, pagamos . . .
  ju**gar:** ju**gué,** jugaste, jugó, jugamos . . .

  Other verbs of this type are:

  entregar (*to hand over, deliver*)
  llegar
  obligar
  pegar (*to beat, hit*)

- The letter **z** changes to **c** before **e** or **i.**

  empe**zar:** empe**cé,** empezaste, empezó, empezamos . . .
  comen**zar:** comen**cé,** comenzaste, comenzó, comenzamos . . .

  Other verbs of this type are:

  almorzar   especializar
  cruzar   utilizar

Vamos a practicar _____

a. **¡A leer!**   En la familia de Alfonso, una noche por semana todos leen algo.
¿Qué leyeron anoche?

MODELO   Mamá **leyó** un artículo.

1. Mis hermanos _____ un libro nuevo.
2. Tú _____ el periódico.
3. Papá _____ una novela histórica.
4. Yo _____ una novela de horror.
5. Mi hermana _____ un artículo de deportes.
6. Todos nosotros _____ algo interesante.

b. **¿Cómo es?**   Hay un nuevo estudiante en la escuela y la profesora de
matemáticas quiere saber algo de él. ¿Qué le dice una muchacha de la
clase?

MODELO   Rosa / canta bien
         Rosa oyó que canta bien.

1. Florencio / toma álgebra
2. Vicente y Rubén / es inteligente
3. yo / es deportista
4. ustedes / juega fútbol
5. Nena / es guapo
6. usted / le gusta la música
7. Alicia / no conoce a nadie
8. todos nosotros / es de Venezuela

c. ¿Cómo los ayudaste?   Tú y Elena son muy buenos(as) estudiantes y también son muy generosos(as). ¿Cómo ayudaron a sus amigos a sacar buenas notas?

MODELO   Antonio sacó una A– (A menos) en álgebra.   yo
Yo le expliqué las lecciones de álgebra todo el año.

1. Diana sacó una B+ (B más) en historia.   Elena
2. Hugo sacó una A– en drama.   yo
3. Carlota sacó una B+ en matemáticas.   Elena y yo
4. Paco sacó una C+ en física.   yo
5. Bárbara sacó una A en computación.   Elena y yo
6. Manuel sacó una A en español.   Elena
7. Mariela saco una B– en inglés.   yo
8. José sacó una A en biología.   Elena y yo

ch. Instrumentos musicales.   Muchas personas participaron en un programa musical la semana pasada. ¿Qué hicieron?

MODELO   Antonio **tocó** el violín.

1. Inés _____ la trompeta.
2. Yo _____ el saxófono.
3. Hugo y Rodrigo _____ la guitarra.
4. Tú y yo _____ el clarinete.
5. Verónica _____ el oboe.
6. Tú _____ la flauta.
7. Roberta _____ el piano.
8. Federico y Clara _____ el violín.

d. Ayudé a todo el mundo.   ¿Qué hicieron estas personas y qué hiciste tú?

MODELO   Olga me **explicó** la lección de matemáticas y yo le **expliqué** la lección de español.

VOCABULARIO ÚTIL:

buscar   comunicar   explicar   sacar
calificar   criticar   practicar   tocar

1. Pedro y Alberta _____ el piano y yo _____ la guitarra.
2. La profesora _____ las partes difíciles de los exámenes y yo _____ las partes fáciles.
3. Mamá y papá _____ un regalo caro para ti y yo _____ un regalo barato.
4. Tú _____ el cabezazo ayer por la mañana y yo lo _____ ayer por la tarde.
5. Mis papás _____ fotos de los novios y yo _____ fotos de mis amigos.
6. Carla me _____ la información a mí y yo le _____ la información al director.
7. El profesor me _____ a mí y yo _____ a mi compañero.
8. Olga me _____ la lección de matemáticas y yo le _____ la lección de español.

e. **¡Qué deportista!** Rosa y su hermana Margarita son muy deportistas. Según Rosa, ¿qué hicieron la semana pasada?

MODELO lunes / mañana / yo / tenis
El lunes por la mañana jugué tenis.

1. lunes / tarde / Margarita y yo / volibol
2. martes / tarde / yo / golf
3. miércoles / mañana / yo / baloncesto
4. jueves / tarde / Margarita / tenis
5. viernes / tarde / Margarita / fútbol americano
6. sábado / mañana / yo / béisbol

f. **Aeropuerto internacional.** Al aeropuerto de Miami llegan vuelos internacionales todo el día. ¿A qué hora llegaron estas personas?

MODELO El señor Juan Uribe vino de Santo Domingo.
Él llegó de la República Dominicana a las siete y cinco de la tarde.

1. Horacio Tovares vino de Santiago.
2. Las hermanas Romano vinieron de la Ciudad de México.
3. Yo vine de Buenos Aires.
4. La familia Quiroga vino de San José.
5. Tú viniste de Bogotá.
6. El profesor Claudio Arabal vino de Madrid.
7. Julio Gómez vino de Tegucigalpa.
8. La doctora Josefina Clemente vino de Caracas.

LLEGADAS	
ORIGEN	HORA
San José	07,15
Bogotá	08,50
Madrid	10,10
Caracas	13,15
Tegucigalpa	14,45
México	15,45
Santo Domingo	19,05
Santiago	21,55
Buenos Aires	23,30

g. **Algo nuevo.** Elisa y sus amigos practicaron deportes el domingo todo el día. ¿A qué hora empezaron?

MODELO Armando (7:00 A.M.)
Armando empezó a jugar tenis a las siete de la mañana.

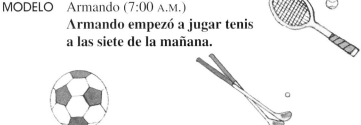

1. Arturo y yo (8:30 A.M.)   2. Tú (6:30 A.M.)   3. Juan (4:15 P.M.)

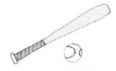

4. ustedes (2:00 P.M.)   5. yo (7:45 P.M.)

h. La primera vez. Carolina está enseñándole un álbum de fotos a su mejor amiga. ¿Qué dice de cada foto?

MODELO: yo / andar

En esta foto comencé a andar.

1. yo / llorar
2. mi hermano Germán / correr
3. yo / el colegio
4. mi hermano / conducir el coche
5. yo / salir con mi novio Roberto
6. mi hermano / jugar fútbol
7. yo / la escuela secundaria
8. mi hermana / la universidad

i. De vacaciones. Tú nunca haces lo que hacen las otras personas. ¿Qué hicieron tus amigos durante el verano y qué hiciste tú?

MODELO   Juan y Óscar **tocaron** la guitarra; yo no **toqué** nada. (tocar)

1. Rosana _____ muchas fotos; yo no _____ ninguna. (sacar)
2. Marcos y Luis Miguel _____ a estudiar baile; yo no _____ a estudiarlo porque no me gusta bailar. (empezar)
3. Los profesores _____ a los guías; yo no _____ a nadie. (criticar)
4. La directora _____ la cuenta del hotel; yo no _____ nada. (pagar)
5. Tú y Silvia _____ el océano Atlántico; yo no lo _____ porque no me gusta viajar en barco. (cruzar)
6. Eva y Alicia _____ fútbol todos los días; yo no _____ ni un solo día. (jugar)
7. Rosa y Lupe _____ karate; yo no _____ nada. (practicar)
8. Olivia y Fernando _____ una clase de arte; yo no _____ la clase porque ya tengo una clase de música. (empezar)

L E C C I Ó N 2

7.3 DIRECT OBJECT PRONOUNS

Direct objects answer the questions *what?* or *who(m)?* after the verb.

Ana María ve **la tele.**	*Ana María is watching TV.*
Escuchamos **música.**	*We listen to music.*
No conozco a **los profesores.**	*I don't know the teachers.*

Direct objects can be pronouns as well as nouns. Pronouns are used to avoid repetition of nouns.

Tocaron música clásica y **la** escuchamos en la radio.	*They played classical music, and we listened to it on the radio.*
¿Los Martín? No **los** conozco.	*The Martíns? I don't know them.*
Llamé a papá. **Lo** llamé ayer.	*I called Dad. I called him yesterday.*

The direct object pronouns in Spanish are given below.

Direct Object Pronouns			
me	**me**	**nos**	*us*
you (familiar)	**te**	**os**	*you* (familiar)
you (m. formal)	**lo**	**los**	*you* (m. formal)
you (f. formal)	**la**	**las**	*you* (f. formal)
him, it (m.)	**lo**	**los**	*them* (m.)
her, it (f.)	**la**	**las**	*them* (f.)

¿No **me** viste en el partido?	*Didn't you see me at the game?*
Los llevo al cine por la tarde.	*I take them to the movies in the afternoon.*
Nos van a llamar esta noche.	*They are going to call us this evening.*

- Like indirect object pronouns, direct object pronouns are placed before conjugated verbs.

Me ayudaron muchísimo.	*They really helped me a lot.*
Lo llevaron al hospital.	*They took him to the hospital.*

- In sentences where there is an infinitive or an **-ndo** verb form, the direct object pronoun may either come before the conjugated verb or it may come after and be attached to the infinitive or the **-ndo** verb form.

Estoy pagándo**la.** **La** estoy pagando.	*I'm paying for it.*
Queremos observar**lo.** **Lo** queremos observar.	*We want to observe him.*

- When telling someone to do something using a command, the object pronoun is always placed after and attached to the command form.

Levánta**los.** Baja**los.**	*Raise them. Lower them.*
Lláma**me.**	*Call me.*

- Remember that in writing, when a pronoun is attached to the **-ndo** verb form or to command forms with two or more syllables, a written accent is always required.

Estamos **mirándolo.**	*We're looking at it.*
Cómpralo aquí.	*Buy it here.*

Vamos a practicar

a. ¿Dónde?   Perdiste un lente de contacto en el partido de fútbol y ahora no puedes ver nada. ¿Qué contestas cuando tus amigos te dicen lo que está pasando?

MODELO   Allí están Pepe y Ana.
          ¿Dónde? No los veo.

1. Allí está Juanita.
2. Allí está nuestro equipo.
3. Allí está el árbitro.
4. Allí están los Jaguares.

5. Allí están María y Francisca.
6. Allí está Ricardo.
7. Allí está el entrenador.
8. Allí están tus primas.

b. Me duele todo.   Ayer jugaste fútbol todo el día y hoy te duele todo. Decidiste ir al médico. ¿Cómo le respondes al médico durante el examen?

MODELO   Compañero(a): Levanta los brazos.
          Tú: **No los puedo levantar.** o **No puedo levantarlos.**

1. Dobla el brazo izquierdo.
2. Levanta la pierna derecha.
3. Baja el brazo izquierdo.

4. Mueve los pies.
5. Abre los ojos.
6. Levanta los brazos.

7. Baja la cabeza.
8. Toca la nariz.
9. Mueve las piernas.

c. ¿Con qué frecuencia?   Tu hermanito está aprendiendo a hacer una encuesta. Te hace preguntas acerca de las actividades mensuales de tu familia y de tus amigos. Contéstalas.

MODELO   ¿Con qué frecuencia te visitan tus abuelos?   (3)
          Me visitan tres veces al mes.

1. ¿Con qué frecuencia te llaman tus tíos? (4)
2. ¿Con qué frecuencia te saludan tus amigos? (30)
3. ¿Con qué frecuencia te invita al cine un amigo? (2)
4. ¿Con qué frecuencia te acompaña una amiga a estudiar? (6)
5. ¿Con qué frecuencia te ayudan tus amigos? (4)
6. ¿Con qué frecuencia te busca una amiga antes de las clases? (4)
7. ¿Con qué frecuencia te visitan tus primos? (1)
8. ¿Con qué frecuencia te espera un amigo después de las clases? (8)

ch. Preguntas y más preguntas.   Tienes un(a) amigo(a) muy curioso(a). ¿Qué le contestas cuando quiere saber qué hiciste anoche?

MODELO   Compañero(a): ¿Leíste el periódico?
          Tú: **Sí, lo leí.** o **No, no lo leí.**

1. ¿Viste la tele?
2. ¿Preparaste la comida?
3. ¿Escuchaste tus discos compactos?
4. ¿Escribiste una carta?

5. ¿Limpiaste tu cuarto?
6. ¿Visitaste a tus abuelos?
7. ¿Ayudaste a tu mamá?
8. ¿Hiciste la tarea?

d. **¡Amor!**   Anoche Diana llamó a su amiga Nora para hacerle preguntas sobre su nuevo novio. ¿Qué le preguntó Diana a Nora?

MODELO   ¿ . . . ?   Sí, me invitó al cine.
Diana: **¿Te invitó al cine?**

1. ¿ . . . ? Sí, me saludó esta mañana.
2. ¿ . . . ? No, no me llamó por teléfono anoche.
3. ¿ . . . ? No, no me buscó después de las clases el viernes.
4. ¿ . . . ? No, no me visitó en casa ayer.
5. ¿ . . . ? Sí, me ayudó con la tarea el lunes.
6. ¿ . . . ? Sí, me invitó a salir el viernes por la noche.
7. ¿ . . . ? Sí, me acompañó a un concierto de rock.
8. ¿ . . . ? Sí, me llevó a cenar la semana pasada.
9. ¿ . . . ? No, no me preparó una comida especial.
10. ¿ . . . ? Sí, me habló de su familia.

e. **Demasiado que hacer.**   Después de las clases, unos estudiantes están hablando de lo que tienen que hacer esta noche. ¿Qué dicen?

MODELO   ¿Leíste el libro para la clase de geografía?
No, voy a leerlo esta noche. o
No, lo voy a leer esta noche.

1. ¿Escribiste la composición para la clase de inglés?
2. ¿Hiciste la tarea de español?
3. ¿Leíste los artículos para la clase de biología?
4. ¿Practicaste la música para la banda?
5. ¿Estudiaste la lección de francés?
6. ¿Practicaste el cabezazo?
7. ¿Hiciste los problemas de álgebra?
8. ¿Preparaste la tarea de física?
9. ¿Escribiste el artículo para la clase de historia?
10. ¿Estudiaste la lección de química?

7.4   STEM-CHANGING VERBS IN THE PRETERITE: E → I AND O → U

In **Unidad 5,** you learned about stem-changing verbs in the present tense. In the preterite, only **-ir** verbs undergo stem changes. Verbs that end in **-ar** and **-er** are regular and do not undergo stem changes in the preterite.

Nani **contó** todo el dinero.	*Nani counted all the money.*
No lo **entendí.**	*I didn't understand it.*
No **pensaron** en eso.	*They didn't think about that.*

■ In **-ir** stem-changing verbs, **e** becomes **i** and **o** becomes **u** in the **usted / él / ella** and the **ustedes / ellos / ellas** forms.

Pedir (e → i)	
pedí	pedimos
pediste	pedisteis
pidió	**pidieron**
pidió	**pidieron**

Dormir (o → u)	
dormí	dormimos
dormiste	dormisteis
durmió	**durmieron**
durmió	**durmieron**

Durmió muy poco anoche.	*He slept very little last night.*
Sintió un dolor en la pierna.	*He felt a pain in his leg.*
Me **pidieron** un favor.	*They asked me for a favor.*
Ya **sirvieron** la comida.	*They already served dinner.*

The following is a list of common stem-changing **-ir** verbs. Note that the letters in parentheses indicate stem changes in the present tense and in the preterite.

e → i (**present and preterite**)

conseguir (i, i)	*to get, obtain*
pedir (i, i)	*to ask for*
repetir (i, i)	*to repeat*
seguir (i, i)	*to follow*
vestirse (i, i)	*to get dressed*

e → ie (**present**) / *e → i* (**preterite**)

divertirse (ie, i)	*to have a good time*
preferir (ie, i)	*to prefer*
sentir (ie, i)	*to feel*

o → ue (**present**) / *o → u* (**preterite**)

dormir (ue, u)	*to sleep*
morir (ue, u)	*to die*

Vamos a practicar

a. ¡Ay, ay! Ayer, después del partido más importante del año, todos los miembros del equipo de volibol empezaron a sentirse adoloridos. ¿Dónde sintieron el dolor?

MODELO Mauricio
Mauricio sintió dolor en la pierna.

1. Arturo e Irene **2.** yo **3.** Horacio **4.** Elena y Roberto

5. tú **6.** Guillermo **7.** Alma y yo **8.** los hermanos Rey

b. ¡Qué confusión!   Ayer tú y unos amigos fueron a un restaurante. El servicio fue terrible. ¿Por qué?

MODELO   Marta: hamburguesa / pizza
Marta pidió una hamburguesa pero el camarero le sirvió pizza.

1. yo: bizcocho / sándwich
2. Paco y Luz: café con leche / leche
3. ustedes: pizza / hamburguesas
4. ellos: agua mineral / refrescos
5. Leonardo: melón / manzana
6. Armando y yo: leche / limonada
7. tú: sándwich mixto / sándwich de jamón
8. Ana María: fruta / bizcocho

c. Investigación.   En tu opinión, ¿hay una relación entre las notas que recibes y el número de horas que duermes? Antes de contestar, di cuántas horas durmieron estas personas y qué notas sacaron en el último examen.

MODELO   **Joaquín durmió ocho horas y sacó una B.**

Estudiante	Horas	Nota
Joaquín	8	B
María	3	B
Alfredo y Tomás	7	A
Yo	5	C
Federico y Alicia	6	B
Hugo	9	A
tú	8	A
Elena	4	C
los jugadores de fútbol	8	C

1. María
2. Alfredo y Tomás
3. yo
4. Federico y Alicia
5. Hugo
6. tú
7. Elena
8. los jugadores de fútbol

L E C C I Ó N   3

7.5   AFFIRMATIVE *TÚ* COMMANDS: IRREGULAR FORMS

In **Unidad 5,** you learned how to use regular affirmative **tú** commands.

Limpia tu cuarto.	*Clean your room.*
Bebe la leche.	*Drink the milk.*
Escríbeme pronto.	*Write to me soon.*

There are, in addition, eight irregular affirmative **tú** commands. Note how almost all are derived from the **yo** form of the present tense.

Affirmative Irregular *tú* Commands		
Infinitive	Present Tense **yo** Form	Command
decir	**di**go	**di**
poner	**pon**go	**pon**
salir	**sal**go	**sal**
tener	**ten**go	**ten**
venir	**ven**go	**ven**
hacer	**ha**go	**haz**
ir	voy	**ve**
ser	soy	**sé**

Ten paciencia.	*Be patient.*
Ven acá, mamá.	*Come here, Mom.*

- Object pronouns always follow and are attached to affirmative commands. When one pronoun is attached, no written accent is required.

Hazlo tú.	*Do it yourself.*
Ponla en la mesa.	*Put it on the table.*

Vamos a practicar _____

a. **¡Mando yo!** Los padres de Mariana están de vacaciones. ¿Qué mandatos le da Mariana a su hermano menor?

MODELO hacer lo que te digo
Haz lo que te digo.

1. poner tus cosas en su lugar
2. salir a tiempo para la escuela
3. tener cuidado al cruzar la calle
4. venir directamente a casa después de las clases
5. decirme todo lo que te pasó en la escuela
6. ir al patio a jugar
7. hacer la tarea
8. ser bueno siempre

b. **¿Aquí?** Tu amigo(a) te ayuda a arreglar tu cuarto. Contesta sus preguntas.

MODELO ¿Dónde pongo la mesita? (al lado de la cama)
Ponla al lado de la cama.

1. ¿Dónde pongo las lámparas? (en las mesitas)
2. ¿Dónde pongo el televisor? (en el estante)
3. ¿Dónde pongo la cama? (debajo de la ventana)
4. ¿Dónde pongo el escritorio? (a la derecha del estante)
5. ¿Dónde pongo las sillas? (a la derecha y a la izquierda del escritorio)
6. ¿Dónde pongo el sillón? (enfrente del televisor)

c. **Sí, mamá.** Hoy es sábado y los padres de Susana tienen que ir a la oficina a trabajar. ¿Qué le dice su madre antes de salir?

MODELO: **Escucha** lo que te digo.

VOCABULARIO ÚTIL:

| ser | tener | volver | poner | decir | salir |
| jugar | ir | pedir | escuchar | limpiar | hacer |

1. _____ tu cuarto antes de salir.
2. _____ tu ropa en el armario.
3. _____ cuidado con las fotos en la mesita.
4. _____ de la casa antes de las 10:00.
5. _____ al correo para enviar las cartas.
6. _____ "buenos días" y "adiós" a todos en el correo.
7. _____ a casa antes de las 11:00.
8. _____ buena con tu hermanita.
9. _____ con ella por una hora por la tarde.
10. _____ tu tarea antes de ver la tele.

7.6 PREPOSITIONS OF LOCATION

Prepositions show the relationship between things. Prepositions of location tell where things or people are located.

Prepositions of Location	
a la derecha de	*to the right of*
a la izquierda de	*to the left of*
al lado de	*beside, next to*
cerca de	*near (to)*
lejos de	*far from*
debajo de	*under*
encima de	*on top of, over*
sobre	*on, over*
delante de	*in front of*
enfrente de	*facing, in front of*
detrás de	*behind*
en	*on, in*
entre	*between, among*

Está demasiado **lejos de**l baño.	*It's too far from the bathroom.*
¿Lo pusiste **cerca de** la puerta?	*Did you put it near the door?*
Está **al lado de** la cama.	*It is beside the bed.*
Pon la lámpara **encima de** la mesa.	*Put the lamp on top of the table.*

Vamos a practicar ─────────────────────

a. Vecinos. ¿Dónde están los apartamentos de estas personas?

EJEMPLO Camúñez / Rodríguez
**El apartamento de los Camúñez está debajo
del apartamento de los Rodríguez.**

1. Pérez / Romero
2. Madrigal / Ledesma
3. Gómez / Camúñez
4. Cameno / Madrigal
5. Sarmiento / Cameno
6. Serrano / Bravo
7. Rodríguez / Valdez

b. ¿Dónde está el gato? El gato no quiere salir de la casa y corre por todas partes para escaparse. Di dónde está.

MODELO **El gato está encima de la mesa.**

VOCABULARIO ÚTIL:

al lado de	cerca de	debajo de	delante de	detrás de
en	encima de	entre	lejos de	enfrente de

1.  2.  3.   4.

5.   6.   7.   8.

c. **¿Dónde lo pongo?** Alma está ayudándote a arreglar tu cuarto. ¿Qué le dices?

MODELO lámpara (en / debajo de) mesa
Ponla en esa mesa.

1. silla (al lado de / arriba de) escritorio
2. televisor (detrás de / enfrente de) cama
3. suéteres (en / encima de) armario
4. cómoda (al lado de / debajo de) puerta
5. estante (encima de / al lado de) mesita
6. fotos (detrás de / encima de) estante
7. lámpara (en / al lado de) sillón
8. escritorio (encima de / debajo de) ventana

ch. **¡Identifícalos!** Éstos son Lilia y sus mejores amigos. Están sentados en la clase de español. ¿Puedes identificarlos?

MODELO Lilia está en el centro del grupo.
Lilia es el número cinco.

1.

2.

3.

4.

5.

6.

7.

8.

9.

a. Alfredo está a la derecha de Lilia.
b. Rosa está detrás de Alfredo.
c. Mariana está a la izquierda de Rosa.
ch. Esteban está a la izquierda de Mariana.
d. Martín está delante de Lilia.
e. Felipe está a la izquierda de Martín.
f. Julia está detrás de Felipe.
g. Rubén está delante de Alfredo.

b. **¡Qué romántico!** Samuel y Sara se casaron. Tu amiga no pudo ir a la boda. ¿Cómo contestas sus preguntas?

MODELO ¿Tocó un organista? (fabuloso y fuerte)
Sí, y tocó fabulosa y fuertemente.

1. ¿Cantó un cantante? (profesional y fuerte)
2. ¿Leyó Ernesto? (romántico y triste)
3. ¿Habló la novia? (calmo y claro)
4. ¿Contestó el novio? (emocionado y contento)
5. ¿Escucharon los invitados? (cortés y paciente)
6. ¿Lloraron las madres? (fácil y frecuente)
7. ¿Bailó Rebeca? (nervioso y alegre)
8. ¿Salieron los novios? (rápido y cuidadoso)

c. **Emociones.** Generalmente, ¿cómo te sientes al hacer tu rutina diaria?

EJEMPLO **Me levanto alegremente.**

despertarse
bañarse
lavarse los dientes
ponerse la ropa
lavarse el pelo
sentarse en clase

{ nervioso
rápido
triste
alegre
tranquilo
cuidadoso
contento
tímido
furioso
lento }

L E C C I Ó N   2

8.3 PRETÉRITE OF ESTAR

■ The verb **estar** is irregular in the preterite. Its forms are like those of **tener.**

Estar	
estuve	estuvimos
estuviste	estuvisteis
estuvo	estuvieron
estuvo	estuvieron

Los bocadillos **estuvieron** excelentes.   *The sandwiches were excellent.*
La ensalada **estuvo** riquísima.   *The salad was delicious.*

Vamos a practicar

a. ¿Dónde? Nadie se encontró en casa de Ana ayer. ¿Dónde estuvieron todos?

MODELO   mamá / estar / 2 horas / mercado
       Mi mamá estuvo dos horas en el mercado.

1. hermana / estar / 1 hora / café
2. papá / estar / 10 horas / oficina
3. hermano / estar / 8 horas / colegio
4. padres / estar / 2 horas / biblioteca
5. yo / estar / 3 horas / partido de fútbol
6. prima y yo / estar / 2 horas / cine
7. hermanita / estar / 6 horas / escuela
8. todos / estar / poco tiempo / casa

b. Delicioso. Joaquín y su familia tuvieron un picnic ayer. ¿Cómo describe Joaquín la comida?

MODELO   bocadillos (rico)
       Los bocadillos estuvieron ricos.

1. ensaladas (delicioso)
2. queso (bueno)
3. pan (fresco)
4. manzanas (malo)
5. tortillas españolas (frío)
6. chorizo (sabroso)
7. bizcochos (excelente)
8. chocolate (rico)

8.4 ABSOLUTE SUPERLATIVES: -ÍSIMO
Used to Express Extremes

The **-ísimo (-a, -os, -as)** ending may be attached to an adjective to express an extremely high degree of the quality of the adjective. Note how English uses such expressions as *exceedingly, extremely,* or *really* to express the same idea.

Los chicos son **guapísimos.**	*The guys are really cute.*
La casa es **feísima.**	*The house is extremely ugly.*

■ These adjectives are formed by removing the **-o** from the masculine singular form of the adjective and adding **-ísimo (-a, -os, -as)**. Note that the **-ísimo** ending always has a written accent.

Adjective	*-ísimo* **form**
alto	altísimo (-a, -os, -as)
bueno	buenísimo (-a, -os, -as)
difícil	dificilísimo (-a, -os, -as)
fácil	facilísimo (-a, -os, -as)
fuerte	fuertísimo (-a, -os, -as)
grande	grandísimo (-a, -os, -as)
malo	malísimo (-a, -os, -as)

■ Some spelling rules may affect these adjectives.

c → qu	z → c	g → gu
rico ri**qu**ísimo	feliz feli**c**ísimo	largo lar**gu**ísimo

Vamos a practicar

a. ¡Una nueva vida! La familia de Gloria acaba de mudarse a otra ciudad. ¿Cómo describe Gloria su nueva vida?

> MODELO clases / fácil
> **Mis clases son facilísimas.**

1. casa / grande
2. escuela / moderno
3. profesores / guapo
4. profesoras / elegante
5. horario / bueno
6. amigas / inteligente
7. amigos / simpático
8. familia / contento
9. ciudad / hermoso

b. ¿Cómo son? ¿Cómo es la familia de Elvira?

> MODELO papá
> **Su papá es altísimo.**

hermoso   alto   bajo   guapo   flaco
fuerte   inteligente feliz   gordo   grande

1. mamá
2. hermanos
3. Elvira
4. hermana

5. abuelos
6. tío Roberto
7. primos
8. todos nosotros

8.5 COMPARATIVES

When two qualities or quantities are compared, Spanish uses **más** and **menos**.

Este libro es **más** interesante.	*This book is more interesting.*
Me gusta éste **menos**.	*I like this one less.*
Está **más** cerca de la escuela.	*It's closer to the school.*
Ella es **menos** alta.	*She's shorter.*

■ When both things being compared are expressed, Spanish uses **más . . . que** to express *more . . . than*.

Es **más** alto **que** su padre.   *He's taller than his father.*

■ *Less . . . than* is expressed in Spanish by **menos . . . que**.

Esta cama es **menos** dura **que**   *This bed is softer (less hard) than*
  la de abuelita.   *grandmother's.*

- When the things being compared are equal, Spanish uses the expression **tan . . . como.**

Son **tan** cómodos **como** nuestros sillones.	*They are as comfortable as our chairs.*
Hablas **tan** bien **como** la profesora.	*You talk as well as the teacher.*

- Like other adjectives, adjectives that are compared agree in number and gender with the nouns they modify.

Teres**a** es más alt**a** que Arturo.
Los profesor**es** están tan ocupad**os** como los estudiantes.

- The adjectives **bueno** and **malo** have special comparative forms: **mejor** and **peor.** Like other adjectives that end in consonants, the plural forms end in **-es: mejores, peores.**

Salió **mejor** que nunca la tortilla.	*The tortilla turned out better than ever.*
Este restaurante es **peor** que el otro.	*This restaurant is worse than the other one.*
Estos jugadores son **peores.**	*These players are worse.*
Estas alfombras son **mejores.**	*These carpets are better.*

Vamos a practicar

a. ¿Quién es más . . . ?   Di cómo se comparan estos individuos.

MODELO   ¿Quién es más alto?
La señora Delgado es más alta que Tomasito.

Señora Delgado   Tomasito

1. ¿Quién es más gordo?

Canela   Lobo

4. ¿Quién es más delgado?

Gonzalo   Teodoro

2. ¿Quién es más rubio?

Germán   Ana

5. ¿Quién es más bajo?

Golfo   Princesa

3. ¿Quién es más alto?

Marta   Esteban

6. ¿Quién es más guapo?

Arturo   Frankenstein

b. No son buenos. Los estudiantes de la escuela de Ricardo están hablando del equipo de fútbol de su escuela rival. ¿Qué dicen?

MODELO   equipo: organizado
Su equipo es menos organizado que nuestro equipo.

1. arquero: rápido
2. defensas: grande
3. jugadores: fuerte
4. aficionados: alegre

5. uniformes: atractivo
6. entrenador: inteligente
7. partidos: interesante
8. escuela: entusiasta

c. ¿Qué prefieres? Di cuál te gusta más o cuál te gusta menos.

MODELO   ¿Los bocadillos o las hamburguesas?
Me gustan más los bocadillos. o
Me gustan menos las hamburguesas.

1. ¿Las papas fritas o la fruta?
2. ¿El jamón o el chorizo?
3. ¿Las manzanas o las naranjas?
4. ¿La ensalada o el postre?

5. ¿El café o la leche?
6. ¿Las fresas o las cerezas?
7. ¿El almuerzo o el desayuno?
8. ¿La pizza o el cochinillo asado?

ch. Al contrario. Luci y Carlitos están hablando de sus papás. ¿Cómo le contesta Carlitos a Luci?

MODELO   Luci: Mi papá es más alto que tu papá.
Carlitos: **Al contrario, tu papá no es tan alto como mi papá.**

1. Mi papá es más fuerte que tu papá.
2. Mi papá es más guapo que tu papá.
3. Mi papá es más inteligente que tu papá.
4. Mi papá es más simpático que tu papá.
5. Mi papá es más valiente que tu papá.
6. Mi papá es más rico que tu papá.
7. Mi papá es más famoso que tu papá.
8. Mi papá es más popular que tu papá.

d. ¿Mejor o peor? ¿Cómo te comparas tú?

EJEMPLO   ¿Quién canta mejor que tú?
Mi mamá canta mejor que yo. o
Nadie canta mejor que yo. o
Todos cantan mejor que yo.

1. ¿Quién juega tenis mejor que tú?
2. ¿Quién nada peor que tú?
3. ¿Quién prepara la comida mejor que tú?
4. ¿Quién escribe peor que tú?
5. ¿Quién sabe geografía mejor que tú?

6. ¿Quién baila peor que tú?
7. ¿Quién pasea en bicicleta mejor que tú?
8. ¿Quién juega béisbol peor que tú?
9. ¿Quién habla español peor que tú?
10. ¿Quién toca la guitarra mejor que tú?

e. La mejor mueblería.   Los muebles de la Tienda Plus son muy buenos, mientras que los muebles de la Tienda Cero son terribles. ¿Cómo se comparan estos muebles?

MODELO   lámparas de la Tienda Plus
> **Las lámparas de la Tienda Plus son mejores que las lámparas de la Tienda Cero.**

mesitas de la Tienda Cero
> **Las mesitas de la Tienda Cero son peores que las mesitas de la Tienda Plus.**

1. sofás de la Tienda Cero
2. sillas de la Tienda Plus
3. muebles de la Tienda Cero
4. mesas de la Tienda Plus

5. televisores de la Tienda Cero
6. sillones de la Tienda Cero
7. neveras de la Tienda Plus
8. camas de la Tienda Plus

L E C C I Ó N 3

8.6 PRESENT TENSE: SUMMARY

The present tense is used to talk about what generally happens, what is happening now, or what does happen. There are three sets of endings for the three types of verbs.

Present Tense Verb Endings		
-ar	**-er**	**-ir**
-o	**-o**	**-o**
-as	**-es**	**-es**
-a	**-e**	**-e**
-amos	**-emos**	**-imos**
-áis	**-éis**	**-ís**
-an	**-en**	**-en**

Three sample regular verbs are:

Cant*ar*	**Aprend*er***	**Sub*ir***
cant**o**	aprend**o**	sub**o**
cant**as**	aprend**es**	sub**es**
cant**a**	aprend**e**	sub**e**
cant**amos**	aprend**emos**	sub**imos**
cant**áis**	aprend**éis**	sub**ís**
cant**an**	aprend**en**	sub**en**

8.7 PRESENT PROGRESSIVE: SUMMARY

The present progressive is used to tell what is happening at the moment of speaking. It is formed with the verb **estar** and the **-ndo** form of the verb.

> No puedo ayudarte ahora porque **estoy** estudi**ando** español.
> **Estamos** com**iendo** una tortilla española.
> ¿Qué **están** beb**iendo** los niños?

■ Stem-changing **-ir** verbs undergo a vowel change in the **-ndo** form.

dormir	**durmiendo**
seguir	**siguiendo**
pedir	**pidiendo**
repetir	**repitiendo**
decir	**diciendo**

■ When an unstressed **i** occurs between two vowels, the **-iendo** form becomes **-yendo.**

leer	**leyendo**
traer	**trayendo**
construir	**construyendo**

Vamos a practicar

a. ¿Tienen sueño? Son las diez de la noche. Según Silvia, ¿qué están haciendo todos?

MODELO Marta / escuchar / radio / dormitorio
Marta está escuchando la radio en el dormitorio.

1. mamá / leer / periódico / sala
2. Carlos y Elena / estudiar / dormitorio
3. yo / comer / sándwich / cocina
4. papá / ver / televisión / sala de familia
5. abuelita / escribir / carta / comedor
6. abuelita y yo / tomar / refresco / cocina
7. los bebés / dormir / habitación
8. Toni / lavarse / dientes / baño

b. ¡Vacaciones, por fin! Es el primer día de las vacaciones de verano. ¿Qué están haciendo todos?

MODELO Ángela

Ángela está visitando a sus abuelos.

1. Lisa y Rafael

2. Miguel

3. Los Tigres

4. David

5. la familia Garza

6. Marisela

7. Diana y Ofelia

8. Vicente y Leona

9. todos

8.8 PRETERITE: SUMMARY

The preterite is used to talk about what happened in the past. It has two sets of endings, one for **-ar** verbs and the other for **-er** and **-ir** verbs.

Preterite Regular Verb Endings	
-ar	**-er / -ir**
-é	**-í**
-aste	**-iste**
-ó	**-ió**
-amos	**-imos**
-astcis	**-isteis**
-aron	**-ieron**

Three sample verbs are:

Comprar	**Romper**	**Salir**
compr**é**	romp**í**	sal**í**
compr**aste**	romp**iste**	sal**iste**
compr**ó**	romp**ió**	sal**ió**
compr**amos**	romp**imos**	sal**imos**
compr**asteis**	romp**isteis**	sal**isteis**
compr**aron**	romp**ieron**	sal**ieron**

Many irregular verbs in the preterite have an irregular stem and use one set of endings for **-ar, -er** and **-ir** verbs.

Preterite Irregular Verb Endings
-ar /-er / -ir
-e **-iste** **-o** **-imos** **-isteis** **-ieron**

Note that the **yo** and the **ustedes / él / ella** endings do not have a written accent.

The following are verbs in this category that you have studied.

estar:	**estuv-**	estuve, estuviste, estuvo, estuvimos, . . .
tener:	**tuv-**	tuve, tuviste, tuvo, tuvimos, . . .
poder:	**pud-**	pude, pudiste, pudo, pudimos, . . .
poner:	**pus-**	puse, pusiste, puso, pusimos, . . .
hacer:	**hic-**	hice, hiciste, **hizo,** hicimos, . . .
decir:	**dij-**	dije, dijiste, dijo, dijimos, dijisteis, **dijeron**
traer:	**traj-**	traje, trajiste, trajo, trajimos, trajisteis, **trajeron**

Note that there is a **c → z** spelling change in **hacer.** Also note that verbs with stems ending in **j** drop the **i** in the **ustedes / ellos / ellas** form: **dijeron, trajeron.**

■ The following three irregular verbs follow a different pattern.

    ir: fui, fuiste, fue, fuimos, fuisteis, fueron
    ser: fui, fuiste, fue, fuimos, fuisteis, fueron
    dar: di, diste, dio, dimos, disteis, dieron

■ Some verbs undergo spelling changes in the **yo** form of the preterite.

    c changes to **qu** before **e** or **i:** buscar → **busqué**
    g changes to **gu** before **e** or **i:** llegar → **llegué**
    z changes to **c** before **e** or **i:** comenzar → **comencé**

■ In **-er** and **-ir** verbs whose stems end in a vowel, the unaccented **i** changes to **y** in the third person singular and plural forms.

Leer	
leí	leímos
leíste	leísteis
leyó	**leyeron**

Oír	
oí	oímos
oíste	oísteis
oyó	**oyeron**

a. Fuimos a España. Laura y Rubén están hablando de las vacaciones de su familia en España el verano pasado. ¿Qué dicen que hicieron?

EJEMPLO   **Tú y yo nos divertimos en Valencia.**

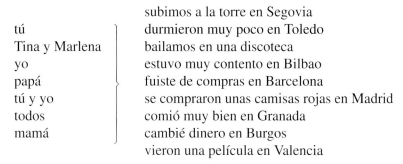

	subimos a la torre en Segovia
tú	durmieron muy poco en Toledo
Tina y Marlena	bailamos en una discoteca
yo	estuvo muy contento en Bilbao
papá	fuiste de compras en Barcelona
tú y yo	se compraron unas camisas rojas en Madrid
todos	comió muy bien en Granada
mamá	cambié dinero en Burgos
	vieron una película en Valencia

b. ¡Una fiesta! Ayer hubo una gran fiesta en casa de los Esparza. ¿Cómo ayudaron todos a hacer las preparaciones?

MODELO   papá / comprar / helado
         Papá compró el helado.

1. Alicia y Diana / escribir / invitaciones
2. padres / pedir / pastel
3. Martín / ir por / pastel
4. tú / enviar / invitaciones
5. todos nosotros / tener que / limpiar la casa
6. Julieta / conseguir / música
7. Carlitos / traer / refrescos
8. yo / buscar / música
9. Manuel y José / poner / mesa
10. mamá / hacer / comida

MATERIAS DE CONSULTA

APÉNDICE

EL ABECEDARIO

Note that the Spanish alphabet has four additional letters: **ch, ll, ñ,** and **rr.** When alphabetizing in Spanish, or when looking up words in a dictionary or names in a telephone directory, items beginning with **ch** or **ll** are listed separately after those beginning with **c** or **l,** respectively. Within a word, **ch** follows **c, ll** follows **l,** ñ follows **n,** and **rr** follows **r.**

a	*a*	n	*ene*
b	*be* (*be* grande, *be* larga, *be* de burro)	ñ	*eñe*
		o	*o*
c	*ce*	p	*pe*
ch	*che*	q	*cu*
d	*de*	r	*ere*
e	*e*	rr	*erre*
f	*efe*	s	*ese*
g	*ge*	t	*te*
h	*hache*	u	*u*
i	*i*	v	*ve, uve* (*ve* chica, *ve* corta, *ve* de vaca)
j	*jota*		
k	*ka*	w	*doble ve, doble uve*
l	*ele*	x	*equis*
ll	*elle*	y	*i griega, ye*
m	*eme*	z	*zeta*

PRONUNCIACIÓN

◼ Las vocales

Spanish has five vowel sounds: **a, e, i, o,** and **u.** The pronunciation of
these vowels is short, clear, and tense and does not vary. When speaking
Spanish, avoid the tendency to lengthen the vowels or to vary their pronunciation, as in English. For pronunciation practice of the vowel sounds
in Spanish, see the section titled **Pronunciación y ortografía** in the
Cuaderno de actividades.

◼ Las consonantes

For pronunciation practice of the consonant sounds in Spanish, see
Pronunciación y ortografía, *Cuaderno de actividades.*

◼ Acentuación

All Spanish words have one stressed syllable, which may or may not have
a written accent.

A. Spanish words that end in a vowel, in **-n,** or in **-s** are regularly stressed
    on the next-to-the-last syllable.

    arte   profe**so**ra   **lla**man   panta**lo**nes

B. Spanish words that end in a consonant other than **-n** or **-s** are regularly
    stressed on the last syllable.

    us**ted**   varie**dad**   capi**tal**   direc**tor**

C. Words that do not follow the preceding rules require a written accent.

    fan**tás**tico   **lás**tima   invita**ción**   in**glés**

VOCABULARIO
ESPAÑOL - INGLÉS

VOCABULARIO
español-inglés

This **Vocabulario** includes all active and most passive words and expressions in **¡DIME!** (Exact cognates, conjugated verb forms, and proper nouns used as passive vocabulary are generally omitted.) A number in parentheses follows all entries. This number refers to the unit and lesson in which the word or phrase is introduced (and, when there is more than one number, reentered). The number **(3.1),** for example, refers to **Unidad 3, Lección 1.** The unit and lesson number of active vocabulary—words and expressions students are expected to remember and use—is given in boldface type: **(3.1).** The unit and lesson number of passive vocabulary—words and expressions students are expected to recognize and understand—is given in lightface type: (3.1). The abbreviation **LP** stands for **Lección Preliminar.**

The gender of nouns is indicated as *m.* (masculine) or *f.* (feminine). When a noun designates a person or an animal, both the masculine and feminine form is given. Irregular plural forms of active nouns are indicated. Adjectives ending in **-o** are given in the masculine singular with the feminine ending (**a**) in parentheses. Verbs are listed in the infinitive form, except for a few irregular verb forms presented early in the text. Stem-changing verbs appear with the change in parentheses after the infinitive.

All items are alphabetized in Spanish: **ch** follows **c, ll** follows **l, ñ** follows **n,** and **rr** follows **r.**

The following abbreviations are used:

adj.	adjective	*m.*	masculine
adv.	adverb	*pl.*	plural
art.	article	*poss.*	possessive
conj.	conjunction	*pres.*	present
dir. obj.	direct object	*pret.*	preterite
f.	feminine	*pron.*	pronoun
fam.	familiar	*refl.*	reflexive
form.	formal	*sing.*	singular
imper.	imperative	*subj.*	subject
indir. obj.	indirect object		
inf.	infinitive		

A

a to **(3.1)**
  a *(personal)* **(4.2)**
  a continuación following, what follows
  a eso de around *(time)* (8.2)
  a la/las . . . at . . .*(time)* **(2.1)**
  a la parrilla grilled (8.3)
  a mí/ti/usted/él/ella to me/you *(fam. sing.)* / you *(form. sing.)*/ him/her **(3.1)**
  a pie walking, on foot **(3.3)**
  a propósito by the way **(7.3)**
  a veces sometimes **(3.3)**
abogado *m.,* **abogada** *f.* lawyer **(4.2)**
abril *m.* April **(4.1)**
abrir to open **(7.2)**
abuela *f.* grandmother **(4.1)**
abuelo *m.* grandfather **(4.1)**
  abuelos *m. pl.* grandparents **(4.1)**
aburrido(a) bored **(2.2)**
acá here, around here (7.3)
acabar de to have just (4.2)
académico(a) academic (7.1)
accidente *m.* accident **(7.3)**
aceite *m.* **de oliva** olive oil (8.3)
aceptar to accept **(6.2)**
acompañar to accompany **(7.2)**
acostarse (ue) to go to bed **(8.1)**
acostumbrarse a to become accustomed to (8.3)
actitud *f.* attitude (7.1)
actividad *f.* activity (3.1)
activo(a) active **(8.2)**
actor *m.* actor **(4.2)**
actriz *f.* actress **(4.2)**
acueducto *m.* aqueduct **(8.3)**
además besides, in addition (4.1)
adiós good-bye **(1.1)**
¿adónde? (to) where? **(3.1) (4.2)**
adorno *m.* decoration (8.3)
adulto *m.,* **adulta** *f.* adult (5.1)
afectar to affect **(7.1)**
afeitarse to shave **(8.1)**
aficionado *m.,* **aficionada** *f.* fan **(7.1)**
afiche *m.* poster (2.3)

agitado(a) agitated, upset (7.2)
agosto *m.* August **(4.1)**
agradable agreeable, nice **(6.2)**
agradado(a) pleased (7.3)
agregar to add (8.3)
agricultor *m.,* **agricultora** *f.* farmer **(4.2)**
agua *f.* water **(5.3)**
  agua mineral mineral water **(5.3)**
  agua mineral con gas carbonated mineral water (5.3)
  agua mineral sin gas noncarbonated mineral water (5.3)
¡ah! oh! (LP)
ahora now **(1.3)**
ahorro *m.* saving (LP)
¡ajá! aha! **(LP)**
ajo *m.* garlic **(8.3)**
al (a + el) to the + *m. sing. noun* **(3.1)**
  al aire libre outdoors **(3.1)**
  al contrario on the contrary **(1.3)**
  al cruzar upon crossing **(5.1)**
  al final at the end (5.1)
  al gusto to one's liking, to taste *(cooking)* **(8.3)**
  al lado de beside, next to **(5.1) (7.3)**
  al principio at first **(7.2)**
alameda *f.* tree-lined walk, park (3.1)
albóndiga *f.* meatball **(8.3)**
  albondiguitas *f. pl.* little meatballs (8.3)
alborotado(a) exciting, lively (6.1)
alcanzar to catch up, reach (6.3)
alcázar *m.* fortress, royal palace **(8.2)**
alcoba *f.* bedroom **(8.2)**
alegre happy, joyful (6.1)
alegremente gladly, joyfully **(8.1)**
alemán *m.* German *(language)* (3.1)
alfombra *f.* rug, carpet **(8.2)**
álgebra *m.* algebra **(2.1)**
algo something **(2.3) (3.3)**
  ¿algo más? anything else? **(8.1)**
alguien someone **(3.3)**

almacén (*pl.* **almacenes**) *m.* department store **(5.1)**

almorzar (ue) to eat lunch **(5.3)**

almuerzo *m.* lunch **(2.1) (5.3) (6.3)**

alojamiento *m.* lodging, housing (6.3)

alquilar to rent **(2.3)**

alrededor (de) around (7.2)

¡alto! stop! (6.3)

alto(a) tall (1.3); high (*volume*) (7.2)

allá there, over there (6.1)

allí there, over there **(7.3)**

amarillo(a) yellow **(5.2)**

ambiente *m.* ambience (6.1)

americano(a) American **(1.2)**

amigo *m.,* **amiga** *f.* friend **(1.1)**

amistad *f.* friendship (2.3)

amor *m.* love (4.1)

anaranjado(a) orange **(5.2)**

ancho(a) wide (6.1)

andar to walk (7.2)

animal *m.* animal **(4.3)**

anoche last night **(6.1)**

antepasado(a) previous, before last **(7.1)**

anterior previous (7.2)

antes de before **(6.3)**

anticipemos let's anticipate (LP)

antiguo(a) ancient, old (3.2)

antipático(a) disagreeable **(2.2)**

antropología *f.* anthropology (3.2)

anuncio *m.* announcement, advertisement (4.1)

año *m.* year **(4.1)**

apagado(a) turned off (*equipment*) (7.2)

aparcamiento *m.* parking (5.2)

apariencia *f.* **física** physical appearance (5.1)

apellido *m.* last name, surname **(4.1)**

apenas scarcely, hardly **(7.2)**

aperitivo *m.* appetizer, hors d'oeuvres (8.3)

apetito *m.* appetite **(8.2)**

aplicado(a) applied (6.2)

aprender to learn **(6.2)**

apretado(a) tight **(6.1)**

aquel, aquella, aquellos, aquellas that, those (*over there*) **(7.1)**

aquí here **(3.1)**

árbitro *m. f.* umpire, referee **(7.1)**

Argentina *f.* Argentina **(1.2)**

argentino(a) Argentine, Argentinian (1.2)

armario *m.* closet **(7.3)**

arquero *m.,* **arquera** *f.* goalie, goalkeeper (*soccer*) **(7.3)**

arreglar to fix (7.3)

arreglarse to get ready **(8.1)**

arreglo *m.* arrangement (4.2)

arte *m. f.* art **(2.1)**

bellas artes fine arts (3.1)

artesanía *f.* handicrafts (6.1)

artículo *m.* article **(4.3)**

artista *m. f.* artist, entertainer **(4.2)**

artístico (a) artistic

gimnasia artística gymnastics (7.1)

patinaje artístico figure skating (7.1)

ascensor *m.* elevator (5.2)

asesinar to assassinate (6.3)

asesinato *m.* assassination (3.3)

así so, thus (6.1)

aspirina *f.* aspirin **(7.2)**

Asunción Asunción (*capital of Paraguay*) **(1.2)**

atacar to attack **(6.3)**

atención *f.* attention (4.1)

aterrorizado(a) terrified (7.3)

atlético(a) athletic **(1.3)**

atletismo *m.* track and field **(7.1)**

atracción *f.* attraction (6.3)

audición *f.* audition (1.3); hearing (7.2)

audífonos *m. pl.* headphones **(7.2)**

auditivo(a) auditory (7.2)

auditorio *m.* auditorium (1.3)

aun even (7.3)

aún still, yet (7.3)

auto *m.* auto, car **(6.3)**

autobús *m.* (*pl.* **autobuses**) bus **(3.2)**

automovilismo *m.* sports car racing (7.1)
autor *m.* **autora** *f.* author **(4.2)**
aventura *f.* adventure (6.2)
aventurero *m.*, **aventurera** *f.* adventurer (8.1)
avión *m.* plane **(6.3)**
¡ay! oh!; oh, no! **(LP) (1.1)** ouch! (7.1)
ayer yesterday **(6.1)**
ayudar to help **(6.2)**
ayuntamiento *m.* city hall (7.3)
azteca *m. f.* Aztec **(6.3)**
azul blue **(5.2)**

~~~~~~ **B** ~~~~~~

bailar to dance **(3.1)**
baile *m.* dance **(2.3)**
bajar lower **(7.2)**
bajarse to get off, get down **(5.1)**
bajo(a) short **(1.3)**
baloncesto *m.* basketball **(7.1)**
ballet *m.* **folklórico** ballet folklórico *(Mexican folk dance troupe)* **(6.1)**
banco *m.* bank **(5.1)**
banda *f.* band **(6.2)**
bañarse to take a bath **(8.1)**
baño *m.* bathroom **(2.2) (8.2)**
barco *m.* boat **(6.3)**
barrio *m.* neighborhood (7.3)
base *f.* base **(7.1)**
bastante enough (3.2)
bata *f.* bathrobe **(7.3)**
bastar to be enough (6.1)
batalla *f.* battle **(6.3)**
bateador *m.*, **bateadora** *f.* batter *(baseball)* **(7.1)**
batido *m.* milkshake (8.3)
batir to beat (8.3)
bautizo *m.* baptism (6.1)
beber to drink **(2.3)**
béisbol *m.* baseball **(7.1)**
bello(a) beautiful **(8.2)**
    bellas artes fine arts (3.1)
biblioteca *f.* library **(2.2)**

bicicleta *f.* bicycle **(2.3)**
bien well, okay, fine **(1.1)**
    bien, gracias fine, thank you **(1.1)**
    ¡bien hecho! well done! **(7.1)**
    bien, ¿y tú? fine, and you? *(fam. sing.)* **(1.1)**
bienvenido(a) welcome **(7.3)**
bilingüe bilingual (1.3)
billete *m.* bill *(money)* (5.1)
biología biology (2.2)
bizcocho *m.* sponge cake **(5.3)**
blanco(a) white **(5.2)**
bloquear to block **(7.3)**
blusa *f.* blouse **(5.2)**
boca *f.* mouth **(7.2)**
bocadillo *m.* sandwich **(8.1)**
boda *f.* wedding **(4.2)**
Bogotá Bogotá *(capital of Colombia)* **(1.2)**
boleta *f.* report card **(2.1)**
boleto *m.* ticket (6.2)
bolígrafo *m.* ballpoint pen **(LP)**
bolita *f.* little ball (8.3)
Bolivia *f.* Bolivia **(1.2)**
boliviano(a) Bolivian (1.2)
bombero *m.*, **bombera** *f.* fire fighter **(4.2)**
bombón *m.* chocolate covered candy, bonbon **(7.3)**
bonito(a) pretty **(1.3)**
borrador *m.* eraser **(LP)**
bosque *m.* forest **(3.2)**
botas *f. pl.* boots **(5.2)**
boxeo *m.* boxing **(7.1)**
Brasil *m.* Brazil **(2.1)**
Brasilia Brasilia *(capital of Brazil)* **(2.1)**
¡bravo! bravo!, hooray! **(4.1)**
brazo *m.* arm **(7.2)**
brillante brilliant (4.2)
broma *f.* joke (7.3)
bruto *m.* brute (7.1)
buen good **(3.2)**
    ¡buen provecho! enjoy your meal! (8.1)
bueno(a) good **(2.2)**

buenas noches good evening, good night **(1.1)**
buenas tardes good afternoon **(1.1)**
buenos días good morning, good day **(1.1)**
Buenos Aires Buenos Aires *(capital of Argentina)* **(1.2)**
buscar to look for **(5.3)**

~~~~~ C ~~~~~

caballeros *m. pl.* gentlemen (5.2)
caballo *m.* horse (6.1)
cabeza *f.* head **(7.2)**
cabezazo *m.* header *(soccer shot)* **(7.1)**
cacatúa cockatoo *(tropical bird)* (6.2)
cada every, each (4.1)
caerse to fall, fall down (7.2)
café *m.* café **(3.1)** coffee **(5.3)**
cafetería *f.* cafeteria **(2.2)**
caja *f.* cash register, cashier's station (5.2)
calandria *f.* horse-drawn carriage **(6.3)**
calcetines *m. pl.* socks **(5.2)**
　par de calcetines pair of socks **(5.2)**
calcomanía *f.* decal, sticker (2.3)
calendario *m.* calendar (4.1)
caliente hot **(5.3)**
calificar to grade **(2.3) (3.2)**
calor *m.* heat **(3.2)**
　hacer calor to be hot *(weather)* **(3.2)**
　tener calor to be hot *(physical condition)* **(5.3)**
¡cállate! be quiet! **(8.1)**
calle *f.* street **(5.1)**
cama *f.* bed **(7.3)**
camarera *f.* waitress **(4.2)**
camarero *m.* waiter **(4.2)**
cambiar to change; to exchange *(money)* **(5.1)**
caminante *m. f.* walker, traveler (5.1)

caminar to walk **(3.2)**
camino *m.* road, way (4.1)
camión *m.* bus *(Mexico)*, truck **(6.3)**
camisa *f.* shirt **(5.2)**
camiseta *f.* T-shirt **(5.2)**
campamento *m.* camp (3.1)
campeonato championship (7.1)
campo *m.* field **(7.1)**; countryside (8.2)
　campo de fútbol soccer (or football) field **(7.1)**
canadiense Canadian (1.2)
canastita *f.* little basket (7.3)
cancelar to cancel, call off **(8.1)**
canción *f.* song **(6.1)**
cansado(a) tired **(4.3)**
cantante *m. f.* singer **(4.2)**
capaz capable (6.1)
capital *f.* capital **(1.2)**
cara *f.* face **(7.2)**
Caracas Caracas *(capital of Venezuela)* **(1.2)**
característica *f.* characteristic (7.2)
¡caramba! wow! hey! what! **(LP)**
cariño dear (8.2)
carne *f.* meat **(8.3)**
caro(a) expensive **(5.2)**
carpeta *f.* folder **(LP)**
carpintero *m.*, **carpintera** *f.* carpenter (4.2)
carta *f.* letter **(2.3)**, menu **(5.3)**
carusel *m.* merry-go-round **(3.2)**
carro *m.* car **(6.3)**
　carros chocones *m.pl.* bumper cars (3.2)
casa *f.* house **(2.3)**
casado(a) married **(4.2)**
casarse to get married (4.2)
caserola *f.* casserole (8.3)
casete *m.* cassette (3.3)
casi almost (2.3)
caso *m.* case (8.1)
castellano *m.* Spanish *(language)* (2.1)
castillo *m.* castle **(8.3)**
catedral *f.* cathedral (8.2)
causar to cause (8.1)
cebolla *f.* onion **(8.1)**

celebrar to celebrate **(4.1)**

cemento *m.* cement (8.3)

cena *f.* dinner **(6.3)**

cenar to eat dinner, supper **(8.2)**

Cenicienta: La Cenicienta Cinderella **(6.2)**

centro *m.* downtown, center **(3.1)**

 centro comercial shopping center **(3.1)**

cerámica *f.* ceramics (6.2)

cerca de near **(5.1) (7.3)**

cerrado(a) closed (3.1)

cerrar(ie) to close **(7.2)**

ciclismo *m.* cycling **(7.1)**

ciencias *f. pl.* science **(2.1)**

 ciencias naturales natural sciences **(2.1)**

cine *m.* movie theater **(3.1)**

 ir al cine to go to the movies **(3.1)**

cinturón *m.* belt (6.1)

circo circus (3.1)

círculo *m.* circle, club, group (7.3)

circunstancia *f.* circumstance (6.3)

cita *f.* date, appointment (8.2)

ciudad *f.* city **(8.2)**

claro of course (2.1)

 ¡claro que sí! of course! **(2.2)**

 sí, claro yes, of course **(5.3)**

clase *f.* class **(LP)** type (3.1)

clavados diving **(7.1)**

cocina *f.* kitchen **(8.2)**

cocinero *m.,* **cocinera** *f.* cook **(4.2)**

coche *m.* car **(3.3)**

 en coche by car **(3.3)**

cochinillo *m.* suckling pig **(8.3)**

 cochinillo asado roast suckling pig **(8.2)**

coleccionista *f.* collector **(3.1)**

colegio *m.* school **(2.2)**

Colombia *f.* Colombia **(1.2)**

colombiano(a) Colombian (1.2)

combinar: no combina bien it doesn't match *(clothes)* **(5.3)**

comedia *f.* play *(theater)* **(6.1)**

comedor *m.* dining room **(8.2)**

comentar to comment (5.1)

comenzar(ie) to begin **(7.1)**

comer to eat **(2.3) (3.2)**

comestible *m.* food (8.1)

cómico(a) funny **(1.3)**

comida *f.* food, meal **(2.3)**

 comida chatarra fast food (3.1)

 hacer una comida to make dinner (2.3)

comienzo *m.* beginning (7.1)

como: como siempre as usual **(7.3)**

¿cómo? how? what? **(4.2)**

 ¿cómo está usted? how are you *(form. sing.)*? **(1.1)**

 ¿cómo estás? how are you *(fam. sing.)*? **(1.1)**

 ¿cómo no? why not? **(6.2)**

 ¿cómo se llama? what's your *(form. sing.)* name? **(1.2)**

 ¿cómo te llamas? what's your *(fam. sing.)* name? **(1.2)**

cómoda *f.* chest of drawers **(7.3)**

cómodo(a) comfortable **(8.2)**

competencia *f.* competition **(7.1)**

composición *f.* composition **(5.1)**

comprar to buy **(3.2)**

compromiso *m.* commitment (8.2)

computación (clase de) *f.* computer *(class)* **(2.1)**

computadora *f.* computer **(2.1)**

comunicarse to communicate **(7.3)**

comunidad *f.* community (3.2)

común common (4.1)

con with **(2.3)**

 con calma calmly **(8.3)**

 con cuidado carefully **(8.3)**

 con énfasis with emphasis **(5.3)**

 con permiso excuse me, with your permission **(4.2)**

concentrar to concentrate (7.2)

concierto *m.* **de rock** rock concert **(3.3)**

concluido(a) concluded (7.2)

condición *f.* condition (7.3)

confección *f.* ready-to-wear clothing (5.2)

conmigo with me **(6.2)**

conocer to know, be acquainted with **(4.2)**

conocimiento *m.* knowledge (1.3)

conquistar to conquer **(6.3)**
conseguir (i, i) to get, obtain **(5.3)**
consejo *m.* advice (7.2)
considerado(a) considered (6.2)
considerar to consider (7.1)
consistir to consist (8.2)
constantemente constantly **(8.1)**
construir to construct **(8.3)**
contacto *m.* contact (2.3)
  ponerse en contacto to contact (2.3)
contar (ue) to count **(5.2)**
contemporáneo(a) contemporary (6.2)
contento(a) happy **(4.3)**
contigo with you **(6.2)**
contra against (3.2)
contrastando contrasting (6.2)
conversación *f.* conversation (5.1)
conversar to converse (4.3)
convertir (ie, i) to convert (7.2)
copa *f.* tournament cup, trophy (3.1); goblet, wine glass **(8.1)**
corazón *m.* heart (7.1)
corbata *f.* necktie (6.1)
correos *m. pl.* post office **(5.1)**
  oficina *f.* **de correos** post office **(5.1)**
correr to run, to jog **(2.3) (3.2)**
corresponder to correspond (4.1)
cortado(a) cut **(8.3)**
cortar to cut **(4.3)**
corto(a) short **(8.1)**
cosa *f.* thing **(7.3)**
costar (ue) to cost **(5.2)**
costarricense Costa Rican (1.2)
crecimiento *m.* growth (4.3)
creer to believe (4.3) *pret.* **(7.1)**
criticar to criticize **(7.1)**
cruzar to cross **(5.1)**
cuaderno *m.* notebook **(LP)**
cuadra *f.* city block **(5.1)**
¿cuál(es)? what? which? which one(s)? **(2.1) (4.2)**
  ¿cuál es la fecha de hoy? what's today's date? **(4.1)**
cualquier(a) anyone, anything, whichever (6.1)

¿cuándo? when? **(2.1) (3.2) (4.2)**
¿cuánto(a)? ¿cuántos(as)? how much? how many? **(4.1) (4.2)**
cuarto *m.* room, bedroom **(2.3)**
cuarto(a) fourth **(5.2)**
  . . . menos cuarto quarter to/of . . . (*time*) **(2.1)**
  . . . y cuarto quarter past . . . (*time*) **(2.1)**
cuartos de final quarter finals (7.1)
cubano(a) Cuban (1.2)
cubierto(a) covered (7.3)
cubiertos *m. pl.* place settings **(8.1)**
cuchara *f.* spoon **(5.3) (8.1)**
cucharita *f.* teaspoon **(8.3)**
cuchillo *m.* knife **(8.1)**
cuello *m.* neck **(7.2)**
cuenta *f.* bill, check **(5.3)**
¡cuéntame! tell me! **(6.3)**
cuento *m.* story **(6.2)**
  cuento de hadas fairy tale
cuero *m.* leather (6.1)
¡cuidado con . . . ! look out for . . . !, beware of . . . ! **(1.2)**
cuidadosamente carefully **(8.1)**
cuidar to take care of (2.3)
cumpleaños *m.* birthday **(4.1)**
cumplir ___ años to be ___ years old **(4.1)**
curiosear to look around, snoop **(8.2)**
curioso(a) curious (8.2)

～～ CH ～～

champán *m.* champagne (7.3)
chaqueta *f.* jacket **(5.2)**
charlar to chat **(4.3)**
charro *m.* Mexican cowboy (6.1)
chatarra: comida chatarra fast food (3.1)
cheque *m.* check **(5.1)**
  cheque de viajero traveler's check **(5.1)**
chica *f.* girl **(1.1)**
chico *m.* boy **(1.1)**
Chile *m.* Chile **(1.2)**
chileno(a) Chilean (1.2)

chocar to collide, run into **(7.2)**
chofer *m. f.* driver **(6.3)**
chorizo *m.* sausage **(8.1)**

~~~~D~~~~

¡dale! hit it! **(4.1)**; kick it! **(7.1)**
dama *f.* lady (3.3)
dar to give **(5.1)** *pret.* **(6.2)**
  dar un paseo to take a walk (5.1)
  darse cuenta to realize (8.2)
  darse prisa to hurry up (8.1)
    ¡date prisa! hurry up! (8.1)
dato *m.* fact (2.3)
de from **(1.2)**
  de acuerdo agreed (7.2)
  de acuerdo a according to (7.2)
  de compras shopping **(3.1)**
  ¿de dónde? from where? **(1.2)**
    (4.2)
  de etiqueta full dress, formal (7.3)
  de la mañana/tarde/noche in the
    morning/afternoon/evening
    (specific time) **(2.1)**
  de moda stylish (5.2)
  de primera first-class, first-rate
    (7.1)
  de repente suddenly **(8.2)**
  de todos modos anyway (7.2)
  de vacaciones on vacation (7.1)
  ¿de veras? really? **(3.1)**
debajo de under **(7.3)**
deber to be obliged, should, must
  (5.1)
decidir to decide **(7.3)**
décimo(a) tenth **(5.2)**
decir (i) to say, tell **(5.3)**
  pret. **(6.3)**
decoración *f.* decoration (4.2)
dedo *m.* finger **(7.2)**
  dedo del pie *m.* toe (7.2)
defender(ie) to defend (3.2)
defensor *m.,* **defensora** *f.* guard
  (soccer) **(7.1)**
dejar to leave behind (5.3)
del (de + el) from the
  + *m. sing. noun* **(4.2)**

delante de in front of **(7.3)**
delgado(a) thin **(1.3)**
delicioso(a) delicious **(4.3)**
demasiado(a) too, too much **(6.2)**
denunciar to denounce (6.2)
departamentos *m. pl.* departments
  (in a department store, etc.) **(5.2)**
  departamento de caballeros
    men's **(5.2)**
  departamento de deportes
    sports **(5.2)**
  departamento de electrónica
    electronics **(5.2)**
  departamento del hogar
    housewares **(5.2)**
  departamento de jóvenes teens',
    young people's **(5.2)**
  departamento de niños
    children's **(5.2)**
  departamento de señoras/mujeres
    women's **(5.2)**
dependiente *m. f.* salesclerk **(5.2)**
deporte *m.* sport **(3.3)**
deportista *m. f.* sportsman, sports-
  woman (3.1)
deportivo(a) athletic, sport,
  pertaining to sports (5.2)
derecha *f.* right, right side **(5.1)**
  a la derecha to/on the right **(5.1)**
    (7.3)
derecho straight ahead **(5.1)**
derivar to derive (4.1)
derrotar to defeat (7.1)
desafortunadamente
  unfortunately **(6.3)**
desastre *m.* disaster (8.3)
desayunar to have breakfast **(8.1)**
desayuno *m.* breakfast **(6.3)**
descansar to rest **(3.2)**
desconocido(a) unknown (6.2)
descubrimiento *m.* discovery (6.3)
descubrir to discover **(6.3)**
desear to desire, wish **(5.3)**
desesperadamente desperately
  (6.1)
desorganizado(a) disorganized
  (1.3)
despacio slow, slowly (8.3)

despedida *f.* farewell, good-bye, leave-taking **(1.1)**

despedirse (i, i) to say good-bye, take leave (8.1)

despertarse (ie) to wake up **(8.1)**

después afterwards

después de after **(6.3)**

destruir to destroy (6.3)

detalle *m.* detail **(7.2)**

detective *m. f.* detective (LP)

detenerse to stop (7.3)

detrás de behind **(7.3)**

di *imper.* tell, say **(7.3)**

día *m.* day (2.2)

día del padre Father's Day (5.2)

día del santo saint's day (4.1)

día festivo holiday (5.1)

diariamente daily (5.1)

dibujo *m.* drawing **(4.3)**

clase de dibujo art class **(2.1)**

hacer dibujos to draw **(4.3)**

diccionario *m.* dictionary **(2.1)**

diciembre *m.* December **(4.1)**

diente *m.* tooth **(7.2)**

diente de ajo clove of garlic (8.3)

lavarse los dientes to brush one's teeth **(8.1)**

diferencia *f.* difference (5.1)

diferente different (5.3)

difícil difficult **(2.2)**

¡dígame! *form.* tell me! **(3.2)**

¡dime! *fam.* tell me! (1.1)

dinero *m.* money **(5.1)**

Dios *m. (pl.* **dioses***)* God **(6.3)**

¡Dios mío! my gosh! my God! **(7.1)**

dirección *f.* address (2.3)

directo: en directo live *(radio or TV broadcast)* (7.1)

director *m.,* **directora** *f.* principal *(of a school),* director, **(1.1)**

directorio *m.* directory (5.2)

dirigir to direct (6.3)

disco *m.* record **(3.1)**

disco compacto compact disc (3.3)

discoteca *f.* discotheque **(3.3)**

diseñador *m.,* **diseñadora** *f.* designer (7.3)

diseño *m.* design (7.3)

dispuesto(a) willing (6.1)

distinto(a) distinct, different (3.1)

diversión *f.* diversion, entertainment (3.2)

parque de diversiones amusement park **(3.2)**

divertido(a) amusing, funny **(2.2)**

divertirse (ie, i) to have a good time **(8.1)**

divorciado(a) divorced **(4.2)**

doblar to turn **(5.1)**

docena *f.* dozen **(6.1)**

doctor (Dr.) *m.,* **doctora (Dra.)** *f.* doctor (1.1) **(4.2)**

dólar *m.* dollar **(5.1)**

doler (ue, o) to hurt **(7.2)**

dolor *m.* pain **(7.2)**

dolor de cabeza headache **(7.2)**

dolor de estómago stomachache **(7.2)**

dominado(a) dominated (7.3)

domingo *m.* Sunday **(2.1)**

dominicano(a) Dominican (1.2)

¿dónde? where? **(1.2) (4.2)**

¿de dónde? from where? **(1.2) (4.2)**

¿dónde está...? where is...? **(1.2)**

dondequiera wherever (6.1)

doña *f.* doña *(title of respect used before first names of married or older women)* (4.2)

dorado golden (8.3)

dormir (ue, u) to sleep **(7.2)** *pret.* **(7.3)**

dormirse (ue, u) to go to sleep **(8.1)**

dormitorio *m.* bedroom **(8.2)**

Dr., Dra. (abbreviation of **doctor, doctora**) doctor (1.1) **(4.2)**

dramatizaciones *f. pl.* dramatizations, role plays (LP)

dueño *m.,* **dueña** *f.* owner (5.3)

durante during **(7.1)**

duro(a) hard **(8.2)**

E

e (*before words beginning with* **i** *or* **hi**) and **(2.2)**

eco *m.* echo (7.2)

economista *m. f.* economist (7.3)

Ecuador *m.* Ecuador **(1.2)**

ecuatoriano(a) Ecuadoran (1.2)

edad *f.* age **(4.1)**

edificio *m.* building (6.2)

educación familiar home economics (2.1)

educación *f.* **física** physical education **(2.1)**

ejecutivo(a) executive (7.3)

el *art.* the **(LP)**

él *pron.* he **(1.1)**

elegante elegant **(1.3)**

elevado(a) elevated, raised (*volume*) (7.2)

ella she **(1.1)**

ellas *f.* they **(2.2)**

ellos *m.* they **(2.2)**

emocionado(a) moved, touched (*emotions*) **(4.3)**

emocionante moving, touching (3.2)

empacar to pack **(8.1)**

empate *m.* tie (*in sports*) **(7.3)**

empezar (ie) to begin   *pret.* **(7.1)**

en in, on **(LP) (7.3)**

  en coche by car **(3.3)**

  en común in common (3.2)

  en directo live (*radio or TV broadcast*) (7.1)

  en general generally (4.1)

  en oferta on sale **(3.1)**

  en punto on the dot (8.2)

  en seguida right away **(8.3)**

  en serio seriously, really (6.2)

enamorarse (de) to fall in love with **(6.3)**

encantado(a) delighted **(1.2)**

encantar to really like, love **(3.1) (5.2)**

  le encanta(n) he/she/it, you (*form. sing.*) really like(s), love(s) **(3.1)**

  me encanta(n) I really like, love **(3.1)**

  me (te, le) encantaría I (you *fam. sing.*, he/she/you *form. sing.*) would really like, love to **(3.1) (6.2)**

  te encanta(n) you (*fam. sing.*) really like, love **(3.1)**

encima de on top of, over **(7.3)**

encoger to shrink (5.3)

✳ **encontrar (ue)** to find, to meet **(5.2)**

enchilada *f.* enchilada (*corn tortilla dipped in hot sauce and filled with meat or cheese*) (LP)

enemigo *m.*, **enemiga** *f.* enemy **(6.3)**

enero *m.* January **(4.1)**

enfadado(a) angry (5.3)

énfasis *m.* emphasis (5.3)

enfermarse to become ill (6.3)

enfermero *m.*, **enfermera** *f.* nurse **(4.2)**

enfermo(a) sick **(8.2)**

enfrente de facing, in front of **(7.3)**

enfriarse to cool, get cold (*food*) (8.1)

enorme huge, enormous **(6.1)**

enriquecer to enrich (1.3)

ensalada *f.* salad **(8.2)**

  ensaladilla rusa potato salad (*Spain*) **(8.1)**

entender (ie) to understand **(5.2)**

entero(a) entire, whole (3.2)

entonces then (5.1)

entrada *f.* entrance, ticket (6.1)

entrar to enter **(6.2)**

entre between **(5.1) (7.3)**

entremeses *m. pl.* appetizers, hors d'oeuvres **(8.3)**

entrenador *m.*, **entrenadora** *f.* coach **(7.1)**

entrevista *f.* interview **(3.2)**

enviar to send (2.3)

época *f.* epoch (6.3)

equipo *m.* team **(7.1)**; stereo equipment (7.2)

eres you *(fam. sing.)* are **(1.1)**
es he/she/it is, you *(form. sing.)* are **(1.1)**
  ¿es todo? is that all? **(8.3)**
  es un placer (I'm) pleased to meet you **(1.2)**
esa(s) *see* **ese**
escalón *m.* stair, step **(8.2)**
escapar to escape (4.3)
escaparate *m.* display window (5.1)
escena *f.* scene (7.3)
escoger to select **(7.3)**
escribir to write **(2.3) (3.2)**
escritor *m.,* **escritora** *f.* writer **(4.2)**
escritorio *m.* desk **(LP)**
escuela *f.* school **(1.1)**
  escuela secundaria high school **(2.2)**
escuchar to listen to **(3.1) (3.2)**
ese, esa, esos, esas that, those **(7.1)**
esgrima fencing (7.1)
eslalom slalom (7.1)
eso that (6.2)
esos *see* **ese**
espacio *m.* space (7.3)
espalda *f.* back **(7.2)**
español *m.* Spanish **(LP)**
español *m.,* **española** *f.* Spaniard (2.1)
especial special **(3.3)**
especialmente especially (2.2)
especificado(a) specified (8.2)
espectador *m.,* **espectadora** *f.* spectator **(7.1)**
espejo *m.* mirror **(8.1)**
esperar to wait for **(2.3)**, to hope (6.2)
espía *m. f.* spy (5.2)
esposa *f.* wife **(4.1)**
esposo *m.* husband **(4.1)**
  esposos *m. pl.* husband and wife, spouses **(4.1)**
espuela *f.* spur (6.1)
esquí *m.* skiing **(7.1)**
  esquí alpino downhill skiing **(7.1)**
esquina *f.* corner **(5.1)**

esta, estas *see* **este**
está he/she/it is, you *(form. sing.)* are **(2.2)**
estación *f. (pl.* **estaciones***),* season *(of the year)* **(3.2)** station **(5.1)**
estadía *f.* stay (6.2)
estado *m.* state (4.3) (7.1)
  estado físico physical condition (7.1)
Estados Unidos *m. pl.* United States **(1.2)**
estadounidense *m. f.* United States citizen (1.2)
estamos we are **(2.2)**
están they, you *(pl.)* are **(2.2)**
estante bookshelf **(7.3)**
estar to be **(2.2)** *pret.* **(8.2)**
  estar a mano to be readily available **(4.2)**
  estar listo(a) to be ready **(4.2)**
estás you *(fam. sing.)* are **(2.2)**
este *m.* east (1.2)
este, esta, estos, estas this, these **(7.1)**
estilo *m.* style (6.3)
esto *pron.* this (8.2)
estómago *m.* stomach **(7.2)**
estos *see* **este**
estoy I am **(2.2)**
estrella *f.* star (1.3) **(7.1)**
estudiante *m. f.* student **(LP)**
estudiantil student *(adj.),* pertaining to students (7.3)
estudiar to study **(2.3) (3.2)**
estudioso(a) studious **(1.3)**
¡estupendo! great! wonderful! **(1.1)**
europeo(a) European (6.3)
examen *m.* exam **(2.3)**
examinar to examine **(7.1)**
excelente excellent **(2.2)**
exceso *m.* excess (7.3)
excursión *f.* excursion, short trip **(6.1)**
exhibición *f.* exhibition **(6.1)**
exigente demanding **(1.3)**
existir to exist (6.3)
experimentar to experiment **(7.2)**

experimento *m.* experiment (2.2)
explicación *f.* explanation (6.1)
explicar to explain **(5.3)**
explorar to explore **(8.2)**
explosivo(a) explosive (6.2)
exquisito(a) exquisite (8.3)
extrañar to miss **(7.2)**
extraño(a) strange (7.2)
extrovertido(a) extroverted **(1.3)**

F

fabuloso(a) fabulous **(6.1)**
fácil easy **(2.2)**
fácilmente easily **(8.1)**
falda *f.* skirt **(5.2)**
falta *f.* foul *(soccer)* **(7.1)**
  cobrar una falta to call a foul **(7.1)**
faltar to be lacking, missing **(8.1)**
  ¡no faltes! don't miss it! (4.1)
familia *f.* family **(4.1)**
familiar pertaining to the family, familial (6.1)
famoso(a) famous (4.2)
fantástico(a) fantastic **(2.2)**
farmacia *f.* pharmacy **(7.2)**
fascinante fascinating **(8.3)**
¡fatal! terrible! awful! **(1.1)**
favor *m.* favor
  por favor please **(1.1)**
favorito(a) favorite (3.2)
febrero *m.* February **(4.1)**
fecha *f.* date *(on the calendar)* **(4.1)**
¡felicidades! congratulations! **(4.1)**
feliz *(pl.* **felices)** happy **(8.2)**
feo(a) ugly **(1.3)**
fiebre *f.* fever **(7.2)**
fiesta *f.* fiesta, party **(5.3)**
figura *f.* figure (7.2)
figurita *f.* figurine (6.2)
  figurita de cristal crystal figurine (6.2)
fila *f.* row (4.2)
fin *m.* end **(3.3)**

fin de semana weekend **(3.1)** **(3.3)**
  ¡por fin! at last! **(2.1) (4.3)**
fingir to pretend (5.3)
firme firm (8.3)
flaco(a) skinny **(1.3)**
flor *f.* flower (4.2)
florecer to flower (6.2)
flotante floating (6.3)
formalmente formally **(8.1)**
foto *f.* photo **(2.1)**
fotógrafo *m.,* **fotógrafa** *f.* photographer **(4.2)**
francés *m.* French **(2.1)**
franco *m.* franc *(French monetary unit)* (5.1)
frecuentemente frequently **(3.3)**
freír to fry **(8.3)**
fresa *f.* strawberry **(8.2)**
fresco(a) cool **(3.2)**
  hacer fresco it's cool out **(3.2)**
frijoles *m. pl.* beans (LP) **(8.1)**
frío *m.* cold **(3.2)**
  hace frío it's cold **(3.2)**
  tener frío to be *(feel)* cold **(5.3)**
frito(a) fried **(5.3)**
  papas/patatas fritas french fries **(5.3)**
fruta *f.* fruit **(8.2)**
fuego *m.* fire (8.3)
fuente *f.* fountain **(5.1)**
fuerte strong **(1.3)**
fuerza *f.* force (4.3)
fuimos we went (5.3)
funcionar to function, work (8.3)
furioso(a) furious **(4.3)**
fútbol *m.* soccer **(2.3)**
  fútbol americano football **(7.1)**
futbolista *m. f.* soccer (or football) player **(4.2)**

G

ganar to win **(7.1)**
garaje *m.* garage **(8.2)**
garganta *f.* throat **(7.2)**

gato *m.*, **gata** *f.*   cat (6.2)

gazpacho *m.*   gazpacho *(cold pureed vegetable soup from Spain)* **(8.3)**

generalmente   generally (3.1)

generoso(a)   generous **(1.3)**

gente *f.*   people **(3.2)**

geografía *f.*   geography **(2.1)**

gigante *m.*   giant (4.1)

gimnasia *f.*   gym class, gymnastics **(2.1)**

   gimnasia artística   gymnastics **(7.1)**

gimnasio   gymnasium **(2.2)**

girar   to turn (5.3)

gol *m.*   goal *(soccer)* **(7.1)**

   meter un gol   to make a goal **(7.1)**

golf *m.*   golf **(7.1)**

golpe *m.*   blow, hit (7.2)

golpear   to hit, bang on (6.3)

gordo(a)   fat **(1.3)**

gracias   thank you **(LP)**

   gracias a Dios   thank goodness, thank God **(6.3)**

gran   great (1.3)

grande   big, large **(1.3)**

gratis   free (4.2)

gris   gray **(5.2)**

gritar   to yell **(6.3)**

grupo *m.*   group (3.1)

guagua *f.*   bus *(Cuba, Puerto Rico)* (7.2)

guante *m.*   glove *(baseball)* (7.1)

guapo(a)   good-looking, handsome, pretty **(1.3)**

guardabosques *m. f.*   fielder *(baseball)* **(7.1)**

guardar cama   to stay in bed **(7.2)**

guardería *f.*   day care (2.2)

guatemalteco(a)   Guatemalan (1.2)

guerra *f.*   war **(6.3)**

guía *f.* **telefónica**   telephone directory **(4.2)**

guitarra *f.*   guitar **(5.1)**

gustar   to like **(3.1) (5.2)**

   le gusta(n)   he/she/it/you *(form. sing.)* like(s) **(3.1)**

   me gusta(n)   I like **(3.1)**

me (te, le) gustaría   I (you *fam. sing.*, he/she/you *form. sing.*) would like **(3.1)**

te gusta(n)   you *(fam. sing.)* like **(3.1)**

gusto: el gusto es mío   the pleasure is mine **(1.2)**

   al gusto   to one's liking, to taste *(cooking)* (8.3)

～～ H ～～

habilidad *f.*   skill, ability (7.1)

habitación *f.*   room, bedroom **(8.2)**

habitante *m. f.*   inhabitant (6.3)

hablante *m. f.*   speaker (8.1)

hablar   to talk, speak **(2.3) (3.2)**

   hablar por teléfono   to talk on the phone **(2.3)**

hacer   to make, do **(2.3)** *pres.* **(5.1)** *pret.* **(6.2)**

   hace buen tiempo   it's nice out, the weather is good **(3.2)**

   hace calor   it's hot **(3.2)**

   hace fresco   it's cool **(3.2)**

   hace frío   it's cold **(3.2)**

   hace mal tiempo   it's awful outside, the weather is bad **(3.2)**

   hace sol   it's sunny **(3.2)**

   hace viento   it's windy **(3.2)**

   hacer caso   to pay attention (7.3)

   hacer dibujos   to draw **(4.3)**

   hacer ejercicio   to exercise **(4.3)**

   hacer la comida   to fix dinner, to prepare a meal **(3.3)**

   hacer la tarea   to do homework **(2.3)**

   hacer un informe   to give a report **(6.1)**

   hacer un tour   to take a tour (3.1) **(6.1)**

   hacer una reverencia   to take a bow (5.3)

hacia   toward (4.3)

hada madrina *f.*   fairy godmother **(6.2)**

hallar   to find (7.3)
hamburguesa *f.*   hamburger **(5.3)**
hasta   until **(5.1)**
   hasta luego   good-bye, see you later **(1.1)**
   hasta mañana   see you tomorrow **(1.1)**
hay   there is, there are **(LP) (3.1)**
haz *imper.*   do, make **(7.3)**
hecho *m.*   fact (7.1)
hecho(a)   made, done (6.2)
   bien hecho   well done (7.1)
helado *m.*   ice cream **(3.2)**
hermana *f.*   sister **(4.1)**
hermanastra *f.*   stepsister **(4.2)**
hermanastro *m.*   stepbrother **(4.2)**
hermano *m.*   brother **(4.1)**
   hermanos *m. pl.*   brother(s) and sister(s) **(4.1)**
hermoso(a)   beautiful **(6.1)**
héroe *m.*, **heroína** *f.*   hero, heroine **(6.3)**
¿hicieron?   did you *(pl.)*? did they? **(5.3)**
hija *f.*   daughter **(4.1)**
hijo *m.*   son **(4.1)**
   hijos *m. pl.*   children, son(s) and daughter(s) **(4.1)**
hispano(a)   Hispanic **(4.3)**
historia *f.*   history **(2.1)**
histórico(a)   historic(al), of historical importance (3.2)
hogar *m.*   home (5.2)
¡hola!   hello! **(1.1)**
hombre *m.*   man (5.2)
hondureño(a)   Honduran (1.2)
hora *f.*   hour, time **(2.1)**
   ¿a qué hora es . . . ?   at what time is . . . ? **(2.1)**
   hora de estudio   study hall **(2.1)**
   ¿qué hora es?   what time is it? **(2.1)**
horario *m.*   schedule **(2.1)**
hospicio *m.*   hospice, children's home, orphanage (6.2)
hospital *m.*   hospital **(7.1)**
hotel *m.*   hotel **(5.1)**

hoy   today **(2.1)**
   hoy día   nowdays (4.3)
hubo   there was, there were **(6.3)**
huevo *m.*   egg **(8.1)**
humano(a)   human (7.2)
humilde   humble (7.3)
humorístico(a)   humorous (7.3)

〜〜〜l〜〜

idéntico(a)   identical (8.1)
identificar   to identify (7.2)
iglesia *f.*   church **(5.1)**
igualmente   likewise **(1.2)**
imaginar   to imagine (6.2)
imagínate   imagine (4.1)
impacientemente   impatiently **(8.1)**
imperio *m.*   empire (6.3)
impermeable *m.*   raincoat (5.2)
importante   important (4.1)
impresionado(a)   impressed (8.2)
impresionante   impressive **(4.3)**
improvisado(a)   improvised (6.1)
incluido(a)   included (4.2)
incluir   to include (4.2)
incómodo(a)   uncomfortable (7.3)
increíble   incredible (7.1)
indicaciones *f. pl.*   instructions (7.2)
indicado(a)   indicated (8.2)
indicios *m. pl.*   clues (LP)
indígeno(a)   indigenous, native (6.1)
indio(a)   Indian **(6.3)**
influencia *f.*   influence (4.3)
información *f.*   information (5.2)
informática *f.*   computer science (2.2)
inglés *m.*   English **(2.1)**
ingrediente *m.*   ingredient (8.3)
inmediatamente   immediately (5.1)
inolvidable   unforgettable (6.1)
instalar   to install (4.2)
inteligente   intelligent **(1.3)**
interesante   interesting **(1.3)**
interesar   to interest (5.1)
invierno *m.*   winter **(3.2)**

invitación *f.* (*pl.* **invitaciones**) invitation **(5.2)**

invitado *m.,* **invitada** *f.* guest **(6.2)**

invitar to invite **(7.2)**

ir to go **(2.3)** *pret.* **(6.2)**

  ir de compras to go shopping **(3.1)**

irse to leave, go, go away **(8.1)**

itinerario *m.* itinerary (6.3)

izquierda *f.* left, left side **(5.1)**

  a la izquierda to/on the left **(5.1)** **(7.3)**

jai alai *m.* jai alai **(7.1)**

jamón (*pl.* **jamones**) *m.* ham **(5.3)**

  jamón serrano smoked ham *(Spain)* (5.3)

jardín *m.* (*pl.* **jardines**) garden (3.2)

  jardín zoológico zoo **(3.3)**

jardinero *m.,* **jardinera** *f.* fielder *(baseball)* **(7.1)**

  jardinero corto shortstop **(7.1)**

jeans *m. pl.* (blue) jeans **(5.2)**

jersey *m.* sweater **(5.2)**

Jesucristo Jesus Christ **(8.3)**

joven (*pl.* **jóvenes**) *m. f.* young person **(5.2)**

joya *f.* jewel (6.3)

joyería *f.* jewelry; jewelry department or store **(5.2)**

juego *m.* game, ride **(3.3)**

  juegos infantiles *m. pl.* children's rides **(3.2)**

  juegos mecánicos rides **(3.3)**

  juegos olímpicos Olympics (7.1)

jueves *m.* Thursday **(2.1)**

jugador *m.,* **jugadora** *f.* player **(7.1)**

jugar (ue) to play *(a game)* *infin.* **(2.3)** *pres.* **(5.2)** *pret.* **(7.1)**

jugo *m.* juice (8.3)

julio *m.* July **(4.1)**

junio *m.* June **(4.1)**

juntarse to get together (5.1)

juntos(as) *pl.* together **(2.3)**

justo(a) just, exact (6.3)

juvenil *adj.* youthful, junior *(sports)* **(7.1)**

juventud *f.* youth (3.3)

~~~ K ~~~

karate *m.* karate **(2.3)**

kilo kilo *(weight)* **(6.1)**

kilómetro kilometer (.62 mile) (1.1)

~~~ L ~~~

la *art.* the **(LP)**

la *dir. obj. pron.* her, it **(7.2)**

La Cenicienta Cinderella **(6.2)**

La Paz La Paz *(administrative capital of Bolivia)* **(1.2)**

laboratorio *m.* laboratory **(2.2)**

labrado(a) patterned *(leather)* (6.1)

lado *m.* side (4.3)

lago *m.* lake **(3.2)**

lámpara *f.* lamp **(7.3)**

lancha *f.* small boat, rowboat **(3.2)**

lanzador *m.,* **lanzadora** *f.* pitcher *(baseball)* **(7.1)**

lápiz *m.* (*pl.* **lápices**) pencil **(LP)**

largo(a) long **(5.2)**

las *art.* the **(2.1)**

las *dir. obj. pron.* them **(7.2)**

lástima: ¡qué lástima! what a shame! **(2.3) (4.2)**

lastimado(a) hurt **(7.1)**

lata *f.* tin can **(8.3)**

lavarse to wash up **(8.1)**

  lavarse los dientes to brush one's teeth **(8.1)**

  lavarse el pelo to wash one's hair **(8.1)**

le *indir. obj. pron.* to/for him, her, you *(form. sing.)* **(3.1)**

lección *f.* (*pl.* **lecciones**) lesson **(LP)**

leche *f.* milk **(5.3)**

lechuga *f.* lettuce **(8.1)**

leer to read *infin.* **(2.3)** *pres.* **(3.2)** *pret.* **(7.1)**

legumbres *m. pl.* vegetables, legumes **(8.3)**

lejos far **(5.1)**
  lejos de far from **(5.1) (7.3)**

lengua *f.* language (4.3)

lentamente slowly **(8.1)**

leñador *m.* woodsman (7.3)

les *indir. obj. pron.* to/for them, you (*pl.*) **(5.2)**

levantar to raise, pick up **(7.2)**

levantarse to get up **(8.1)**

leyenda *f.* legend **(6.3)**

libre free **(5.3)**

libro *m.* book **(LP)**

licuadora *f.* blender **(8.3)**

liga *f.* league **(7.1)**
  grandes ligas major leagues **(7.1)**
  ligas menores minor leagues **(7.1)**

ligero(a) light (7.2)

Lima Lima *(capital of Peru)* **(1.2)**

limonada *f.* lemonade **(5.3)**

limpiar to clean **(2.3)**

lindo(a) pretty, lovely **(7.1)**

línea *f.* line (4.2)

lista *f.* list **(LP)**

listo(a) ready **(4.3)**
  estar listo to be ready (4.2)

literatura *f.* literature **(2.1)**

lo *dir. obj. pron.* him, it **(7.2)**
  lo siento I'm sorry **(5.3)**

lobo *m.* wolf (7.3)

locura *f.* madness, insanity (6.3)

locutor(a) announcer (8.3)

los *art.* the **(2.1)**
  los fines de semana (on) weekends **(3.3)**

los *dir. obj. pron.* them **(2.2) (7.2)**

lucha libre *f.* wrestling (7.1)

luchar to fight, struggle (6.3)

luego then **(8.1)**
  hasta luego good-bye, see you later **(1.1)**

lugar *m.* place (3.1)

lujo *m.* luxury (7.3)

lujoso(a) luxurious (7.3)

lunes *m.* Monday **(2.1)**

~~~~~~ **LL** ~~~~~~

llamar to call **(5.2)**

llamarse to be named **(1.2)**
  me llamo my name is **(1.2)**
  se llama his, her, your *(form. sing.)* name is **(1.2)**
  te llamas your *(fam. sing.)* name is **(1.2)**

llegada *f.* arrival **(6.3)**

llegar to arrive **(6.3)**

lleno(a) full **(6.1)**

llevar to wear, carry **(5.2)**
  llevar a cabo to carry out (7.2)

llorar to cry (4.3)

llover(ue) to rain **(3.2)**

lloviendo *(inf.* **llover**)*:*
  está lloviendo it's raining **(3.2)**
  llueve it's raining **(3.2)**

~~~~~~ **M** ~~~~~~

madrastra *f.* stepmother **(4.2)**

madre *f.* mother **(4.1)**

maestro *m.,* **maestra** *f.* teacher **(4.2)**

magnífico(a) magnificent (3.1)

maíz *m.* corn **(8.1)**

mal bad **(3.2)**

maleta *f.* suitcase **(8.2)**

malo(a) bad **(6.3)**

mamá *f.* mom **(4.1)**

manera *f.* manner, way (5.1)

mano *f.* hand (6.3) **(7.2)**

mantener to maintain (7.1)

mantequilla *f.* butter **(8.1)**

manzana *f.* city block **(5.1)**; apple **(5.3)**

mañana *adv.* tomorrow **(2.3)**

mañana *f.* morning **(2.1)**
  esta mañana this morning **(7.2)**

mapa *m.* map **(2.1)**

maravilla *f.* marvel (7.3)

marco *m.* mark *(German monetary unit)* (5.1)

marcha: tener en marcha to have (be) underway (8.3)

mariachi *m.* mariachi *(Mexican band of strolling musicians playing string and brass instruments)* **(6.1)**

marrón *(pl.* **marrones**) brown **(5.2)**

martes *m.* Tuesday **(2.1)**

marzo *m.* March **(4.1)**

matar to kill (3.3)

matemáticas *f. pl.* mathematics **(2.1)**

materno(a) maternal **(4.1)**

maya *m. f.* Maya (6.2)

mayo *m.* May **(4.1)**

mayonesa *f.* mayonnaise **(8.1)**

mayoría *f.* majority (4.3)

más more **(2.1) (8.2)**

más . . . que more . . . than **(8.2)**

me *dir. obj. pron.* me **(7.2)**

me *indir. obj. pron.* to/for me **(3.1)**

me encantaría I would love to **(6.2)**

me *refl. obj. pron.* myself **(8.1)**

me llamo my name is **(1.2)**

medalla *m.* medal (7.3)

mediano(a) average **(1.3)**

medianoche *f.* midnight **(2.1)**

médico *m.,* **médica** *f.* doctor **(4.2)**

medio(a) half **(5.1)**

. . . y media half past . . . *(time)* **(2.1)**

mediodía *m.* noon, midday **(2.1)**

medir (i, i) to measure (4.1)

mejor better **(7.1)**

mejor(es) que better than **(8.2)**

melón *(pl.* **melones**) *m.* melon **(5.3)**

mencionado(a) mentioned (6.2)

menos less, minus **(2.1) (8.2)**

menos . . . que less . . . than **(8.2)**

. . . menos cuarto quarter to *(time)* **(2.1)**

mensaje *m.* message (6.2)

menú *m.* menu (5.3)

mercado *m.* market **(6.1)**

merienda *f.* snack, light meal (5.3)

mermelada *f.* marmalade, jam **(8.1)**

mes *m.* month **(4.1)**

mesa *f.* table **(LP) (8.1)**

mesita *f.* nightstand, small table **(7.3)**

mesón *m.* restaurant, *(originally an inn, tavern)* **(8.3)**

meter: meter un gol to score a goal **(7.1)**

metro *m.* subway **(5.1)** meter *(distance)* (7.1)

mexicano(a) Mexican (1.2)

mezcla *f.* mixture (8.3)

mezclar to mix (8.3)

mi, mis my **(1.1) (4.1)**

mientras while (3.3)

mientras tanto in the meantime, meanwhile (3.2)

miércoles *m.* Wednesday **(2.1)**

militar *m.* military (3.2)

milla *f.* mile **(1.1)**

ministerio *m.* government department (2.2)

mío(a) mine (1.2)

mirar to look at **(2.3)**

mirar a la gente to people-watch **(3.2)**

misa *f.* mass *(religious service)* (7.2)

mismo(a) same **(6.3)**

misterio *m.* mystery (LP)

mitológico(a) mythological (7.2)

mochila *f.* backpack **(LP)**

moda *f.* style (5.2)

estar de moda to be stylish (5.2)

moderno(a) modern **(6.3)**

modesto(a) modest **(1.3)**

moneda *f.* coin (5.1)

montaña *f.* mountain (4.3)

montaña rusa roller coaster **(3.2)**

Montevideo Montevideo *(capital of Uruguay)* **(1.2)**

montón *m.* pile, heap (6.2)

monumento *m.* monument **(3.1)**

morado purple **(5.2)**

moreno(a) ·dark-haired, dark-complexioned, black **(1.3)**

morir (ue, u) to die **(6.3)**

mortero *m.* mortar (8.3)

mostaza *f.* mustard **(8.1)**

mostrar (ue) to show (7.2)

moto, motocicleta *f.* motorcycle **(6.3)**

mover (ue) to move **(7.3)**

¡muévete! move! (7.3)

muchacha *f.* girl **(4.2)**

muchacho *m.* boy **(4.2)**

mucho a lot, much **(3.1)**

mucho gusto pleased to meet you **(1.2)**

mudarse to move (7.2)

muebles *m.pl.* furniture **(8.2)**

muerto(a) dead (4.2)

muerto de hambre starving (8.3)

mujer *f.* woman (5.2)

muletas *f.pl.* crutches **(7.2)**

mundo *m.* world **(6.3)**

mural *m.* mural **(6.1)**

muralista *m. f.* muralist **(6.2)**

muro *m.* wall (6.2)

museo *m.* museum **(3.1)**

música *f.* music **(2.1)**

música clásica classical music (6.1)

músico *m.*, **música** *f.* musician **(4.2)**

muy very **(4.2)**

muy bien, gracias, ¿y usted? fine, thank you, and you? (1.1)

~~~~~**N**~~~~~

nacer to be born (6.3)

nacionalista(a) nationalistic (6.2)

nada nothing **(3.3)**

nadar to swim

nadie no one, nobody **(3.3)**

naranja *f.* orange **(5.3)**

nariz *f.* nose **(7.2)**

natación *f.* swimming **(7.1)**

negro(a) black **(5.2)**

nervioso(a) nervous **(1.3)**

nevar(ie) to snow **(3.2)**

está nevando it's snowing **(3.2)**

nieva it's snowing **(3.2)**

nevera *f.* refrigerator **(8.1)**

ni . . . ni neither . . . nor **(1.3)**

nicaragüense Nicaraguan (1.2)

nieta *f.* granddaughter **(4.1)**

nieto *m.* grandson **(4.1)**

nietos *m. pl.* grandchildren **(4.1)**

nieva *(inf.* **nevar***)* it snows **(3.2)**

niña *f.* child **(3.2)**

niño *m.*, **niña** *f.* child **(3.2)**

nivel *m.* level (7.2)

no no **(LP)**

no se preocupe don't worry **(7.2)**

¿no? isn't that so? **(1.3)**

noche *f.* night **(3.2)**

buenas noches good night, good evening **(1.1)**

esta noche tonight **(6.2)**

nombrado(a) named (7.1)

nombre *m.* name **(4.1)**

nombre de pila first name, Christian name (4.1)

mi nombre es my name is **(1.2)**

norte *m.* north (1.2)

nos *dir. obj. pron.* us **(5.2)**

nos *indir. obj. pron.* to/for us **(5.2)** **(7.2)**

nos *refl. obj. pron.* ourselves **(8.1)**

nosotros, nosotras we **(2.2)**

nota *f.* grade **(7.1)**

noticias *f. pl.* news (5.1)

novela *f.* novel **(3.1)**

noveno(a) ninth **(5.2)**

novia *f.* fiancée **(4.1)**; bride **(4.2)**; girlfriend **(5.1)**

noviembre *m.* November **(4.1)**

novillada *f.* bullfight with young bulls and novice bullfighters (3.1)

novio *m.* groom **(4.2)**; boyfriend, fiancé **(5.1)**

nuestro(a), nuestros(as) our **(4.1)**

nuevo(a) new **(4.2)**

nunca never, not ever **(3.3)**

número *m.* number **(2.1)**

O

observación *f.* observation (7.2)
occidental *m.* western (3.2)
octavo(a) eighth **(5.2)**
octubre *m.* October **(4.1)**
ocupación *f.* occupation, job (6.1)
ocupado(a) busy **(4.3)**
oeste *m.* west (1.2)
ofensivo(a) offensive (6.2)
oferta *f.* offer, bargain **(3.1)**
  en oferta on sale (3.1) (5.2)
oficina *f.* office **(2.2)**
  Oficina del Censo Census
    Bureau (4.3)
oído *m.* (inner) ear **(7.2)**
oír to hear *pret.* **(7.1)**
ojo *m. pl.* eye **(7.2)**
Olimpíadas *f. pl.* Olympics **(7.1)**
olvidar to forget **(8.2)**
omelete *m.* omelet (8.1)
ópera *f.* opera **(6.2)**
oportunidad *f.* opportunity, chance
  (1.3)
oreja *f. pl.* ear **(7.2)**
organizado(a) organized **(1.3)**
origen *m.* origin (6.1)
oro *m.* gold (6.3)
orquesta *f.* **sinfónica** symphony
  orchestra (6.1)
otoño *m.* autumn **(3.2)**
otro(a) other, another **(5.3)**
  otra vez again **(8.2)**
¡oye! hey! say! listen! **(2.1)**

P

paciente *m. f.* patient **(7.2)**
padrastro *m.* stepfather **(4.2)**
padre *m.* father **(4.1)**
  padres *m. pl.* parents, mother and
    father **(4.1)**
paella *f.* paella *(Spanish rice dish
  seasoned with saffron)* (8.3)
pagar to pay for **(5.2)** *pret.* **(7.1)**

página *f.* page (4.2)
país *m.* country, nation (1.3)
palabra *f.* word (4.3)
  palabras afines cognates (LP)
palacio *m.* palace **(6.3)**
pan *m.* bread **(8.1)**
panameño(a) Panamanian (1.2)
panqueque *m.* pancake (8.1)
pantalones *m. pl.* pants, slacks **(5.2)**
papá *m.* dad **(4.1)**
papas *f. pl.* potatoes **(5.3)**
  papas fritas french fries **(5.3)**
papel *m.* paper **(LP)**
  hoja de papel sheet of paper **(LP)**
  papel maché papier mâché (6.3)
par *m.* pair **(5.2)**
  par de calcetines pair of socks
    (5.2)
para for, intended for **(2.3) (3.1)**
  (5.3)
Paraguay *m.* Paraguay **(1.2)**
paraguayo(a) Paraguayan (1.2)
parar to stop (7.2)
pararse to stand up (5.3)
pared *f.* wall (6.2)
pareja *f.* couple, pair (3.1)
pariente *m. f.* relative **(4.2)**
parque *m.* park **(3.1)**
  parque de diversiones amusement
    park **(3.2)**
parte *f.* part (2.3)
participar to participate **(2.3)**
particular private, particular (3.1)
partido *m.* match, game *(sports)*
  (7.1)
pasar to go past, spend time **(3.3)**
  (5.1)
pasatiempo *m.* pastime (2.3)
pasear to take a walk, ride **(2.3)**
  (3.2)
paseo *m.* walk, stroll, promenade **(5.1)**
pasillo *m.* hall **(2.2) (8.2)**
pasión *f.* passion (6.2)
paso *m.* step **(5.1)**
  paso a paso step by step (LP)
pastel *m.* cake **(4.3)**
pastilla *f.* pill *(medication)* **(7.2)**
patata *f.* potato *(Spain)* **(5.3)**

patatas fritas french fries **(5.3)**
patear to kick **(7.1)**
paterno(a) paternal **(4.1)**
patinaje skating (7.1)
  patinaje artístico figure skating (7.1)
  patinaje de velocidad speed skating (7.1)
patio *m.* patio **(2.2)**
pecho *m.* chest **(7.2)**
pedir (i, i) to order, ask for **(5.3)** *pret.* **(7.3)**
peinarse to comb one's hair **(8.1)**
pelar to peel (8.3)
película *f.* movie, film **(2.3)**
pelirrojo(a) red-haired, redheaded **(1.3)**
pelo *m.* hair **(7.2)**
pensar (ie) to think **(5.2) (6.3)**
peor(es) que worse than **(8.2)**
pepino *m.* cucumber (8.3)
pequeño(a) small, little **(4.1)**
perder(ie) to lose **(7.1)**
pérdida *f.* loss (7.2)
perdido(a) lost (7.3)
perdón excuse me, forgive me **(1.1)**
perejil *m.* parsley (8.3)
perfeccionista *m. f.* perfectionist **(2.2)**
perfumería *f.* perfume and cosmetics department **(5.2)**
periódico *m.* newspaper **(3.2)**
permiso *m.* permission (3.1)
  con permiso excuse me, with your permission **(4.2)**
permitir to permit (8.2)
pero but **(3.1)**
perro *m.* dog **(1.3)**
  perrito *m.* hot dog (5.3); puppy, little dog
persona *f.* person **(7.3)**
personaje *m.* character, person (4.1)
Perú *m.* Peru **(1.2)**
peruano(a) Peruvian (1.2)
pescado *m.* fish *(as food)* **(8.3)**
peseta *f.* peseta *(Spanish monetary unit)* **(5.1)**

peso *m.* peso *(Mexican monetary unit)* (5.1)
piano *m.* piano **(2.3)**
picado(a) chopped, minced (8.3)
  carne picada ground meat (8.3)
pie *m.* foot **(7.2)**
  a pie walking, on foot **(3.3)**
piedra *f.* **preciosa** precious stone (6.3)
piel *f.* skin (6.2)
pierna *f.* leg **(7.2)**
pimienta *f.* pepper **(8.1)**
pimiento *m.* bell pepper (8.3)
pintar to paint (6.2)
pintarse to put on makeup **(8.1)**
pintoresco(a) picturesque (6.2)
piñata *f.* piñata **(4.1)**
pirámide *f.* pyramid (6.3)
pisar to step (5.3)
piscina swimming pool
piso *m.* floor *(of a building)* **(5.2)**; floor *(of a room)* (7.3)
pizarra *f.* chalkboard **(LP)**
placer: **es un placer** pleased to meet you **(1.2)**
planes *m. pl.* plans **(2.3)**
planta *f.* floor *(of a building)* **(5.2)**
  planta baja ground floor **(5.2)**
plata *f.* silver (6.1)
platillo *m.* saucer **(8.1)**
plato *m.* plate **(8.1)**
  plato principal, segundo plato main dish (8.3)
plaza *f.* plaza, town square **(5.1)**
plomero *m.*, **plomera** *f.* plumber (4.2)
¡pobrecito(a)! poor thing! poor boy (girl)! **(1.1)**
poco: un poco a little **(2.3)**
poder (ue, u) to be able, can **(5.2)** *pret.* **(6.3)**
poema *m.* poem (2.3)
policía *f.* police force; *m. f.* policeman, policewoman (5.1)
político *m.*, **política** *f.* politician **(4.2)**
pollo *m.* ·chicken **(8.3)**
  pollo frito fried chicken **(8.3)**

pon *imper.* put **(7.3)**
ponche *m.* punch (4.3)
poner to put **(5.1)** *pret.* **(7.3)**
  poner a cargo to put in charge (6.3)
  poner la mesa to set the table **(8.1)**
ponerse to put on *(clothes)* **(8.1)**; to become (8.2)
popular popular **(1.3)**
por for **(1.2)**
  por aquí around here **(8.3)**
  por ejemplo for example **(5.2)**
  por eso for that reason, therefore (3.2)
  por favor please **(1.1)**
  ¡por fin! at last! **(2.1) (4.3)**
  por la mañana/tarde/noche in the morning/afternoon/ evening *(general time)* **(2.1)**
  por lo menos at least **(7.3)**
  ¿por qué? why? **(1.1) (4.2)**
  ¡por supuesto! of course! **(4.1)**
  por todos lados all over the place (5.1)
posible possible (7.3)
posición *f.* position (7.1)
postre *m.* dessert **(8.2)**
práctica *f.* practice **(2.3)**
practicar to practice **(2.3)** *pret.* **(7.1)**
precio *m.* price **(6.2)**
precioso(a) precious (1.3) (6.3) (8.2)
precisamente precisely (8.1)
precolombino(a) pre-Columbian (6.2)
predominar to predominate (7.3)
preferir (ie, i) to prefer **(5.2)**
preguntar to ask *(for information)* (5.1)
preliminar preliminary (LP)
preocupado(a) worried **(4.3)**
preocuparse to worry (7.2)
preparación *f.* preparation (8.3)
preparar to prepare **(2.3) (3.2)**
presencia *f.* presence (6.1)
primavera *f.* spring **(3.2)**

primero(a), primer first **(5.2)**
primo *m.* **prima,** *f.* cousin **(4.1)**
  primos *m. pl.* cousins **(4.1)**
princesa *f.* princess **(6.3)**
principal principle, main (5.3)
príncipe *m.* prince (6.2)
principio *m.* beginning (8.3)
prisionero *m.,* **prisionera** *f.* prisoner (6.3)
probar (ue) to taste **(8.3)**
probarse (ue) to try on (5.2)
problema *m.* problem **(6.3)**
Prof. *see* **profesor**
profesión *f.* profession (4.2)
profesor *m.,* **profesora** *f.* **(Prof.)** teacher, professor **(LP)**
profesorado *m.* faculty (2.2)
programa *m.* program **(6.1)**
prometer to promise (6.3)
promoción *f.* marketing, promotion, sale (5.2)
pronto soon **(6.1)**
propina *f.* tip **(5.3)**
propio(a) own (4.2)
proteger to protect **(6.3)**
próximo(a) next, near (7.3)
proyección *f.* projection (4.3)
prueba *f.* trial, test (7.1)
pueblo *m.* town, village (6.2)
puerta *f.* door **(LP)**
puertorriqueño(a) Puerto Rican (1.2)
pues well, then **(1.2)**
pulgada *f.* inch (7.1)
puntual punctual (8.2)
pupitre *m.* student desk **(LP)**
puré *m.* puree (8.3)

¿qué? what? **(LP) (4.2)**
  ¿qué fecha es hoy? what's the date today? **(4.1)**
  ¿qué pasa? what's the matter?, what's going on? **(3.1)**
  ¿qué pasó? what happened? **(6.3)**
  ¿qué tal? how's it going? **(1.1)**

¡qué! how! **(4.2)**

  ¡qué amable eres! you're so kind! **(7.3)**

  ¡qué barbaridad! what nonsense! what an outrage! **(6.3)**

  ¡qué bien! good! wonderful! **(3.2)**

  ¡qué guapa! how beautiful! **(8.1)**

  ¡qué lástima! what a shame! **(2.3)** **(4.2)**

  ¡qué mala suerte! what bad luck! **(4.3)**

  ¡qué raro! how strange! **(4.1)**

  ¡qué ridículo! how silly! how ridiculous! **(4.3)**

  ¡qué sorpresa! what a surprise! **(6.1)**

  ¡qué vergüenza! how embarrassing! **(7.3)**

quedar to be left, remain **(5.1)**

quedarse to stay, remain **(8.2)**

quejarse to complain **(5.3)**

quemar to burn **(8.3)**

querer (ie) to want **(4.2) (5.2)**

  quiero presentarle *(form.)* / **quiero presentarte** *(fam.)* **a . . .** I want to introduce you to . . . **(1.2)**

querido(a) dear, beloved **(6.3)**

queso *m.* cheese **(5.3)**

¿quién? ¿quiénes? who? **(1.1) (3.1) (4.2)**

quiero *see* **querer**

química *f.* chemistry **(2.1)**

quinto(a) fifth **(5.2)**

quitar to remove, take away **(8.3)**

quitarse to take off *(clothes)* **(8.1)**

  ¡quítate! go away! (8.1)

Quito Quito *(capital of Ecuador)* **(1.2)**

quizá(s) perhaps **(4.3) (8.2)**

R

radio *f.* radio **(3.2)**

ramo *m.* **de flores** bouquet of flowers **(7.3)**

rápidamente rapidly **(8.1)**

raro(a) strange **(4.1)**

raras veces rarely **(3.3)**

rato *m.* a short time period, a while (2.3)

  un buen rato quite a while (6.3)

realidad *f.* reality (4.3)

rebelar to rebel (6.3)

rebelión *f.* rebellion (6.3)

recepción *f.* reception (desk) **(5.1)**

receptor *m.,* **receptora** *f.* catcher *(baseball)* **(7.1)**

receta *f.* recipe **(8.3)**

recetar to prescribe *(a medication)* **(7.2)**

recibir to receive **(5.1)**

recientemente recently (4.3)

recipiente *m.* container (8.3)

recoger to gather (7.3)

recomendar (ie) to recommend **(5.2) (8.3)**

reconocer to recognize (2.2)

recordar (ue) to remember **(5.2)**

recreo *m.* recess **(2.2)**

recuerdo *m.* souvenir **(6.2)**

rechazar to reject **(8.2)**

refresco *m.* soft drink **(2.3)**

regalo *m.* gift **(5.1)**

región *f.* region (6.2)

regla *f.* ruler *(for measuring)* **(LP)**

regresar to return, go back (3.1) **(6.2)**

regreso *m.* return (6.3)

regular okay, so-so, not bad **(2.2)**

reina *f.* queen **(8.2)**

relacionado(a) related (8.2)

religioso(a) religious (6.1)

reloj *m.* clock, watch **(2.1)**

reorganizar to reorganize (7.3)

repetir (i, i) to repeat **(5.3)**

reportar to report (6.3)

reportero *m.,* **reportera** *f.* reporter **(4.2)**

representar to represent (7.1)

rescatar to rescue (7.3)

reservación *(pl.* **reservaciones***) f.* reservation **(8.3)**

reservado(a) reserved (8.3)

resistir to resist (6.1)

responder to respond, answer (6.2)

respuesta *f.*   answer (5.2)
restaurante *m.*   restaurant **(2.3)**
resto *m.*   rest (8.1)
reunirse   to get together, meet (7.3)
revista *f.*   magazine **(7.3)**
revolución *f.*   revolution (6.2)
rey *m.*   king **(6.3) (8.2)**
rico(a)   delicious **(3.3) (5.3)**
ridículo(a)   ridiculous (2.2)
  ¡qué ridículo!   how silly! how
    ridiculous! **(4.3)**
río *m.*   river **(8.2)**
riquísima   delicious (6.1) (8.2)
rodilla *f.*   knee **(7.2)**
rojo(a)   red **(5.2)**
romántico(a)   romantic **(1.3)**
romper   to break **(4.1)**
ropa *f.*   clothes **(5.2)**
  ropa interior   underwear (5.2)
rosado(a)   pink **(5.2)**
roto(a)   broken **(7.2)**
rubio(a)   blond **(1.3)**
rueda *f.* **de fortuna**   Ferris wheel
  (3.2)
ruidoso(a)   noisy, loud (6.1)
ruinas *f.*   ruins (6.1)

sábado *m.*   Saturday **(2.1)**
saber   to know **(5.1)**
sabor *m.*   flavor (3.2)
saborear   to taste, savor (8.2)
sabroso(a)   delicious **(8.2)**
sacar   to take out **(4.2)** *pret.* **(7.1)**
  sacar fotos   to take pictures **(4.2)**
sal *f.*   salt **(8.1)**
sal *imper.*   leave **(7.3)**
sala *f.*   classroom **(2.2)** living
  room **(8.2)**
  sala de familia   family room **(8.2)**
salado(a)   salty (5.3)
salir   to go out, leave **(2.3) (5.1)**
salón *m.* **de entrada**   lobby (8.2)
salsa *f.*   sauce (8.3)
  salsa de tomate   ketchup (8.1)

saltar   to jump **(7.1)**
salto *m.* **de altura**   high jump **(7.1)**
saludo *m.*   greeting **(1.1)**
salvadoreño(a)   Salvadoran (1.2)
salvar   to save **(7.2)**
sándwich *m.*   sandwich **(5.2)**
  sándwich mixto   grilled ham and
    cheese sandwich *(Spain)* **(5.3)**
Santiago   Santiago *(capital of
  Chile)* **(1.2)**
santo *m.*, **santa** *f.*   saint (4.1)
sartén *f.*   frying pan **(8.3)**
sátira *f.*   satire (6.2)
satirista *m. f.*   satirist (6.2)
se *refl. pron.*   himself, herself,
  yourself *(form. sing.)*, themselves,
  yourselves **(8.1)**
sé *imper.*   be **(7.3)**
secar   to dry (8.1)
secretario *m.*, **secretaria** *f.*
  secretary **(4.2)**
seguir (i, i)   to continue, follow **(5.3)**
según   according (7.3)
segundo(a)   second **(5.2)**
seguridad *f.*   security, safety (7.2)
sello *m.*   stamp **(5.1)**
semana *f.*   week **(2.1)**
  fin(es) de semana   weekend(s)
    (3.1) (3.3)
  la semana pasada   last week **(6.1)**
semejanza *f.*   similarity (5.1)
sentado(a)   seated (8.2)
sentarse (ie)   to sit down **(8.1)**
señor (Sr.) *m.*   Mr. **(1.1)**
señora (Sra.) *f.*   Mrs. **(1.1)**
señorita (Srta.) *f.*   Miss **(1.1)**
septiembre *m.*   September **(4.1)**
séptimo(a)   seventh **(5.2)**
ser   to be **(1.1)** *pret.* **(6.2)**
  ser de   to be from **(1.2)**
serenar   to serenade (6.1)
serenata *f.*   serenade (6.1)
serio(a)   serious (2.2)
servicios *m. pl.*   restroom (8.2)
servilleta *f.*   napkin **(8.1)**
servir (i, i)   to serve **(5.3)**
severo(a)   severe (6.2)

sexto(a) sixth **(5.2)**

sí yes **(LP)**

  sí, claro yes, of course **(5.3)**

siempre always **(3.3)**

¡siéntese! sit down! (1.1)

siglo *m.* century **(8.3)**

significado *f.* significance, meaning (6.2)

siguiente following, next (5.1) (6.3)

silencio *m.* silence (4.1)

silla *f.* chair **(LP)**

sillón *m.* easy chair **(7.3)**

símbolo *m.* symbol (7.1)

simpático(a) nice, charming **(1.3)**

simplemente simply (3.2)

sin without (5.3)

  sin duda without a doubt (4.3)

  sin embargo nevertheless (7.2)

síntoma *m.* symptom **(7.2)**

situación *f.* situation (7.2)

sobre on, over **(7.3)**

sobrenombre *m.* nickname **(4.1)**

sobresaliente outstanding (6.2)

sobrevivir to survive (6.3)

sobrina *f.* niece **(4.1)**

sobrino *m.* nephew **(4.1)**

  sobrinos *m. pl.* niece(s) and nephew(s) **(4.1)**

sol *m.* sun **(3.2)**

soldado *m.* soldier **(6.3)**

soler (ue) to be accustomed to (6.1)

sólo only (4.2) **(7.2)**

soltero(a) single, unmarried **(4.2)**

sombrero *m.* hat **(5.2)**

sometido(a) submissive, docile (7.2)

somos we are **(2.2)**

son they, you *(pl.)* are **(2.2)**

  son la/las . . . it is . . .*(time)* **(2.1)**

sonido *m.* sound **(7.2)**

sonriendo smiling **(8.3)**

sonriente smiling (8.3)

sonrisa *f.* smile (4.2)

soñar(ue) (con) to dream (about) **(8.3)**

sopa *f.* soup **(5.3)**

  sopa de ajo garlic soup **(8.3)**

sordera *f.* deafness (7.2)

sórdido(a) sordid (6.2)

sorprender to surprise (7.1)

soy I am **(1.1)**

Sr., Sra., Srta. *see* **señor, señora, señorita**

su, sus his, her, your *(form. sing., pl.)*, their **(4.1)**

subir to go up, climb, get into *(a vehicle)* **(3.2)**

sudadera *f.* sweatshirt **(5.2)**

suelto(a) loose (6.1)

suerte *f.* luck (7.2)

  ¡qué mala suerte! what bad luck! **(4.3)**

suéter *m.* sweater **(5.2)**

suficiente sufficient, enough (8.3)

sufrir to suffer **(7.2)**

sugerir (ie, i) to suggest (7.3)

sur *m.* south (1.2)

suroeste *m.* southwest (4.3)

~~~~~~ **T** ~~~~~~

taco *m.* taco *(Mexico: corn tortilla with filling)* **(6.1)** *(Spain: a bad word)* (8.1)

tacón *m.* heel *(of shoe)* (8.1)

tal vez perhaps, maybe (8.2)

talla *f.* size *(clothing)* **(5.2)**

tamaño *m.* size (8.3)

también also **(1.3)**

tampoco neither, not either (5.1)

tan so (2.2) (4.3)

  tan . . . como as . . . as **(8.2)**

tanto(a) so much (2.3)

tapas *f. pl.* appetizers, hors d'oeuvres *(Spain)* **(8.3)**

taquilla ticket office, ticket window (6.2)

tarde *f.* afternoon **(3.2)**; *adv.* late **(2.2)**

tarea *f.* task, homework **(2.3)**

tarjeta *f.* card **(7.3)**

  tarjeta de embarque boarding pass (6.1)

  tarjeta postal postcard (6.1)

taza *f.* cup **(8.1)**

te *dir. obj. pron.* you *(fam. sing.)* **(7.2)**

¿te gustaría? would you like to? **(6.2)**

te *indir. obj. pron.* to/for you *(fam. sing.)* **(3.1)**

te *refl. obj. pron.* yourself *(fam. sing.)* **(8.1)**

teatro *m.* theater, drama **(2.1)**; auditorium *(school)* **(2.2)**

tele (televisión) *f.* TV (television) (2.3)

telefónica: guía *f.* **telefónica** telephone directory **(4.2)**

teléfono *m.* telephone **(2.1)**

televisión (tele) *f.* TV (television) (2.3)

televisor *m.* TV set **(7.3)**

temer to fear (6.3)

templo *m.* temple (3.2)

temporada season *(weather)* (3.1); season *(sports)* (7.1)

temporada de novilladas bullfighting season with young bulls and novice bullfighters (3.1)

temprano early **(8.1)**

ten *imper.* have, be **(7.3)**

tendido(a) *adj.* lying down, flat (7.1)

tenedor *m.* fork **(8.1)**

tenemos we have **(2.3)**

tener to have *sing.* **(2.1)** *pl.* **(2.3)** *pret.* **(6.3)**

tener ___ años to be ___ years old (4.1)

tener calor to be hot **(5.3)**

tener cuidado to be careful **(7.3)**

tener frío to be cold **(5.3)**

tener hambre to be hungry **(5.3)**

tener lugar take place (4.1)

tendrá lugar will take place (4.1)

tener presente to keep in mind (7.2)

tener prisa to be in a hurry **(5.3)**

tener que (+ inf.) to have to (+ inf.) **(2.3)**

tener razón to be right **(5.3)**

tener sed to be thirsty **(5.3)**

tengo I have **(2.1)**

tenis *m.* tennis **(7.1)**

Tenochtitlán Tenochtitlán *(ancient capital of the Aztecs)* **(6.3)**

tentación *f.* temptation (8.2)

tercero(a), tercer third **(5.2)**

terminar to finish, terminate **(7.1)**

¡terrible! terrible! **(1.1)**

tía *f.* aunt **(4.1)**

tiempo *m.* weather, time **(3.2)**

del tiempo seasoned **(fruit)** (5.3)

tienda *f.* store, shop **(3.1)**

tienda de discos record shop **(3.1)**

tiene he/she/it has, you *(form. sing.)* have **(2.1)**

tienen they/you *(pl.)* have **(2.3)**

tienes you *(fam sing.)* have **(2.1)**

tierra *f.* earth, land (6.3)

tímido(a) timid **(1.3)**

tino *m.* aim (4.1)

tío *m.* uncle **(4.1)**

tíos *m. pl.* aunt(s) and uncle(s) **(4.1)**

típico(a) typical (3.3)

título *m.* title (7.1)

tiza *f.* chalk **(LP)**

tobillo *m.* ankle **(7.2)**

tocar to touch **(8.2)**

tocar un instrumento to play a musical instrument **(4.3)**

todavía still **(8.1)**

todo *pron.* everything, all **(7.3)**

todo(a), todos(as) all **(7.3)**

todo el día all day **(7.1)**

todo el mundo everyone (4.2)

todos los días every day **(3.3)**

todos *pron.* everyone, all **(2.3)**

tomar to eat, drink, take *infin.* **(3.1)** *pres.* **(3.2) (5.1)**

tomate *m.* tomato **(8.1)**

tonto(a) foolish, silly **(1.3)**

torneo *m.* tournament (7.1)
torre *f.* tower **(8.2)**
tortilla *f.* potato omelet *(Spain)*; cornmeal or flour pancake *(Mexico)* **(8.1)**
trabajar to work **(2.3)**
tradición *f.* tradition (5.1)
tradicional traditional (6.1)
traer to bring **(5.3)**
tráfico *m.* traffic (7.3)
traje *m.* suit **(5.2)**
  traje de baño bathing suit (5.2)
trampolín *m.* spring-board, diving board (7.1)
tranquilo(a) tranquil, calm (1.3)
tratar de to try to, attempt to (6.3)
tren *m.* train **(6.3)**
triste sad **(4.3)**
tristemente sadly **(8.1)**
trofeo *m.* trophy **(7.3)**
trono *m.* throne **(6.3)**
trovador *m.* troubadour (6.1)
tu, tus *poss. adj.* your *(fam. sing., pl.)* **(2.1) (4.1)**
tú *subj. pron.* you *(fam. sing.)* **(1.1)**
turista *m. f.* tourist (5.1)
tuyo(a) your *(fam. sing.)* (7.1)

¡uf! ugh! **(2.3)**
último(a) last **(7.1)**
un, una *art.* a, an **(LP) (3.1)**
  un poco a little **(2.3)**
único(a) only **(7.1)**
universidad *f.* university **(5.3)**
unos(as) some **(LP) (3.1)**
  unos cuantos a few (8.3)
Uruguay *m.* Uruguay **(1.2)**
uruguayo(a) Uruguayan (1.2)
usted you *(form. sing.)* **(1.1)**
ustedes you *(pl.)* **(2.2)**
utilizar to utilize, use (2.3) (8.3)
útil useful **(8.2)**
¡uy! oh!, ugh! **(2.1)**

va he/she/it goes **(2.3)**
vacaciones *f. pl.* vacation **(7.2)**
vacío empty (8.2)
vale okay *(Spain)* **(5.3)**
válido(a) valid (5.2)
valiente valiant, brave **(6.3)**
valioso(a) valuable (7.1)
vamos we go **(2.3)** let's **(3.1)**
van they go **(2.3)**
variación *f.* variation (8.1)
variado(a) varied **(8.3)**
variedad *f.* variety (3.1)
varios(as) several (3.1)
vas you *(fam. sing)* go **(2.3)**
vaso *m.* glass **(8.1)**
ve he/she/it sees, you *(form. sing.)* see **(3.2)**
ve *imper.* go; see **(7.3)**
vecindad *f.* neighborhood (4.3)
vencedor *m.,* **vencedora** *f.* victor, winner (7.1)
  vencedores *m. pl.* winners **(7.1)**
vender to sell **(5.2)**
venezolano(a) Venezuelan (1.2)
Venezuela *f.* Venezuela **(1.2)**
venir(ie, i) to come **(4.2)** *pret.* **(6.3)**
ventana *f.* window **(7.3)**
veo I see **(3.2)**
ver to see, watch *infin.* **(2.3)** *pres.* **(3.2)** *pret.* **(6.2)**
  a ver let's see **(3.3)**
verano *m.* summer **(3.2)**
¿verdad? isn't that so? **(1.3)**
verdadero(a) true, real (6.2)
verde green **(5.2)**
verduras *f. pl.* green vegetables **(8.3)**
vergüenza *f.* shame, embarrassment (7.3)
verso *m.* verse (2.3)
ves you *(fam. sing.)* see **(3.2)**
vestido *m.* dress **(5.2)**
vestir (i, i) to dress **(5.3)**; to wear (7.3)

vestirse (i, i)   to get dressed **(8.1)**
vez *f.*   time (5.2)
  a la vez   at the same time **(7.3)**
  a veces   sometimes **(3.3)**
viaje *m.*   trip **(8.2)**
victorioso(a)   victorious (6.3)
video *m.*   video **(2.1)**
viejo(a)   old **(8.2)**
viento *m.*   wind **(3.2)**
  hace viento   it's windy **(3.2)**
viernes *m.*   Friday **(2.1)**
vigoroso(a)   vigorous (6.2)
vinagre *m.*   vinegar (8.3)
visitante *m. f.*   visitor (7.3)
visitar   to visit **(3.2)**
vista *f.*   view (8.2)
viuda *f.*   widow (4.2)
viudo *m.*   widower (4.2)
volar (ue)   to fly **(6.1)**
volcán *m.*   volcano **(6.3)**
volibol *m.*   volleyball **(7.1)**
volumen *m.*   volume **(7.2)**
volver (ue)   to come back, return **(8.3)**
voy   I go **(2.3)**
vuelo *m.*   flight **(6.1)**

y   and **(1.1)**
  . . . y cuarto   quarter past . . . (*time*) **(2.1)**
  . . . y media   half past . . . (*time*) **(2.1)**
ya   already, now (1.1)
  ¡ya lo creo!   I believe it! **(7.1)**
yeso *m.*   cast (*for broken arm or leg*) **(7.3)**
yo   I **(1.1)**

zapatería *f.*   footwear (5.1); shoes (*shoe department*), or shoe store **(5.2)**
zapatillas *f. pl.*   slippers **(7.3)**
zapatos *m.pl.*   shoes **(5.2)**
  zapatos deportivos   athletic shoes **(5.2)**
zarzuela *f.*   seafood stew (8.2)
zona *f.*   zone, area (3.1)
zoológico *m.*   zoo **(3.2)**
zumo *m.*   juice (8.3)
  zumo de naranja   orange juice (5.3)
zurdo (a)   left-handed (7.1)

ÍNDICE
Gramática / Funciones / Estrategias

This index lists the grammatical structures, the communicative functions, and the reading and writing strategies in the text. Entries preceded by a ● indicate functions. Entries preceded by a ■ indicate strategies. The index also lists important thematic vocablary (such as days of the week, family members, sports). Page references beginning with *G* correspond to the *¿Por qué se dice así?* (Manual de gramática) section.

VIDEO CREDITS

For D.C. Heath and Company

Producers   Roger D. Coulombe

Marilyn Lindgren

For Videocraft Productions, Inc.
Boston, Massachusetts

Executive Producer   Judith Webb

Project Director   Bill McCaw

Directors   James Gardner

Lynn Hamrick

Producers   Diego Echeverría

David Vos

Associate Producer   Krista Thomas

Post Production Supervisor   Annemarie Griggs

Director of Photography   Jim Simeone

Sound Recordist   James Mase

Editors   Steve Bayes

Paul Kopchak

Graphic Designer   Alfred De Angelo

Music   Marc Bjorkland

Sound Mixers   Joe O'Connell

Kurt Selboe

Narrators   Lilliam Martínez

Nicolás Villamizar

Local Producers

Preliminary Lesson	Rica Groennou
Unit 1: Montebello, California	Nancy Garber
Unit 2: San Juan, Puerto Rico	Rica Groennou
Unit 3: Mexico City, Mexico	Emily Gamboa
Unit 4: San Antonio, Texas	Linda Tafolla
Unit 5: Madrid, Spain	Christina Lago
Unit 6: Guadalajara, Mexico	Emily Gamboa
Unit 7: Miami, Florida	Fabio Arbor
Unit 8: Segovia, Spain	Christina Lago

ILLUSTRATION CREDITS

Susan Banta (Colorist): 208-209, 226-227, 244

Ken Barr: 7, 20-22, 34-35, 46-47, 64-65, 78-79, 92-93, 108-109, 122-124, 138-141, 156-157, 172-174, 188-190, 208-210, 226-227, 242-244

Meryl Brenner: 90, 91, 94, 268, 307, 315r, 331, 373, 375b, 379, 389, 392, 406, 413

Penny Carter: 24, 37, 51, 82, 248, 268, 348, 354, 395

Carlos Castellanos: 11, 27, 28, 49, 50, 52, 71, 81, 85, 146, 162, 164, 181, 185, 219, 224, 225, 234, 236, 245, 273, 285, 297, 321, 324, 337, 358, 371, 377

Daniel Clifford (Colorist): 64, 65, 78, 79, 92, 93, 210, 242, 243

Leslie Evans: G75, G77, G96, G99, G104, G108, G109, G112, G116, G117, G123

Tim Jones: 341, 393, 408

Tim McGarvey: 5, 8, 10, 62, 63, 68b, 95, 212-214, 349, 350, 388, 390

Claude Martinot: 23, 25, 29, 38, 52t, 83, 239, 247, 265, 280, 294, 315l, 319, 331, 332, 352, 390t, 391

Cyndy Patrick: 15, 59, 103, 136, 137, 151, 170, 171, 203, 257, 290, 291, 305, 361

Brent Pearson: 186, 187, 194

Deb Perugi: 15, 30, 31, 41, 59, 151, 158, 167, 168, 175, 203, 257, 288, 361, G9, G10

Robert Roper: 206, 207

Christina Ventoso: 40, 318, 374

Steve and LInda Voita: 262, 263, 276, 277, 292, 293, 310-312, 328-330, 344-346, 367-369, 385-387, 403-405

Anna Vojtech: 301, 325, 415

Linda Wielblad: 142, 144, 145, 160, 167, 176, 177, 178, 179, 192, 193, 195, 196, 211, 228, 229, 231, 232, 233, 250, 281, 296, 313, 314, 351, 370, 375t

P H O T O   C R E D I T S

(Continued on following page)